卓越法律人才教育培养系列教材
高等法学教育"十三五"规划教材

FALU
LUOJIXUE

法律逻辑学

（修订版）

主编◎李振江

郑州大学出版社
郑州

图书在版编目(CIP)数据

法律逻辑学/李振江主编.—郑州:郑州大学出版社,2018.2
ISBN 978-7-5645-5271-8

Ⅰ.①法… Ⅱ.①李… Ⅲ.①法律逻辑学-高等学校-教材 Ⅳ.①D90-051

中国版本图书馆 CIP 数据核字(2018)第 024783 号

郑州大学出版社出版发行
郑州市大学路40号　　　　　　　　　邮政编码:450052
出版人:张功员　　　　　　　　　　　发行部电话:0371-66966070
全国新华书店经销
郑州市诚丰印刷有限公司印制
开本:710 mm×1 010 mm　1/16
印张:18.25
字数:380 千字
版次:2018 年 2 月第 1 版　　　　　　印次:2018 年 2 月第 1 次印刷

书号:ISBN 978-7-5645-5271-8　　　　定价:39.00 元
本书如有印装质量问题,由本社负责调换

作者名单

主　编　李振江

副主编　张传新　张静焕

编　委　蔡家琴　徐　静　柴盼盼

　　　　刘恒志　林占涛

出版说明

《法律逻辑学》作为普通高校法学专业使用的教材自2004年5月出版,2009年7月再版,至今已十多年。长期以来,本书既得到广大读者和使用者的不断好评,同时也得到了很多有益的建议。由于本书也是本系列教材中使用率较高、使用范围较广的教材,其间,曾获出版系统"图书畅销奖"。

现因教学、教改所需和郑州大学出版社所邀,总结多年教学中经验,我们决定修订出版第三版,这次修订的主要内容有:①体例做了变动,不再设编,把第二版中第二编的内容进行了必要的增删,融合在相应的各章节内容中;②部分作者进行了调整。

这次修订仍由李振江教授担任主编,负责制定编写大纲和定稿工作。同时,还增加了张传新、张静焕作为本书副主编,负责讨论编写大纲和全书的通稿工作。这次修订编写人员分工如下(按章节编写顺序)。

第一章,李振江(河南大学法学院教授,郑州升达经贸管理学院文法学院教授,硕士生导师);第二章,李振江;第三章,第一节(三),张传新[山东大学(威海)法学院教授,逻辑学博士,硕士生导师],第一节(一、二)至第五节,蔡家琴(河南大学法学院讲师,逻辑学硕士);第四章,张传新;第五章,徐静(郑州升达经贸管理学院文法系副教授);第六章,柴盼盼(法学硕士);第七章,刘恒志(中央司法警官学院教授);第八章,林占涛(哲学硕士);第九章,张静焕(海南大学法学院副教授,硕士生导师);第十章,张静焕。

郑州升达经贸管理学院文法系、河南大学法学院和郑州大学出版社人文分社王卫疆社长等为本书的出版给予了大力的支持,在此特予感谢。此外,开封市兴和文印社的白静女士担任本书从第一版到第三版全部书稿(初稿)的打印等工作,在此,也为她多年的付出与劳动表示感谢。最后,还要感谢本书的读者和使用者,正是有了你们的大力支持,我们方能一直走到今天。

编　者

2017年9月

目 录

第一章 绪论 ……………………………………… 1
  第一节 逻辑学的对象 ……………………………… 1
  第二节 逻辑学的性质与作用 ……………………… 6
  第三节 法律逻辑的研究对象 ……………………… 13

第二章 概念 …………………………………… 24
  第一节 概念的概述 ………………………………… 25
  第二节 概念的种类 ………………………………… 28
  第三节 概念间的关系 ……………………………… 30
  第四节 定义 ………………………………………… 33
  第五节 划分 ………………………………………… 37
  第六节 法律概念 …………………………………… 40

第三章 直言命题及其推理 ……………………… 51
  第一节 命题与推理概述 …………………………… 52
  第二节 直言命题概述 ……………………………… 61
  第三节 直言命题直接推理 ………………………… 67
  第四节 直言命题间接推理(直言三段论)…… 73
  第五节 司法三段论 ………………………………… 88

第四章 复合命题及其推理 ……………………… 101
  第一节 复合命题 …………………………………… 101
  第二节 复合命题推理 ……………………………… 114

第五章　模态命题及其推理 …… 130
- 第一节　模态命题 …… 130
- 第二节　真势模态命题 …… 132
- 第三节　道义模态命题 …… 136
- 第四节　法律规范的逻辑结构 …… 141

第六章　现代逻辑方法 …… 145
- 第一节　命题逻辑 …… 146
- 第二节　谓词逻辑 …… 160
- 第三节　公理方法 …… 173

第七章　思维的基本规律 …… 183
- 第一节　同一律 …… 184
- 第二节　矛盾律 …… 187
- 第三节　排中律 …… 191
- 第四节　充足理由律 …… 196

第八章　归纳推理 …… 202
- 第一节　归纳推理概述 …… 203
- 第二节　枚举归纳推理 …… 208
- 第三节　类比推理 …… 214
- 第四节　探求因果联系的逻辑方法 …… 219
- 第五节　概率与统计归纳推理 …… 226
- 第六节　法律类比 …… 231

第九章　科学假设 …… 246
- 第一节　科学假设的定义、特征和类型 …… 247
- 第二节　建立科学假设的逻辑步骤 …… 251

第十章　论证与谬误 …… 255
- 第一节　论证 …… 256
- 第二节　论证中的谬误 …… 265
- 第三节　法律论证 …… 267

参考文献 …… 285

第一章

绪 论

知识结构图

$$
\text{绪论}\begin{cases}\text{逻辑学的对象}\begin{cases}\text{思维与语言}\\\text{逻辑与方法}\end{cases}\\\text{逻辑学的性质与作用}\begin{cases}\text{逻辑学的性质}\\\text{逻辑学的类型}\\\text{逻辑学的作用}\end{cases}\\\text{法律逻辑的研究对象}\begin{cases}\text{法律思维与法律语言}\\\text{法律逻辑的性质与作用}\end{cases}\end{cases}
$$

本章导读

本章首先简要说明了逻辑学的研究对象;进而分析了逻辑的性质,介绍了不同的逻辑类型及其研究重点;最后论述了学习逻辑的意义。

第一节 逻辑学的对象

一、思维与语言

逻辑学是研究思维的,是关于思维形式及其规律的科学。什么是思维?思维是人的一种本质属性,是人脑对客观事物本质及其规律的反映。思维的过程就是人们思考认识过程,思维的结果成为人们思想认识内容。通常,我们总把思维、思想、认识不做严格区分地同等提及和使用。

事物的本质和规律总是蕴藏于事物内部之中,是人们的感觉无法把握的。由于思维具有概括性和间接性的特征,使得思维能够透过事物的现象,挖掘出事物内部的本质联系和规律性。

思维的概括性是指,思维通过对具体对象的特殊性和差异性的扬弃,抽象、概括出它们的共性,从而形成对一类事物或"事物类"的认识。譬如,对于一种常见的水果——苹果来说,生活中我们决不会把它和梨等同起来。原因在于我们头脑中已有了对苹果这一"事物类"足够的认识,换言之,我们头脑中已具有"苹果"这个概念。但是,试想一下,我们头脑中的那个"苹果"有多大,什么形状,何种颜色,味道如何?恐怕任谁也无法把它取出让人们详加察看与品尝。但对"苹果"这个概念我们可大致描述:"它是形状略圆,颜色青、黄、红不等,味道酸甜,营养丰富的一种水果"。这种描述其实正是对所有苹果共性的概括,也是对苹果这一"事物类"的本质的反映。思维的概括性有助于人们的认识,对世间万事万物加以整理、分类使思维进入一种经济、有序、全面、深入的认识水平。思维的概括性往往是通过概念这种思维方式表现的。

思维的间接性首先是指,思维不是通过直接接触事物,而是以感性认识为中间环节来达到对事物的认识的。其次,思维间接性也是指,思维能够在已有知识的基础上获得新知。当然,这种"新知"不是依赖于实践活动而是凭借着思考活动,即推论而获得的。譬如,17世纪英国医生哈维(William Harvey)的"血液循环论"的创立,决不会只归功于观察,它也是一种推论的结果。哈维的推论并不复杂。他是从一种假设出发,经过推导发现推出的论断和事实相矛盾,因而便可否定开始的假设。具体说来,哈维认识到由于半小时内通过心脏的血液量就等于人体内血液的总量,因而血液不可能通过心脏到静脉,再到动脉和毛细血管,然后就凭空消失了——如果这样肝脏就必须半小时内能造出和人体血液总量一样多的血液——但这根本不可能。所以,血液必在人体内做循环运动。再如,海王星的发现首先是理论上的一种推导;而对光速的认识更是理论上的一种推算。因而,思维的间接性可使人们获得对外部世界和精神世界的,无论是现在或将来,是可触或不可触的各种情况的认识。思维的这种间接性认识则是通过推理获得的。

正是由于思维具有概括性和间接性,才能使思维超越感觉局限,认识感觉所不能认识的事物,从而扩大了认识的范围,深化了认识的内容。思维的这两种重要特征构成了逻辑学研究的基本内容。

逻辑对思维的研究是借助语言才得以进行的,因而有必要把逻辑、思维与语言三者的关系加以厘清。

思维和语言是密不可分的。一方面,思维只有借助于语言才能产生、存在和发展,才得以表达和认识。马克思认为,"语言是思想的直接现实"①。斯大林在《马克思主义和语言学问题》中指出"语言是手段、工具,人们利用它来彼此交际,交流思想,达到互相了解"。另一方面,语言也离不开思维,语言只有在表达人们一定的思维内容的才具有意义,否则只是一种空洞无物的符号。

思维和语言虽然相互依赖、密不可分,但二者之间却存在本质上的差别。思维是对客观事物的反映。它存在于人的头脑之中,是看不见也摸不着的,属于精神意识范畴。而语言总是具有一定的物质形态,无论是口语、书语或体语,都是可看得见或听得见的。思维用来反映事物,体现了反映者与被反映者的关系。对事物的思维认识可以是共同的、普遍的,而对事物的言语指称都是不同的、特有的。因而思维具有全人类性,语言则具有民族性。特别是,反映和被反映应具有一一对应性,而指称与被指称可具有多方对应性。这种区别正是思维混乱和逻辑错误萌生的一个根由。

正像思维一样,语言也有内容和形式两个方面。语言内容就是语言所表达的具体的思维内容,语言形式就是用于表达其具体语言内容的某种语言方式。语言的表达方式则是由语词、句子、句群等因素构成的。思维与语言不可分决定了思维形式与语言形式不可分。一定的思维形式只有通过一定的语言形式才得以存在和表现出来;因而逻辑对思维形式的研究也只有通过一定的语言形式才能把它们揭示出来。在保持思维与语言有别的原则下,在不引起误解的情况下,对具体的思维和语言、具体的思维形式和语言形式我们并不做明确区别。

譬如,对"法律都是有阶级性的",我们既可以"这句话……",又可以"这个命题……"或者"这种思想……"来对之言指。除非有必要我们才加以区别。

语言有自然语言和人工语言之分。自然语言是人们日常生活中所使用的语言,具有较广泛的表意功能,交际功能。人工语言或称形式语言是人们为了某种目的而创制出来的语言符号系统。该符号自身并无意义,但经过一定的解释,便具有精确的语法、语义。传统逻辑以自然语言为研究工具,因而贴近人们的日常思维,而现代逻辑以形式语言为分析手段,因而愈来愈专门化、技术化。

语言还有不同的形式和功能。例如,语法书上通常把语句分为四类、陈述句、疑问句、祈使句、感叹句,并且传统上认为逻辑是关于陈述句的,因为陈述句通常具有真、假的特征,而其他三种语句则谈不上真、假。一般说来,这是正确的。但是,语言一旦表达总脱离不开其具体语言环境,如果结合语言环境来进行分析,则不同语言形式可产生相同语言功能,而同一语言形式还可具有不同语言功能。因而还需看到语言的功能这一重要方面。

---

① 中共中央马克思恩格斯列宁斯大林著作编译局:《马克思恩格斯全集》(第三卷),人民出版社1960年版,第525页。

语言有三种基本功能①。

(1)信息性用法。它用以描述世界进行有关世界的推理,并通过对事物情况加以肯定(或否定)来实现。例如"今天是晴天"。由于信息有对有错,因而,信息性语言都有真假问题。

(2)表达性用法。这里表达仅指情感、感受、态度的表达。它或者表达言说者的情感,或者意在激发听者的情感。抒情诗是其典型代表。显然,这种语言是既不真,也不假的。

(3)指令性用法。其意欲引起或阻止某种行为,通常用于命令或请求。如"关上门"。这类语言有着是否合理,是否适当等特征,它与信息语言真假情况类似。因而它们也可作为推理及论证的构成成分出现。上述划分是一种抽象的理论上的分类。实际上,语言在交谈中总是混合的或多功能的用法。由于逻辑关注是命题的真假,推理的正误,因而区别语言是信息用法或非信息性用法在逻辑上是必要的。

二、逻辑与方法

逻辑是一种方法论,是培养人们正确思维形式的认识方法。

思维都有内容和形式两个方面。思维内容就是人们对客观事物、关系、规律的具体认识内容。对思维内容的研究是各门科学的具体任务。思维形式是思维用来藏纳、表达其内容的各种方式,它们是反映客观对象的不同认识方式。思维的基本形式是概念,判断和推理,而每种思维形式都可表达不同的思维内容。譬如:

(1)凡金属都是导电体。

(2)凡正整数都是自然数。

上述两种思维有着不同的具体内容。(1)说的是金属都具有导电的性质,是物理学的问题;(2)说自然数都属于正整数,是数学的问题。但是,如果撇开其具体内容,即把这些具体内容从以上两种思维中取出来,就会发现:(1)和(2)都使用了同一种方式来表达它们不同的内容,即它们共同具有"凡……都是……"的形式。为便于研究,我们用"S"表示前面的"……";用"P"表示后面的"……",则会得到"凡 S 是 P"这一逻辑形式。再看下面的例子:

(3)如果物体摩擦,则物体生热。

(4)如果一个人患肺炎,则他体温就会升高。

上述两种思维尽管内容不同,也都使用相同的方式来表达其各自内容。如果抽取出它们的具体内容,则两者共同具有的形式为"如果……,则……"。我们以

---

① 以下内容参见欧文·M.柯匹,卡尔·科恩:《逻辑学导论》,张建军、潘天群等译,中国人民大学出版社 2007 年版,第 83—93 页。

"p"表示前面的"……";以"q"表示后面的"……",则可得到"如果p,则q"这一逻辑形式。再如,对下面两个具体推理:

(5)凡金属都是导电体;

凡铁都是金属;

所以,凡铁都是导电体。

(6)凡自然数是有理数;

凡正整数是自然数;

所以,凡正整数是有理数。

如果我们以"M""P""S"依次分别替换第一个推理中的"金属""导电体""铁"和第二个推理中的"自然数""正整数""有理数",则两个推理共同具有的形式为:

凡M是P;

凡S是M;

所以,凡S是P。

从以上分析可看出,所谓思维形式,就是从具有不同内容的同类判断或推理中抽象出来,并为该类判断或推理共同具有的一般形式结构。在思维形式结构中,有不同两类部分组成:逻辑常项和逻辑变项。

所谓逻辑变项即思维形式中没有具体内容,其意义可随着所替换的概念或命题的内容而发生变化的那些符号,其中,一种称之为概念变项——通常用大写英文字母"S、M、P"等表示,一种为命题变项——通常用小写英文字母"p、q、r"等表示。所谓逻辑常项即思维形式中其意义固定保持不变的词项,如"凡"在任何情况下,都是全部的意思,"是"则是一种肯定的断定。传统逻辑中,逻辑常项有三种:①量词,如"所有""有的"这些表示数量限制的词项;②命题连接词,像"如果,则""只有,才"等,使用它们联结不同的命题可构成一个新的命题;③断定词,如"是"表示一种肯定的断定,"所以"断定了一种推导关系,即"所以"后面的命题是从其前面的命题推导出来的。当然,思维形式中,逻辑常项是重要的、起决定作用的部分。不同的思维形式之所以不同就在于它们所包含的逻辑常项不同。另一方面,像"所有""是"等这些语词我们无论在日常思维中以及在一切科学领域中都会运用它们。它们是人类思维与任何领域中进行推论所不可缺少的工具,但是其他科学不研究它们,只有逻辑学把它们作为研究对象。波兰著名逻辑学家塔尔斯基(Alfred Tarski)就认为,这门学问就是要建立这些语词的确切意义,与关于这些语词的最普遍的定律[1]。

---

[1] 塔尔斯基:《逻辑与演绎科学方法论导论》,周礼全等译,商务印书馆1963年版,第15页。

正确的思维都是符合思维的规律,同时也是按照正确思维的规则要求进行的。思维规律是人们实践中的经验总结,是思维正确反映和认识世界基本法则。逻辑学的宗旨就是向人们给出正确思维的方式与方法,因而思维规律也成为逻辑学必不可少的内容。本书第七章会介绍思维的四个基本规律,即同一律、矛盾律、排中律和充足理由律。

如前所述,尽管今天逻辑学的性质已有了根本性的改变,它不仅脱离了哲学的怀抱成为一个独立的学科,而且在人类知识分科中还是一个基本和重要的门类[①]。但是逻辑学的中心内容仍是研究推理的,正所谓无推理不成逻辑。

推理遍及各个领域并见之于每个人,逻辑学在考察与推理时并不关心推理的题材或内容,而只关心推理的方式、方法。即分析推理所具有的形式结构,并对其推导方式及性质做出评价。可以说,逻辑学就是向人们提供检验推理正确与错误的方法的学问。

通过对逻辑学的学习,一方面可以掌握辨别推理正、误的方法,另一方面也可提高自己进行正确推理的技能,从而使人们由自发的逻辑思维上升到自觉的逻辑思维。

第二节 逻辑学的性质与作用

一、逻辑学的性质

在我国,逻辑学还沿袭旧的传统属哲学范畴[②]。但实际上自19世纪末、20世纪初数理逻辑的诞生标志着逻辑学的发展已经步入一个新的境地,主要表现在:

(1)研究方法。以数学方法为工具,使逻辑摆脱了自然语言的纠缠净化为符号语言;挣脱了哲学的束缚,转变成一门适用于各学科领域的类似于数学的形式科学。

(2)研究对象。不只是关注推理更重要的是构建各种逻辑系统;不只是提供方法还筑建了自身的理论大厦。

[①] 1974年联合国教科文组织编制的学科分类,把逻辑列为基本学科的第二位,即:①数学;②逻辑;③天文学和天体物理;④地球和空间科学;⑤物理学;⑥化学;⑦生命科学。1977年,英国大百科全书把逻辑列为知识的五大分科之首,即:①逻辑;②数学;③科学(自然科学,社会科学,技术科学);④历史学和人文学;⑤哲学。

[②] 例如我国社科项目分类中,逻辑属哲学的二级学科。研究生专业分类中逻辑学属哲学专业,逻辑研究生亦授予哲学学位。

(3) 研究领域。今天可以说任何一门学科逻辑没有不渗入，特别是 20 世纪有人称之为"分析的时代"①。所谓分析就是逻辑分析。人们以逻辑的标准和要求来构建种种知识体系和理论体系以及法律、道德体系。分析哲学、分析法学等诸多学派此时应运而生，逻辑的力量这时得到极度的张扬。

(4) 非形式逻辑的扩张。自亚里士多德（Aristotle）以来逻辑一直被冠名为形式逻辑，它只注重对思维形式的分析而无视思维内容。正如罗素（Bertrand Russell）所说："这门学科的某些特征是很明显的。在这门学科中我们不从处理特殊的东西或者特殊的性质入手：我们从形式上研究所谓任何的东西或任何的性质。我们要说一加一等于二，而不说苏格拉底和柏拉图是两个人。因为作为逻辑学家和纯粹数学家我们从来不曾听到过苏格拉底和柏拉图，他们与我们无关。在没有这两个人的世界里仍然是一加一等于二。"②但是今天，人们或许更看重逻辑的实际应用，更关注思维形式与内容的统一与融合。非形式逻辑的出现可看作逻辑学现代发展的一个另类。而法律逻辑则是非形式逻辑最突出最典型的代表。

综上所述逻辑学是一门具有多重性质的学科。它既是一门科学理论又是一门方法论；既是一门工具又是一种目的；既是纯理论的又是应用的；既是传统的又是现代的。本书着重介绍传统逻辑理论及现代逻辑的基本逻辑方法。

二、逻辑学的类型

自古希腊亚里士多德逻辑理论和体系的建立，至今已有两千多年的历史。可以说，今天逻辑学科是最基础的且门类繁多、应用广泛的学科。

(一) 传统逻辑和现代逻辑；古典逻辑和非古典逻辑

若按逻辑的历史发展来看，逻辑有传统逻辑和现代逻辑；古典逻辑和非古典逻辑之分。

所谓传统逻辑是指以亚里士多德逻辑理论和体系为主，经历代学者不断补充完善，密切结合人们思维实际，向人们提供有用的逻辑方法和技能的一种逻辑理论。它主要由概念论、命题论、推理论三大块构成，并掺杂有思维三大法则，假设与论证理论内容，是我国高校教材和坊间逻辑读物主要的表现和采纳方式。本教材内容也基本上采纳了这种编写方式。

所谓现代逻辑是指 19 世纪末 20 世纪初，逻辑经由逻辑学家、数学家和哲学家改造，形成独特、全新的一门基础学科，其特点是通过运用数学方法来分析、研究和

---

① M. 怀特：《分析的时代——二十世纪的哲学家》，杜任之译，商务印书馆 1981 年版。
② 罗素：《数理哲学导论》，晏成书译，商务印书馆 1982 年版，第 184 页。

构造逻辑,主要是通过引入形式语言(即符号),使日常语言推理转化为公式的转变换或推演,追求一种无歧义的、可操作的逻辑演算。它包括两大方面,一方面是现代逻辑基础,由一阶逻辑、集合论、模型论递归论和证明论作为基本分支理论;另一方面为数学基础,主要研究数学的理论基础和逻辑问题的理论,其有形式主义、直觉主义和逻辑主义的不同学派。

古典逻辑和非古典逻辑之分主要源于逻辑研究范围的不断扩大所致。

逻辑的一个重要内容是研究逻辑常项。如前所述,波兰著名逻辑学家塔尔斯基就认为,"逻辑就是要建立这些'语词'(指逻辑常项——引者注)的确切意义,与至于这些语词的普遍的定律"。

因而逻辑系统也可以以常项的类型进行大致的划分。定义严格的古典逻辑主要研究的常项有三种:①真值(或实质)联结项;②特称量词和全称量词;③等词("=")。古典逻辑正是建构在这三种逻辑常项上的真值函项逻辑。非古典逻辑与古典逻辑的一个重要区别就在于包含的逻辑常项不同。当然也可以从其他方面来区分。非古典逻辑有超出古典逻辑常项范围的东西。如,非标准量项逻辑中有"大多数 X""无穷分数 X""可数无穷多 X"等量项多值逻辑中虽有古典逻辑的联结项;但不表达二值函项而是多值,甚至无穷多值函项。而内涵逻辑则有严格蕴涵,相干蕴涵和衍推等,其中,模态逻辑是非古典逻辑中最重要也是比较成熟的部分,本书第五章给予了简要介绍。

(二)演绎、归纳和类比

演绎、归纳和类比是传统上对逻辑类型的一种分类,也是沿袭到今天仍在使用的一种重要分类,这种分类关涉到逻辑的不同性质、推理的不同种类和研究的不同方法等基本理论。

通常人们认为,演绎是从一般到个别的推论,而归纳是从个别到一般,类比则是从特殊到特殊;这种划分有一定的基础,它是以人们实践中的认识方法和手段作为依据的。但是今天,在逻辑上已对其进行了严格的区分;如果从前提能必然推出结论的推论,则称为演绎。也就是说,演绎逻辑是关乎推理前真,结论不可能为假的逻辑,而归纳则是推理有着真前提,但其结论只有可能真的逻辑理论。这样,传统上的演绎仍是今天所说的演绎,而传统上的归纳和类比均属于今天所说的归纳逻辑。

演绎和归纳在性质上有着重要区别。

一种演绎是否正确,完全由其形式所决定,因而如果其形式正确,就能由前提真推出结论也真,并且也只有其形式正确,才能保证从真前提推不出假结论来。所以,逻辑上对演绎推理分析和检验,主要是或者说基本是关注在其推理形式上,所给出的方法也是用于检验其推理形式是否正确,逻辑上称之形式的有效性。

归纳则不同,一般来说,我们不好用正确或不正确、有效或非有效的说法来评价归纳。因为归纳都只具有一个大致的归纳模式,而并无不同的具体形式。换言之,所有人的归纳或类比,其推导框架基本上是相同的。差别在于每个具体的归纳,其前提为结论提供的理由或支撑度可有不同。有的支持度较强,有的却很弱。因而我们对归纳的评价,只能说其前提对结论提供的理由支持是大还是小,是多还是少,是强还是弱,由此归纳的可靠性或结论(为真)的可信性程度会不同。因此,我们可以用"好"与"坏"来评价不同的归纳,而逻辑上、传统上是通过提供一系列原则性的要求或条件来增加归纳的可靠性或结论的可真(假)性,现今,到通过引入数字上概率或统计的方法增进归纳真的系数。本书采用传统的做法,对归纳给出一些原则性的要求来增强归纳。

(三)形式逻辑与非形式逻辑

历史上,由于逻辑理论长期从演绎为主,而演绎与分析(推理)形式为主,因而逻辑长期被冠之于形式逻辑。但今天,无论是逻辑的研究内容或涉及的范围早已大大超出历史的禁锢。可以说,凡有推理的地方就都会有逻辑。

而推理今天也不仅仅用于证明,它还可用于说明,用于发现和创新。因而推理的研究,也不再是仅限于形式上的。这样,不同于传统的逻辑理论纷纷出笼,最具代表性的就是非形式逻辑。关于非形式逻辑本书并不多加介绍。这里,我们仅指出,法律逻辑性质上亦应属于非形式逻辑的一种,因为它的内容必须要涉及法律这种具体对象和内容,因而,必定不是纯形式的研究。

三、逻辑学的作用

逻辑学的工具性质始终是其最显著的特征,由此出发我们论述学习逻辑的意义。

(一)获得新知的一种认识工具

通过推理我们可以从已知获得新知,而推理正是逻辑学研究的中心内容。考虑以下推理。

观察下列平方数,它们有着相同或者相似的性质。

$4 = 1+3$

$9 = 1+3+5$

$16 = 1+3+5+7$

$25 = 1+3+5+7+9$

$36 = 1+3+5+7+9+11$

……

上述平方数都可表示为连续的奇数之和。由此人们可自然地推断:看来任一平方数都可表示为连续的奇数之和。

以上推理的结论虽暂时只是一种推测,其真实性还有待进一步的证明。但是关于平方数的性质人们可以说有了一种新的发现和认识,或者说获得一种新知。科学史上无数事例,如海王星的发现、居里夫人对镭的发现等,都足以说明逻辑的这一作用。

(二)表述、论证的工具

逻辑思维是语言表达的基础,逻辑方法是证明、反驳的工具。很难想象一个逻辑思维混乱的人在交谈或论辩中会语言流畅、条理清晰、以理服人。而逻辑方法运用得当往往会事半功倍。

林肯在未任美国总统之前,曾经做过律师。一次法庭辩论中,他巧妙地运用了逻辑的归谬反驳方法获得了最后的胜利。原审中,原告方一位证人福尔逊提供证言说,他于10月18日晚11点钟在月光下清楚地看见,小阿姆斯特朗用枪击毙了受害人。林肯作为小阿姆斯特朗的辩护律师发现福尔逊在说谎并要求法庭复审。复审开庭后,福尔逊仍坚持期原有证言并把案件发生的时间地点情节说得清清楚楚有根有据,使得法庭上的人都深信不疑。这时,林肯不慌不忙从辩护席位上站起向福尔逊问道:"你发誓说认清了小阿姆斯特朗?"福尔逊回答:"是的。"林肯又问:"你在草堆后面,小阿姆斯特朗在大树下,两处相距二三十米,你能看得清楚吗?"福尔逊说:"看得很清楚,因为当时月光很明亮。"林肯又问:"你肯定不是从衣着等方面认清的吗?"福尔逊说:"不是的,我肯定是认清了他的脸。因为月光正照在他脸上。"林肯问:"你能肯定时间是在11点吗?"福尔逊答:"完全可以肯定,因为我回屋看了时钟,那时是11点15分。"这时,林肯微微一笑,转身面向听众们:"我不能不告诉大家,这个证人是个彻头彻尾的骗子。"林肯接着说:"福尔逊一口咬定,10月18日晚上11点在月光下认清了被告的脸。请大家想一想,10月18日那天是上弦月,11点时月亮已经沉落哪还会有月光? 退一步说即使他说的时间不准稍有提前,月亮尚未下山,但那时月光应当是从西往东照,而草堆在东、大树在西,若被告朝向草堆月光正好照着他的后脑勺,他的脸上绝对不会有光的。"林肯说完后法庭上的人们先是一阵沉默,然后响起一阵雷鸣般的掌声。

(三)理论分析的工具

理论分析是从哲学、历史、思维、语言等方面对分析对象所进行的理性考察。其中,逻辑分析不但是最基本的也是最重要的方法。

逻辑分析可以从宏观和微观两种角度着手。从宏观上主要是对理论或知识体系结构进行分析。首先,逻辑分析要找出理论体系中范畴性的概念。即在体系中初始的也是外延最大的概念。如几何学中的点、线、面;法学中的权利和义务。这些概念通常不在本学科中加以定义,即对其不使用本学科中其他概念加以定义。否则就会导致循环定义。其次,分辨出由这些范畴性的概念所构成的初始命题,它类似于该体系中公理性的命题。其真实性通常不在本系统中加以证明。否则,就会导致循环论证。再次,分析由这些公理性命题所推导出的新的命题,它们类似于该系统中定理或引理。再找出由这些引理所推导出的命题。如此不断继续下去就可给出一理论知识的逻辑体系结构。由此该理论知识的骨干脉络也就彰显出来。这对理解、掌握以及构建一知识理论体系是必需的。最后,对该知识理论体系的整体逻辑性质要进行专门的分析:①该系统是否可靠,即系统内不得有相冲突相矛盾的论断,这是逻辑对一理论体系一致性或协调性的要求;②分析该理论体系是否完善,即该体系所应涵盖的内容不得有欠缺和漏洞,这是逻辑对一理论体系完全性的要求;③看该系统是否有多余的公理及定理,即公理与公理,定理与定理不得具有相互可推导性,这是逻辑对一理论体系的独立性的要求。三方面都符合逻辑的标准就达到了逻辑上真、善、美的境地。

逻辑上微观的分析主要是分析概念内涵、外延的逻辑特征;命题的逻辑形式和真值条件;推理、论证的逻辑结构及正误的辨别。其中,概念分析是逻辑分析的最基本的手段。《西方哲学英汉对照辞典》这样来界定概念分析:"运用逻辑方法以图澄清概念或观念的意义的活动。它力图发现组成一个概念的要素和这些要素是怎样相互联系的。它也陈述某些概念之间的关系,以及某些给定概念的运用的充分必要条件。"①概念分析也是分析法学的得力工具,英美法理学界后起之秀布莱恩·比克斯(Brian Bix)在其《牛津法律理论词典》中解释道:"概念分析通过区分观念(ideas)和范畴的逻辑结构或必然的(necessary)、本质的(essential)属性来探求我们的世界的某方面的真(truth)。"②那么,究竟什么是概念的逻辑分析,以下我们用两个案例来加以说明。

案例1:1993年11月财政部、国家计委取缔一批收费项目,其中包括取缔火车站站内厕所收费。由此导致两起诉铁路部门案件。两案件争执焦点相同即"站内厕所"的含义是什么。"站内厕所"当然是指火车站内的厕所,而非火车站外的厕所,对此毫无异义,但问题在于"火车站内"这一概念却有两种解释:一指"火车站范围内";二指"火车站站台内"。同年12月,铁道部专门发文所做的解释为"站内厕所"收费是指"站台内"厕所收费,据此河南法院判决郑州原告败诉。而萍乡诉铁道部案件湖南一审和二审法院均判原告胜诉。两地判决结果迥异,关键在于对"火车站内"这一概念有歧义,为消除其歧义必须给出相应的规定加以单一性界定。1999年4月财政部、国家计委专门发文对"站内厕所"一词进行解释——"'站内厕所'指车站范围内包括进站通道、候车室及站台上等处

---

① 尼古拉斯·布宁,涂纪元:《西方哲学英汉辞典》,人民出版社2001年版,第178页。
② 布莱恩·比克斯:《牛津法律理论词典》,邱昭继等译,法律出版社2007年版,第40页。

设立的厕所"①。这就通过逻辑上规定的语词定义明确了该概念的内涵。

案例 2：1990 年 9 月 7 日我国颁布了《铁路法》，其中第 13 条规定：铁路运输企业应当采取有效措施做好旅客的运输工作并规定有"提供饮用开水"的服务。此后不久，山西太原铁路局在它管辖线路的客车上实行有偿供水，一杯白开水 2 角钱，由此导致乘客纷纷不满。太原铁路局此种做法的根据是《铁路法》第 13 条中规定的"提供饮用开水"，其前面并没有"无偿"二字，如果该规定的含义是"无偿"提供开水就应当加上"无偿"二字。提供"饮用开水"一语关键在于"提供"一词。提供的含义既包括无偿提供也包括有偿提供，因而，该局实行有偿提供并无违规之嫌。后铁道部针对《铁路法》第 13 条的规定发文指出《铁路法》从起草开始到通过，第 13 条所规定的"提供饮用开水"其含义始终都是"无偿提供"饮用开水，并没有有偿提供的意思。于是太原铁路局只好取消有偿供水的制度。这一案件起因就在于"提供饮用开水"外延范围不清，经加以限定方可明确其指称对象范围。

上述两个案件都是因概念语义问题引起，经逻辑的语义解释就可解决此问题。

（四）揭露谬误、诡辩的工具

谬误和诡辩在逻辑上都有着致命的弱点。当一个人想把错的说成对的，想把假的说成真的，或者反之，都会出现这样或者那样的逻辑错误。而逻辑的学习，或许对自己的逻辑思维的提高是不明显的，但在揭露别人的逻辑错误上却是相当有助益的。下面我们看鲁迅先生的一篇简短之作：

"A：B，我们当你是个可靠的人，所以几种关于革命的事情都没有瞒了你，你怎么竟向敌人告密去了？

"B：岂有此理！怎么是告密，我说出来是因为他们问了我呀。

"A：你不能推说不知道吗？

"B：什么话！我一生没说过谎，我不是这种靠不住的人！"②

请问：B 在这里玩弄一种什么样的诡辩手法？

---

① 梁慧星：《裁判的方法》，法律出版社 2005 年版，第 98 页。
② 鲁迅：《半夏小集》，金城书局 1934 年版，第 9—10 页。

第三节 法律逻辑的研究对象

一、法律思维与法律语言

(一)什么是法律思维

思维可因其对象、内容的不同而加以分类。如政治思维是有关政治利益权衡的思维,经济思维是讲究经济效益的思维,而道德思维则是对善恶做出评价的思维,等等。每种思维都在思维领域中发挥自己独特的作用。法律思维也是思维领域中必不可少的一种重要组成部分。

何谓法律思维?不同的法学家有着不同的回答。我们认为:所谓法律思维就是人们对法律这种社会现象的本质和运作规律的认识;具体来说,法律思维就是运用法律概念、法律规范,通过法律推理和法律论证来调整人们行为和社会关系的思维过程。

关于上述定义我们认为有几点需要说明:①法律思维仍是思维的一种,因而,它仍旧以概念、命题、推理、论证作为它的基本思维方式,这也是法律逻辑得以构建的基础;②法律思维是有着具体内容的思维,其所有内容都与法律有关,或者说,都以法律为导向;③法律思维的目的就是按照法律规定来规范人们的行为和各种社会关系;④法律思维的核心问题是法律推理和法律论证。

需要指出的是,法律思维与法律的思维不同。二者虽都与法律有关,但前者落脚在"思维"上,属思维科学的范畴;后者注重点在"法律"上,是法学考察的内容。为进一步说明。我们看下面的一个例子:

当代西方著名法理学家、语义分析法学的创始人哈特(H. L. A. Hart)曾指出:"在与人类社会有关的问题中,没有几个像'什么是法律'这个问题一样,如此反反复复地被提出来并且由严肃的思想家们用形形色色的,奇特的甚至反论的方式予以回答。"以至哈特称该问题为"经久不绝的问题"[①]。这里我们要说的是,对"什么是法律"这一问题的思考和回答,是法理学、法哲学的任务,但却不是法律思维学要考虑的问题。法律思维研究所要问的是:都有哪些人对诸如"什么是法律这样"的问题关心?为什么他们对此问题感兴趣?他们又是如何去思考和作答的?为什么他们会这样作答?等等。换言之,法律思维虽以法律问题为前提,但它更关心的是"谁在思维""怎样思维""思维结果如何"等问题。它们都属于法律思维学

---

① 哈特:《法律的概念》,张文显等译,中国大百科全书出版社1996年版,第1页。

及法学方法论的研究,都是关于"法律的思维"的思维,是"法律的思维"的元思维。

法律思维与法学方法论的研究是有其历史背景的。自20世纪70年代以来,以波普尔(Karl Popper)"证伪主义"为代表,人们对知识百分之百(最终)的确定性产生怀疑。法学领域中法律实证主义的主宰地位黯然而下,"在此背景下,建立在现代逻辑,语言哲学,语用学和对理论基础上的道德论证理论和法律论证理论在哲学和法哲学领域悄然而起。……法哲学家们承接亚里士多德以来的实践哲学(尤其是康德"实践哲学")、修辞学、逻辑学(特别是现代逻辑学)、语言哲学的研究,为法与道德哲学寻找新的理论生长点"①。因而,今天,人们对"如何进行法律思考"的问题比对"什么是法律"的问题或许更有兴趣。

(二)法律思维的特征

法律思维之所以不同于其他思维,在于它有着下述的一些特征。

1. 从思维内容上看,法律思维具有循法性

即法律思维都以法律为依托,其观察问题、处理问题都从法律角度出发,遵循法律规定。这正如我国学者梁慧星先生所说:"有时电台邀请经济学家和法学家讨论社会问题,我们可以发现两种思维的差异。经济学家总是问:有没有经济效益?能否提高生产力?能否做到价值最大化?这就是经济学家的思维,经济人的思维。法学家总是问:是否合法?有没有法律规定?法律是怎样规定的?其构成要件是什么?适用范围如何?法律效果是什么?这就是法学家的思维,法律人的思维。"②

思维内容上的差别,是不同具体思维的根本差别。因而,法律思维内容上的循法性是其本质特征。

2. 从思维形式上看,法律思维具有应然性

法律思维的应然品格具体表现为法律概念、法律规范、法律推理和法律论证诸思维形式都具有应然性。

"应然"是和"实然"相对应的一对范畴。"实然"是指事实、现实,即存在的情况;而"应然"则是指理想、趋向,即价值的评价。"实然"指"是什么";"应然"指"应该是什么"。法律的应然品格体现为法律总是表述着一种要求,命令或标准,它们都是立法者意愿的表达。

历史上,规范体系(包括法律体系和道德体系)的应然品格;早在18世纪就由英国哲学家休谟(David Hume)观察到。他说:"在我至今遇到的道德体系中,我总是注意到其作者有一段时间以一种惯常的探讨事物的方式在立论,或是去证明上

---

① 舒国滢:《走出"明希豪森困境"》(代译序),载[德]罗柏特·阿列克西《法律论证理论》,舒国滢译,中国法制出版社2002年版。
② 梁慧星:《怎样学习法律》,载中国法学网梁慧星论文专栏。

帝存在,或是对人性高谈阔论。突然间我不禁为一个现象大吃一惊,即我所读到原先应是以'是'或'不是'来做连接的论句,现在却都用'应该'或'不应该'来连接。这种混淆发生的;不知不觉;但它是兹事体大的。'应该'或'不应该'是表达一种新的关系或主张,因此有必要被加以注意或解说。"① 马克思在大学学习法律时也看到同样的问题。他在1837年致父亲的信中写道,他在学习法哲学时一个使他感到的严重障碍的问题是"应有"和"现实(实有)"之间的对立。那么,法律思维的诸形式结构都是有一种怎样的应然性呢?

首先,法律概念大多是一些"类型"概念。有些法哲学家认为它们均难以使用逻辑学上属种定义的方法来揭示其法律意义。前面我们说过,抽象概念(即"类"的概念)可通过抽取所反映对象的共同特征而形成。因而,一对象是否该抽象概念的外延,就看其是否是具该类的共同特征。这里只具有"是"或"不是"的区别,而没有比较级的"多"或"少"的区别。因此,就可用属种定义来揭示该抽象概念的内涵。但是,与抽象概念不同,法律概念大都是类型概念,它所涵摄(subsumption)的对象具有开放性,即对象的组成分子不确定,范围模糊及所涵摄的对象分层次和等级有比较地指称。因而"类型"概念虽可有一种法律意义,但却不像抽象概念一样有着固定不变的共同特征,而是容许形形色色特征组合,即形形色色的特征组合都可呈现出这种"法律意义"。所以,对"类型"概念无法采用定义的方法加以明确。而只能用一种整体性的方式来把握和认知。即把所考察对象与"类型"概念之法律"意义"相比较,看能否归类,纳入该类型之中。法律概念的这种特征皆由立法中对法律概念所应囊括的对象的法律评价所致。

其次,法律规范都是些模态命题,其真值或有效性不能简单地以是否和事实相符加以检证。规范命题(包括所有广义模态命题)真值的考察一直是人们所探索的一个奥秘,譬如,如果我们说"公民应当依法纳税"这一命题是真实的(或宁可说是正确的),其"真实"的意义是什么? 同时,我们又知这一法规范是有法律效力的,那么,其法律效力又是来源于何处? 并且法规范的效力性和法规范的真实性是否就是同一回事? 这些问题,至今仍是法学家们努力解决的重要问题。显然,"公民应当依法纳税"的真实性、效力性都不能仅以现实情况中公民是否在依法纳税而确定,更重要地是要看,这一规范所规定的义务是否为公民理应承担的义务? 该规定能否产生效力以及其生效的先决条件是什么? 现实社会中该规范产生的法律效果又如何? 等等。而这些问题都是由于它所包含的"应当"二字造成的,使它具有了"应然"的品性。因而,不得不把确定真值的目光聚集到其规范价值上。需要指出的是,尽管法律规范命题的真值特征与普通命题不同,需有另外一种参照系,但由此却不能否定认识的实践检验标准。否则就会像休谟一样在"实然"和"应

---

① 林立:《法学方法论与德沃金》,中国政法大学出版社2002年版,第104页。

然"之间划一道永不可逾越的鸿沟而陷入不可知论。例如,当代某些法学家就认为"考察真值之表达的本性前提是,能有意义地赋予考察以真值。但是规范(并因此也包括法律规范),据非主流观点,不具有真实性的能力"①。这种观点显然是错误的,因为当你欲考察一种命题的真值意义时,却先以否定其有真值为假设前提,当然就使得逻辑上不但是无结果的并且也是无意义的。法律规定的应然性必然牵制了法律思维的方向和目光,使得这种思维也必定常常遨游于"应然"的王国,烙下"应然"深深的烙印。

最后,法律推理或法律论证都是有着具体法律内容的推理,形式有效性以及事实的真实性都不足以说明其特征。按传统逻辑的观点,演绎推理的有效性由推理的形式所决定;归纳及类比的合理性由事实情况所决定。但是在法律推理中(包括法律论证,下同)都不能完全仿照这种标准加以确定。法律推理的过程实际上是一法律适用的过程,它以法律规范和案件事实为前提,看该案件的具体事实情况是否可涵摄于法律规范的构成要件之下,从而得出是否可资适用该法律规范的评判。正如王泽鉴先生指出的:"法律适用是一个基于逻辑形式而为的评判,此乃是一种论证,即以必要充分的理由构成去支持其所做成的法律上的判断。法学上的论证是一种规范的论证,不在于证明真理的存在,而在于证明某种法律规范适用的妥当或正确。因此,法律上的推理或论证自有其特色。其论证的形式和规则均须受现行法的限制,即在有效力的法规范上作法律适用合理性的推论和证明。"②由此可见,法律推理或论证的特征在于合理性,而所谓合理性,王泽鉴先生认为是指在形式上要求是合法,在实质上则要求符合正义。我们认为还须增加上,在实践上则是具有可接受性。显然,法律推理以及法律论证的作用,是从"应然"到"实然"之间架构一座可通越的桥梁。因而,法律思维的应然性是其形式特征。

3. 从思维过程上看,法律思维具有规范性

即法律思维的起始,活动和结果都为法律规范所支配。

法律思维的规范性受制于法律的规范性。关于法律的规范性可有多种理解③。

(1)法律主要是由规范组成的一个法律体系。无论什么规范,总是一种标准,规则或规定。由此在法律体系中可以说处处是标准,条条有规定。又因法规范涉及的范围,对象极为广泛。有时法律、法规之多使得一个人一生也难得读完(如英、美判例法)。因而思维一旦陷入法律的圈子势将难以自拔。难怪当代美国最有影响的法学家波斯纳(Ricbard Posner)不无感慨地表示,"从人性自由来说,法律

---

① 阿图尔·考夫曼,温弗里德·哈斯默尔:《当代法哲学和法律理论导论》,郑永流译,法律出版社2002年版,第326页。
② 王泽鉴:《法律思维与民法实例》,中国政法大学出版社,2001年版,第210页。
③ 梁慧星:《怎样学习法律》,载"中国法学网"梁慧星论文专栏。

思维是个泥坑,一旦跌入其中便惘惘不知路径",这也表现为,"进入法学院几个月,法学院的学生就失去了外在视角"①。原因则在于人们一开始接触法律时对其权威的信奉、无批判性。因而法律的这种约束性,造成了法律思维起始的规范性。

(2)法律又是一封闭的规范体系。我们这里所说的封闭性是指:①法都以"法有""法无"为原则,限制着其适用的对象范围,从而形成了一个闭锁自足的王国;②各国法都以"维护本国主权"为宗旨排斥外国法(特别是刑法)的适用,从而又成为一个个自主的系统;③每一种(或每一部门)法都以其设置的"法律责任"为屏障,成为一个严格排他的自立体系;④每一法律规范又以其打造"行为模式"所应满足的构成要件为特征与其他规范相区别。法律中,这种从整体到部分,再从部分到个体的等级性、层次性,形成了一个所谓"法律的王国"。其中,"法院是法律帝国的帝都,法官是帝国的王侯",而"我们是法律帝国的臣民,是其规则与理想的忠实追随者,我们争论该当如何行事之际,即是我们在精神上受其约束之时"②。因而法律的这种闭锁性造成了法律思维过程中的规范性。

(3)法律的规范性还在于它都明确地规定了法律后果。之所以"法律是利剑,是护身盾,是威慑力"③,就在于法律规定的不同法律后果可给人以保护或制裁。不同的法律后果迫使人们循法去想,合法去做。因而,是追求法律保护还是遭遇法律的制裁是法律思维的最终目的所在。由于法律思维的规范性体现在法律思维的整个运行过程之中,因而是其内部特征。

4. 从思维结果上看,法律思维具有功利性

人们进行法律思维,宏观上是想实现法律的公平、正义、效率等价值。但在微观上,即从每一个体,特别是每一法律关系主体来看,总是想争取获得法律的保护,或免受法律的制裁。因而法律思维不得不受利益所驱,而且期待法律思维的结果,即形成的法律认识,法律思想能指导自己的行为去合法地行使权利或履行义务。因而法律思维的结果亦能保护一个人的利益,使之免受他人或社会的侵犯。可以说,法律思维的功利性比其他任何思维都更突出、更现实,因而成为法律思维一种作用上的特征。

---

① 理查德·A.波斯纳:《法理学问题》,苏力译,中国政法大学出版社2002年版,第584页。
② 德沃金:《法律帝国》(前言),李常青译,中国大百科全书出版社1996年版。
③ 德沃金:《法律帝国》(前言),李常青译,中国大百科全书出版社1996年版。

以上所述都是法律思维的基本特征。然而,在具体思维中,法律思维还有各种具体特征①。对此,我们就不再多加论述。需要指出的是,人们只有正确认识和分析了法律思维的本质特征,才能建立起符合法律思维真实本性的逻辑理论。

(三) 法律语言

语言有自然语言和人工语言之分。自然语言是人们日常生活中所使用的语言,具有较广泛的表意功能,交际功能。人工语言或称形式语言是人们为了某种目的而创制出来的语言符号系统。该符号自身并无意义,但经过一定的解释,便具有精确的语法、语义。传统逻辑以自然语言为研究工具,因而贴近人们的日常思维,而现代逻辑以形式语言为分析手段,因而愈来愈专门化、技术化。

语言还有日常语言与法律语言的不同。日常语言即大众语言。它是一种未加修饰、改造、变异的生活用语,易于理解和识记。而法律语言则是从日常语言中分化出来的或特别拟制的一个专门的语言领域,它有诸多特征。在文体上,"法律语言是冷峻的:放弃了每一种情感之声;它是生硬的:放弃了每一个论证;它是简洁的:放弃了每一种学究旨意"②。在文字上,"法律文字的基本特色有:①使用专门术语,每一个法律名词均有其固定之意义(如无效、撤销、效力未定、解除、终止),不容混淆,须彻底了解每一个基本法律概念,始能正确适用法律;②法律旨在规范社会生活,建立合理的社会秩序,因此法律的文字必须客观、谨严、精确及合乎事理,应避免夸张、主观或暗示性的词句"③。在文义上,"法律所了解之'文义'(der Wortsinn)是该用语或词在一般的语言习惯上被了解的意义。惟如该用语或词在法律圈有得被认定之特别的其他意义,那么便以后者为它们的意义"④。

需要指出,法律语言与日常语言的关系极为复杂,它们既有区别又有联系。一方面,许多法律语言就源于日常语言中,如"企业""单位""财物""房屋"等,它们和日常用语几乎没有差别。另一方面,有些语词虽源于日常语言,但在法律中规定了专门的法律意义。其次,由于当代立法愈来愈重视立法技术(如我国立法法的制定和颁布,其中一个方面就是为提高我国立法技术)使得法律语言呈规范化、专门化的趋势。并且"由于规则的骤增所带来的复杂问题,司法变得高度专业化,法

---

① 如季卫东博士"三特征"说:"依法办事的卫道精神,兼听则明的长处,以三段论推理为基础(《法律职业的定位》,《中国社会科学》1994年第2期)";郑成良先生"六特征"说:"①法律思维以权利义务分析为线索;②强调普遍性优于特殊性;③合法性优于客观性;④形式合理性优于实质合理性;⑤程序公正优于实体公正;⑥理由优于结论"(葛洪义主编:《法律方法与法律思维》,中国政法大学出版社2002年版)。
② 拉德布鲁赫:《法哲学》,转引自《当代法哲学和法律理论导论》第292页。
③ 王泽鉴:《法律思维与民法实例》,中国政法大学出版社2001年版,第301—302页。
④ 黄茂荣:《法学方法与现代民法》,中国政法大学出版社2001年版,第274—275页。

律思维与社会现实之间的距离拉大,法律语言日趋脱离大众语言"①。特别是在当代流行和繁荣的"专家体制"中,"法律专家不少是通过制定复杂的规范来表现他们的专家体制,这些规范只有法律专家能理解、解释,当然还有进行评注"②。所以,法律语言似乎要与自然语言脱离。可是,"我们的自然语言仍旧一维地在时代中流转,我们短暂的记忆力的容量仍然是有限的,我们必须接受,我们无法用合适的语言模式去描摹复杂的现实。对此,自汉谟拉比和梭伦时代以来没有改变"③,其次,追求法律语言的简明、易懂始终是大陆法系的一个传统。1791 年 3 月 20 日,《普鲁士民法典》(Allgemeines Landrecht Für Die Preussischen Staaten)的公布规则宣称:"全部法律将按照一定的条理层次,用民族语言来制定,用一种大众能理解的方式表达,以使本国的任何居民,只要其自然能力经受过教育,那怕是只具有中等水平,自己便能阅读法律,弄懂法律,在将来的案件里尊重这些规定,他应当依照法律行为,并应接受法律的审判。"④当然,从今天来说,一部法典的语言是否要真的达到这种通俗程度是一回事,但是,无论什么时候是否具有"立法为民"的这种态度与理念则是另一回事。因而法律语言不可能完全摆脱自然语言,它们需要不断地汲取日常语言的营养强化自身。事实上,在各个国家,从事立法活动的也常有非专业立法者,非专业立法者对法律、法律术语乃至其含义自有一定的欠缺,但为了满足使普通人都能理解的意愿,根据至少是某些法律部门的需要,使法律以特定专业人员和其他非专业人员所都能理解的术语进行阐述。因而,法律语言又在与自然语言靠近,这样二者在某些情况下的融合贯通也是必不可少的。

关于法律语言和自然语言的关系可从多种角度进行分析。如:从解释学上,把法律语言和自然语言看作是对象语言与元语言之间的关系;从认识论上把二者看成是理想追求(法律语言)与现实复杂(自然语言)的对立统一关系的等等。

因为法律语言与日常语言的区别也是造成法律思维和普遍思维区别的重要原因,所以,正确理解二者的关系有助于人们正确理解法律思维。对法律语言我们应掌握以下几点:首先,法律语言的存在正是一不争的现实。它的特点由法律格言,法律术语和法律文本表现出来。其次,在我国,法律语言极为有待于强化和提高。一个人的法律素质则可从其法言法语的掌握和运用显示出来。由于"我们的法学极少对于法律语言的认真探讨,也不提倡法律语言的专门化。甚至可以说,几十年

---

① 贺卫方:《法边馀墨》,法律出版社 1998 年版,第 87—89 页。
② 阿图尔·考夫曼,温弗里德·哈斯默尔:《当代法哲学和法律理论导论》,郑永流译,法律出版社,2002 年版,第 296 页。
③ 阿图尔·考夫曼,温弗里德·哈斯默尔:《当代法哲学和法律理论导论》,郑永流译,法律出版社,2002 年版,第 296 页。
④ 艾伦·沃森,《民法法系的演变及形成》,李敖冰、姚新华译,中国政法大学出版社 1992 年版,第 146 页。

来,法律学家所使用语言的非法律专业化已是中国法律与法学的一个基本特色"[①]。因而,法律语言的规范化、专门化在我国尤为重要。再次,法律思维只有依赖于法律语言才得以存在、表述。法律语言的进步和发展自然也会促进人们的法律思维水平。因而提高法律语言运用技巧和能力,也是提高我国法律思维水平的一个必要手段。最后,逻辑都是以语言为工具来研究思维的,法律逻辑也概莫能外。因而,法律语言的健康发展可为法律逻辑的研究奠定必要的基础。

二、法律逻辑的性质与作用

(一)什么是法律逻辑

我们认为,法律逻辑学就是关于法律思维形式,思维规律及其思维方法的科学。对这一界定需说明三点:第一,法律逻辑学仍是一种逻辑,其研究内容应与逻辑的要求保持一致。第二,逻辑是关于推理的学问,因而法律逻辑学的中心任务是对法律推理,法律论证有效性,合理性做出分析研究。第三,法律逻辑虽把目光集中在法律思维的形式结构上,但是,由于法律思维是一种具体思维,而任一具体思维都具有形式和内容的不可分离性,因而法律逻辑必然具有非形式逻辑分析的内容。

(二)法律逻辑学的性质

在分析法律逻辑的性质之前,首先有两个问题要加以识别。第一,法律逻辑究竟是一门学科还是一门课程?从国内某些"法律逻辑学"读物来看,其内容和体系都是作为课程来安排和设计的。虽然,这在法律逻辑远未成熟的现实情况下,作为一种临时举措也未尝不可。但是,在思想中我们必须而且应当视法律逻辑为一门独立的学科。其价值与地位早已在西方法学家的研究中得到认可。法律逻辑的科学理论体系终将会被人们揭示出来。第二,法律逻辑应是研究法律中的特殊问题,还是以逻辑的方法来研究法律?实际上这正是法学家和逻辑学家在视野上的分歧所在。我们认为法律逻辑完全可以遵循上述两种不同的途径发展。但是不论做何择断,显然,那种以逻辑原理套法律例子的做法决不能称之为法律逻辑。

关于法律逻辑的性质,我们认为有下述三个方面。

1. 法律逻辑是一门交叉学科

法律逻辑是法律与逻辑的有机结合,因而法律逻辑学具有科学二重性,即它既是法学的研究范畴——它是法理学、法哲学的一个重要组成部分、又属逻辑学的一个分支,是一门边缘学科。

---

① 贺卫方:《法边馀墨》,法律出版社1998年版,第87页。

2. 法律逻辑是法学基础理论学科

法律之所以能与逻辑紧密结合,就在于法律是理性的产物,而逻辑则是理性的基础。因此法律必须与逻辑一致。无论如何,违反逻辑却又为法律所容许的情况是令人难以想象的。这正如德国法学家乌尔弗里德·诺伊曼(Ulfrid Neumann)所言:"无需强调,法律的和法学的规则不是无关紧要的。有足够的证明显示,法官的判决,由于违背了思维规律,背离了受法律而不受逻辑规则约束是不可想象的这一质朴事实,便产生可上诉性。"①因而,法律逻辑学是法学理论基础学科。

3. 法律逻辑是一门工具性学科

逻辑作为一种分析方法,在法律中有着不可替代的作用。事实上,法律的研究和运用都离不开逻辑。在法律研究上,逻辑被用来对法律制度,独立法律体系和法律数据的原则进行分析和分类;法律术语、概念以及各个法律规范之间关系的分析也要根据逻辑。在法律适用中,在确定某项法律适用某种事实,或者寻找本案应遵循的先例时都与逻辑密切相关。而法律逻辑学的研究可为之提供较为系统、完整和正确的方法。因而法律逻辑学是一种工具性的学科。

关于法律逻辑的内容,由于对法律逻辑存在不同的理解,因而,对法律逻辑所应有的内容也看法不一。有的看作是对现实法律进行逻辑体系的建构。如凯尔斯金字塔式的规范体系,或对法律小分枝系统的公理化尝试;有的是把法律命题形式化而后进行谓词演算;也有进行内容重组的,即把法官完成其任务用的一些认识手段(法律解释,法律类推等)作为其研究内容②。总之,由于各种尝试都为法律逻辑注入了新鲜血液,才使得其生机勃勃、一片欣荣。本书内容不在严格意义的法律逻辑上考虑。之所以如此有以下原因:首先,从学术研究上看,法律逻辑体系的构建,还远是人们努力的一个目标。目前所取得的研究成果,还只具有个别性意义,其次,从知识层面上看,普通逻辑是法律逻辑的基础,掌握普通逻辑知识也是学习法律逻辑的前提条件。最后,从学科发展上看,只有对法律逻辑和具体内容的不断更新和改进,才能促进它的发展。因而,内容上各种新的尝试和安排,对法律逻辑来说都是有益的。基于上述考虑,本书在章节内容的安排上遵循着从一般到个别的原则,即先从逻辑基础知识着手,然后逐步过渡到相关法律逻辑内容上。这不但有利于学习,同时也符合人们的认识规律。

(三)法律逻辑学的意义

奥地利学者塔梅洛在其《法律实务中的现代逻辑》一书中对法律逻辑的意义

---

① 阿图尔·考夫曼,温弗里德·哈斯默尔:《当代法哲学和法律理论导论》,郑永流译,法律出版社2002年版,第316页。

② 乌尔弗里德·诺伊曼:《法律逻辑学》。载阿图尔·考夫曼,温弗里德·哈斯默尔:《当代法哲学和法律理论导论》,郑永流译,法律出版社2002年版。

做出以下的概括:①法律逻辑对任何法律问题的合理性解决都是必不可少的;②法律逻辑对基础法律思想的系统训练是有益的;③法律逻辑虽不是法律实质内容的渊源,但却是法律思维的工具;④法律逻辑是法律领域中应用现代技术的先决条件;⑤法律逻辑对提高法律推理自身的效力和完备性也是必要的。①

我们认为,除了这些一般性意义外,法律逻辑在我国"依法治国"的现实大环境下更有其特殊的意义。

1. 一个民主与法治的国家是绝对排斥专制与暴力

美国第三任总统托马斯·杰弗逊(Thomas Jefferson)曾经说过:"在一个民主国家中领导它的公民的是理智和信仰,而不是暴力,因而推理论证的技巧就成为第一重要的东西了。一个法治的社会,一定是一个说理的社会。"②因而,法治社会中,对任何问题的思考与处理都依赖理性。而逻辑则是理性的法则,法律逻辑当然也是法律思维的规则。因此,法律逻辑不但可提高一个国家、一个民族人民的思维水平,同时也是法治国家政治生活中不可缺少的工具。

2. 在法律生活中法律逻辑的作用更是不可估量

立法中法律体系的一致性、完善性和健全性正是法律逻辑对法律形式特征的要求。司法中"以事实为根据,以法律为准绳"更体现了法律逻辑的精髓——法律论证性。在德国,德国宪法法院第一审判庭于1973年2月14日发布的一项决议(法律续造的决议)中规定:"所有法官的司法裁判必须建立在理性论证的基础上。"③在我国,最高人民法院"为了进一步提高制作法院诉讼文书特别是裁判文书的水平,从整体上提高诉讼文书质量和办案质量",从1993年起在全国试行了《法院诉讼文书格式(试行)》,1999年最高人民法院审判委员会讨论通过了《法院刑事诉讼文书格式(样本)》,它们在印制说明中都强调指出文书的修改"以强化对判决事实的叙述和证据的分析、认证,增强判决的理论性为重点"。由此可见,法律论证在我国司法裁判中,也愈来愈受到重视。

3. 无论在法学研究和学习上,法律逻辑的地位和影响越来越突出

在国外,"在最近20年内,法律论证理论在法学研究领域已取得了统治地位。……目前,法律论证的种种问题继续居于国际法学理论讨论的前台"④。而国内,近几年来,不但国外一些法律逻辑的优秀论著被翻译过来,而且国内一些学者

---

① Ilmar Tammelo:*Modern Logic in the Service of Law*,Springer-Verlag,1978.
② 罗柏特·阿列克西:《法律论证理论》(德文版序),舒国滢译,中国法律出版社2002年版。
③ 罗柏特·阿列克西:《法律论证理论》,"德文版序",舒国滢译,中国法律出版社2002年版。
④ 罗柏特·阿列克西《法律论证理论》,《走出"明希豪森困境"》(代译序),中国法律出版社2002年版。

的学术专著也陆续问世。而在法学教育和学习中,法律逻辑不但是基础,是工具,更是目的。这正如台湾著名的民法学家王泽鉴先生所言:"学习法律,简单言之,就在培养论证及推理的能力。"①

基本概念

逻辑　思维的概括性　思维的间接性　思维形式　逻辑常项　逻辑变项
法律逻辑　法律思维　法律语言　法律逻辑的性质　法律逻辑的作用

练习题

一、什么是思维形式?思维形式中的变项指什么?逻辑常项有哪些?
二、逻辑学的研究对象是什么?
三、试述学习逻辑学的意义。
四、什么是法律思维?它的基本特征有哪些?
五、如何理解法律逻辑?学习法律逻辑意义是什么?

---

① 王泽鉴:《法律思维与民法实例——请求权基础理论体系》,中国政法大学出版社2001年版,第301页。

第二章

概　念

知识结构图

概念
- 一、概念的概述
  - 概念的定义
  - 概念和语词
  - 逻辑的内涵与外延
- 二、概念的种类
  - 单独概念和普遍概念
  - 集合概念和非集合概念
  - 正概念和负概念
- 三、概念间的关系
  - 全同(同一)关系
  - 真包含于、真包含关系
  - 交叉关系
  - 全异关系
  - 矛盾关系和反对关系
- 四、概念的定义
  - 什么是定义
  - 定义的种类
  - 定义的规则
- 五、概念的划分
  - 什么是划分
  - 划分的种类
  - 划分的规则
- 六、法律概念
  - 什么是法律概念
  - 法律概念的种类
  - 法律概念的明确与掌握

本章导读

概念是思维的基本形式之一。本章主要说明了概念的逻辑特征、逻辑种类和概念外延之间的逻辑关系。同时介绍了明确概念的定义与划分的逻辑方法。通过本章的学习可了解和掌握对概念的各种逻辑分析。

第一节 概念的概述

一、概念的定义

概念就是反映事物本质属性的思维形式。

所谓事物,是指能被人们认识的一切客观对象,它既包括自然界的万事万物(如山川河流、日月星辰),也包括社会领域、思维领域存在的各种现象(如政治、经济、思想、理论等)。

每一个别事物或事物形成的类都具有一定的性质。譬如,"中国"具有"位于亚洲,世界上人口最多,社会主义国家"等性质;"国家"具有"阶级统治的机关,由军队、警察、法庭、监狱等暴力工具组成,随阶级产生而产生,随阶级灭亡而灭亡"等性质。若干事物之间还可存在一定的关系。譬如,中国加入"WTO"(世界贸易组织)后,就与之发生一定的关系,要遵守相关的国际条约。单个事物(或类)的性质,以及若干物间存在的关系,我们统称为事物的属性。

事物与属性是不可分的,世界上没有无属性的事物,也没有无事物的属性。一事物与另一事物相同或相异就取决于它们在属性上的相同或相异。属性相同的事物可形成一个事物类,属性不同的事物则形成不同的事物类。而组成类的那些一个个具体事物,也称为该类的分子。譬如,"中国"就是"国家"这一类事物的一个分子。

事物的属性有本质属性和非本质属性之分。所谓事物的本质属性即决定该事物之所以为该事物,并使之区别于他事物的属性。譬如,对"人"来说,能思维、有语言、会制造和使用工具,这些属性就是"人"的本质属性。因为正是由于这些属性决定了人之所以为人,并把人同其他动物区别开来。而诸如性别、民族、年龄、体貌等属性则是非本质属性,因为这样一些属性并不能决定人之所以为人,并把人同其他动物区别开来。

概念正是通过对事物本质属性的反映来认识事物的。事物的属性与事物是不可分的,但思维却能把它们同事物相分离并抽取出来形成概念,因而概念具有抽象性。一事物类的属性又为该类的每一分子所具有,即为该类分子的共性。因而反映事物类的概念具有普遍性。

概念作为对事物的一种认识方式,就有着其认识内容与客观实际是否相符的问题。因而概念有真、假之分。真概念就是正确反映了事物本质属性的概念,假概念就是错误或歪曲反映事物本质属性的概念。

人们在思维实际中所形成的概念,其所指的对象,有的在客观实际中真实存在(如"国家"),有的在客观实际中并不真实存在(如"鬼、神"),因此概念还有虚、实之分。虚概念即概念所言指的对象客观实际并不存在,而实概念即概念所言指的对象是真实存在的客观事物。

以下我们所讨论的概念通常都限制为真实概念。

二、概念与语词

概念的产生、存在和表达都必须依附于语词。因而语词是概念的物质外壳;而语词之所以有意义就在于它表达了一定的概念,因而概念是语词的思想内容。二者互相依赖,密不可分。

但是,概念和语词也存在区别,二者的根本区别在于质上的不同。概念是对事物的一种反映,属精神意识范畴;而语词总有其具体的物质形态(如一种声音、一组笔画等),属物质范畴。人们对事物本质属性的(正确)反映是相同的,但用于表达这一概念的语词却可以是不同的。因而概念具有全人类性。语词则具有民族性。例如,汉语中"中国"这个词所表达的概念,英语中用"China",俄语中用"Китай"来表达。

即使在同一民族语言中,概念和语词还存在有下述一些具体的区别。

(一)概念都由语词来表达,但并非所有的语词都表达概念

一般语法书中,把语词分为实词与虚词两大类。通常,实词都表达概念,如名词用以表达事物实体,形容词、动词用以表达事物的属性。而虚词中,除了部分虚词,如联词"如果、则"表达逻辑概念,其他(如语气词"啊"结构助词"的")一般都不表达概念。

(二)不同语词可用以表达同一个概念

由于方言和普通话的差别(如"山药蛋"和"马铃薯")、口头语和书面语的差别(如"日头"和"太阳")、古语和今语的差别(如"曰"和"说")、外来语音译和意译的差别(如"马达"和"发电机"),都有可能产生这种情况。

(三)同一语词在不同的语言环境下可以表达不同的概念

语法中所讲的多义词就具有这种情况。如汉语中的"打"字,表示殴打、攻打的如"打架";表达敲击物体的如"打门";表达制造、编织,如"打刀,打毛衣";表达

购买的如"打酒,打醋"等。《现代汉语词典(第7版)》中对"打"给出了24个释义,换言之,"打"在不同语境下至少可表达24个不同的概念。

区别清楚概念和语词的种种关系是必要的,它有助于人们识别因混淆二者关系而出现的一些逻辑错误。

三、概念的内涵和外延

概念的内涵和外延是概念的两个逻辑特征。所谓概念的内涵就是概念所反映的事物的本质属性,即通常人们所说的概念的含义。所谓概念的外延就是概念所反映的具有该本质属性的事物,即概念的指谓对象或范围。譬如,"法律"这一概念的内涵就是"由国家制定或认可的,以人们权利义务为内容并由国家强制力保证实施的社会规范"。其外延就是古今中外的一切法律。可见,概念的内涵说明了概念所反映的是具有什么性质的事物,而概念的外延则说明了概念所反映的是哪些事物。因而明确一个概念就要从内涵、外延两方面来把握它,譬如,在明确"宪法"这一概念时,首先要问:什么是宪法?宪法这种法律具有什么样的本质特征?其次我们会考虑:世界上的宪法都有什么样的宪法,宪法有多少种或多少部?经过分析和考察,我们得知"宪法是一国家的根本大法,它具有最高的法律效力,它规定国体和政体,以及公民的各项基本权利和义务",这就明确了它的内涵。当我们又知世界各国宪法从性质上有两大类,即社会主义宪法和资本主义宪法;从它们表现形式上有两种,即成文宪法和不成文宪法,这时我们就掌握了宪法的外延范围。当然,也可从一个个具体国家的宪法来识别它的外延。

概念的内涵和外延之间存在着相互制约的关系。概念的内涵确定了,在一定的条件下概念的外延也随之确定。概念的外延确定了,在一定条件下概念的内涵也会随之确定。但是一个概念如果内涵确定而外延不稳定,则是一外延界限模糊的概念;一个概念如果外延确定而内涵尚未明确,则是一个含义不清晰的概念。这样的概念运用于思维实际中必然会带来很大的麻烦,它易产生分歧、争执和纠纷,在某种情况下(如法律实践中)还造成严重的后果。因而确定一个概念首先应做到其内涵和外延都是确定的。

概念的内涵与外延之间还可存在一种所谓反变关系。一个概念相对另一个可比较的概念来说:内涵多的概念其外延就小,内涵少的概念其外延就大。譬如,"法律"与"刑事法律"相比较,虽然"刑事法律"要比"法律"的内涵多,因为它除了具有"法律"所应有的一切属性外,还具有"刑事性"的,即关于"犯罪与刑罚"的属性,但它的外延却比"法律"外延小——因为"法律"的外延,除了"刑法"之外,还有民法、商法等法律,而这些法律显然都不在"刑事法律"的外延之中。逻辑上称外延相对较大的概念为属概念,如上例中的"法律",而外延相对较小的概念为种概念,如上例中的"刑法"。

掌握概念内涵和外延之间的这种反变规律,人们就可使用限制与概括这两种方法来进一步明确概念。

所谓限制就是通过增加一个概念的内涵从而缩小其外延,简言之,就是从属概念过渡到种概念的逻辑方法。例如,对"国家"增加"民主的"这一限制词,就增多了"国家"的内涵而缩小了其外延,得到了"民主国家"这个概念。再对"民主国家"增加"社会主义"的限制词,又得到"社会主义民主国家"这个概念。这样,从"国家"过渡到"民主国家",从"民主国家"过渡到"社会主义民主国家"就都是概念的限制。

对概念进行限制既是人们从较一般的认识走向较具体认识的方法,也是人们准确运用概念和恰当地表达思想的重要方法。

所谓概括就是通过减少的一个概念的内涵以扩大其外延,即从种概念过渡到属概念的逻辑方法。例如,从"社会主义市场经济"过渡到"市场经济",减少了"社会主义"的内涵却使得其外延扩大了。这就是概念的概括。

对概念进行概括可使人们的认识从特殊过渡到一般从而有助于人们理解和把握对象的本质属性。

在思维实际中,限制与概括是人们常用的方法。例如,1993年我国《宪法修正案》中,将《宪法·序言》第七自然段中最后一句"把我国建设成为高度文明,高度民主的社会主义国家"修改为"把我国建设成为富强、民主、文明的社会主义国家"。其中,将"高度文明、高度民主"均去掉"高度"的限制,概括为"民主、文明的社会主义国家",同时又在其前面又增加了"富强"这一限制,这就进一步准确地向全国人民指明了我们国家的建设目标。

第二节　概念的种类

依据不同标准可对概念进行不同的分类,传统逻辑根据概念内涵、外延方面的不同特征,有以下分类。

一、单独概念和普遍概念

单独概念的外延是一个独一无二的对象。如"中国""鲁迅""西安事变"等。通常,语词中的专有各词都表达单独概念。此外,某些特定的词组也可用来表达单独概念。如"世界上最高的那座山峰"(指珠穆朗玛峰),"清朝的末代皇帝"(指溥仪)。在特定语境下,"本案刑事被告人""本案民事原告""那个犯罪嫌疑人"等也可指称独一无二的对象。这些包含有"这个""那个""本案"等特指词的词组称为摹状词。显然,摹状词是通过描摹对象的独有特征来表达单独概念。

普遍概念的外延是两个或两个以上的概念。例如,"《共产党宣言》的作者"(马克思,恩格斯)、"法律"、"违法行为"等。语言中的普通名词、动词、形容词、一般地说都表达普遍概念。

有的语词在不同的语境既可用以表达单独概念,又可用于普遍概念。如"《中华人民共和国宪法》是我国的根本大法",其中的《中华人民共和国宪法》表达单独概念。"咱班同学每人手中都拿一本《中华人民共和国宪法》",其中的《中华人民共和国宪法》表达的就是普遍概念。

二、集合概念和非集合概念

集合概念是反映集合体的概念。当许多性质相同或相似的事物构成了一个不可分割的整体时称为集合体。如"森林"是树木的集合体;"中国人民解放军"是中国人民解放军指战员的集合体。集合体即整体所具有的属性,组成集合体的那些个体未必具有。"森林"具有的属性,如木材的源地,保持水土,调节气候等功能属性,显然,组成森林中的一棵树木是不会具有的。因而"森林""中国人民解放军""犯罪集团"都是集合概念。

非集合概念是反映非集合体的概念。例如,"树木""解放军战士""犯罪嫌疑人"都是非集合概念。它们所反映的只是一般的事物类。而事物类和组成该类事物的分子是一般与个别的关系。显然,一般具有的,个别也都具有。如"犯罪嫌疑人"的本质属性对每一个具体的犯罪嫌疑人都适用。

需要指出,在不同语境下,同一语词既可表达集合概念,也可以表达非集合概念。例如,"中华人民共和国的一切权力属于人民",其中的"人民"就是一个集合概念。"在我们国家里,人民享有广泛的民主和自由,同时又必须用社会主义法律和纪律约束自己",其中的"人民"表达的就是非集合概念。

三、正概念和负概念

正概念是反映事物具有某属性的概念。例如,"国家工作人员""公有制经济""脊椎动物""合法收入"等都是正概念。

负概念是反映事物不具有某属性的概念。例如,"非国家工作人员""无脊椎动物""不合法收入"都是负概念。在语言表达上,表达负概念的语词,一般都带有"非""无""不"等否定性的前缀词。

负概念的使用需要注意它的论域,即负概念指称的对象范围。首先,负概念的论域随着其相应的正概念指称对象的确定而确定。如"非国家工作人员",只有在哪些对象是"国家工作人员"确定之后,它的指称对象范围才能随之确定。其次,"非国家工作人员"仅指"国家工作人员"以外的其他一切人员,而不是泛指任意对象。

上述三种分类,是从不同角度进行的。因而,在对同一概念进行考察时,我们可从不同角度加以区别。例如"联合国"这个概念是一个单独概念、集合概念、正概念。"非公有制经济"是一个普通概念、非集合概念、负概念。

第三节 概念间的关系

传统逻辑所谓概念间的关系,就是指概念外延间的关系。

如果对任意两个概念 A 和 B 的外延进行考察,根据它们在外延上是否有重合或相同的对象,如果有,又有多少对象重合或相同,则 A 和 B 两概念外延之间的关系有以下五种。

一、全同(同一)关系

如果 A 和 B 两个概念的外延完全重合或相同,即所有 A 都是 B 并且所有 B 都是 A,则 A 与 B 为全同关系。例如"中国"与"世界上的人口最多的国家";"等边三角形"与"等角三角形"就分别都具有全同关系。这种关系还可用一种直观图示方法表达。我们画一个圆表示一个概念的外延;圆内是其全部外延,圆外则不是其外延,则 A 与 B 有全同关系可以用图 1 表示。

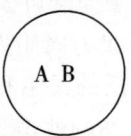

图 1　全同(同一)关系

全同关系表明两个概念内涵不同,外延可以相同。因而对同一对象可从不同方面揭示其内涵,这有助于人们说明和认识事物。

传统逻辑认为,具有全同关系的概念,由于外延相同,因此,在表达中可相互替代而不违反逻辑。

二、真包含于关系,真包含关系

当所有 A 都是 B,而有 B 不是 A 时,则 A 与 B 有真包含关系,或称 A 真包含于 B。当有 A 不是 B,而所有 B 都是 A 时,则 A 与 B 有真包含于关系,或称 A 真包含了 B。例如,"刑法"相对于"法律"来说,"刑法"真包含于"法律"。而"刑法"相对于"中国刑法"来说,则"刑法"真包含"中国刑法"。这两种关系可分别表示为图2和图3。

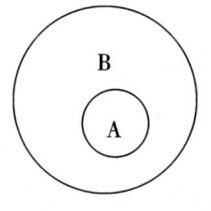
图2　A真包含于B

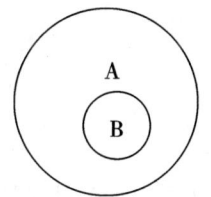
图3　A真包含了B

显然,真包含于和真包含关系刻画的是属种概念之间的关系。因而也可概称为属种关系。那种整体和部分之间的属于关系,如"桌子"与"桌子腿",以及"上、下级"之间的隶属关系,如"市政府"和"区政府"等,则不能用图2或图3来表示。换言之,它们之间不是属、种关系。

三、交叉关系

如果有A是B、有A不是B、同时有B不是A,则称A与B有交叉关系。例如"青年"与"党员";"妇女"与"人大代表"就都是交叉关系。具有交叉关系的概念结合在一起可形成更为复杂的概念。如"青年党员""妇女人大代表"。这种关系可以用图4表示。

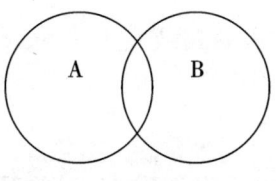
图4　交叉关系

上述关系的共同点是,A与B外延间总有相同或重合之处。即有A是B。传统上把这种关系概括为相容关系。

四、全异关系

如果A与B外延间没有任何一个对象相同,即所有A不是B,则称A与B为全异关系。例如,"社会主义国家"与"资本主义国家";"奇数"与"偶数";"法官"与"律师"等都是全异关系。这种关系可以用图5表示。

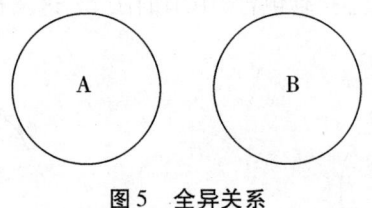

图5 全异关系

与相容关系"有A是B"完全不同,全异关系是"没有A是B",因此,全异关系也称之为不相容关系。

五、矛盾关系和反对关系

传统逻辑对全异关系还进一步区分了矛盾关系与反对关系。如果A、B两概念外延全异,且相对它们的上属概念C来说,若A、B外延之和等于C,则称A与B有矛盾关系;若A、B外延之和小于C,则称A与B有反对关系。例如,"金属"与"非金属"相对其上属概念"元素"来说为矛盾关系。而"红"和"蓝"相对"颜色"来说则为反对关系。

矛盾关系和反对关系可分别由图6和图7表示。

图6 矛盾关系　　　　　图7 反对关系

思维实际中,区分概念间的矛盾关系与反对关系,是有一定意义的。例如,一种行为不违法,是否就等于合法呢? 这并不一定。因为一种行为在法律上虽然没有明确禁止,但也并不意味着法律就支持或保护这种行为。因此,不能简单地说,任何不违法的行为,就一定是合法行为。如某些不道德的行为虽然不能说违法,但更不应该是合法。简言之"违法行为"与"合法行为"相对于"人们行为"来说是反对关系,而不是矛盾关系。

第四节 定义

一、什么是定义

定义是以简明的方式揭示概念内涵的逻辑方法。

说明或揭示一个概念的内涵可以多种方式进行,如写一篇文章、开展一次讨论等,而定义则是用一句话把一个概念的含义加以确定。例如,"刑法就是规定犯罪与刑罚的法律"。这句话就给"刑法"下了一个定义。通过该定义把"刑法"这一概念的内涵加以明确。

定义都由被定义项,定义项和定义联项三部分组成。被定义项就是需要揭示其内涵的概念。如上例中的"刑法"。定义项就是用来说明被定义项内涵的概念。上例中"规定犯罪与刑罚的法律"就是定义项。而定义联项则是用来联结被定义项与定义项的,如上例中的"就是"。在汉语中,可用做定义联项的词语有:"就是""即""所谓……,就是……""叫作"等。若用符号"D_s"表示被定义项,"D_p"表示定义项,则定义的一般结构式为:$D_s = D_p$。

定义是人们巩固认识成果,表达思想和交流思想的一种重要手段。在某些领域中它还是不可缺少的方法。如政治生活中有关政治概念的明确,科学研究中科学概念的提出,法律中法律概念的界定都离不开定义这种方法。

二、定义的种类

由于定义运用之广泛,因而定义种类也较繁多。下面我们介绍一些基本的种类。

(一)属种定义

所谓属种定义就是通过以被定义项的属概念和种差构成定义项来为之下定义的方法。运用这种方法时:第一步,我们先给出被定义项的上属概念。譬如,在给"商品"这一概念下定义时,我们首先确定它的上属概念为"劳动产品",即商品是劳动产品的一个种类。第二步,需揭示出被定义项的种差,即被定义项与其上属概念中其他种概念之间在内涵方面的根本差别。如"商品"与其他各种劳动产品的根本差别是"用于交换"的。第三步,把种差和上属概念结合起来构成定义项,上述例中,则为"用于交换的劳动产品"。最后一步,使用定义联项把被定义项和定义项联结起来,一个属种定义就完成了。相对上例,我们就有"商品就是用于交换的劳动产品"这一属种定义。属加种差定义的形式可用下述公式表示。

$$被定义项 = 种差 + 属概念$$
定义项

显然,属加种差定义实质上就是在定义项中用表示种差的概念对属概念进行限制,使得定义项与被定义项外延全同,以明确地刻画同一对象。

事物的属性可以是多种多样的,在下属加种差定义时,就可从不同方面找到不同的种差。因而,根据种差的不同,属种定义有以下种类:

(1) 性质定义。即以事物的特有属性作为种差的定义。如:

鸟就是有羽毛的卵生动物。

(2) 发生定义。即以事物发生或形成的属性作为种差的定义,如:

圆就是一个点以等距离绕一定点运动而形成的一条封闭曲线。

(3) 功用定义。即以事物的特殊功能或作用作为种差的定义。如:

组织、领导犯罪集团进行犯罪活动的或者在共同犯罪中起主要作用的,是主犯。

(4) 关系定义。即以事物间的关系作为种差的定义。如:

偶数就是能被 2 整除的数。

定义在人类认识和科学研究中具有重要的作用,它既可用已有的概念来揭示新概念的意义,也可用新的知识来充实,规定已有概念的意义。

(二)语词定义

人们在使用语词时有两种不同情况。一种情况是,说某个语词时实际上是在讨论这个词所指称的事物。另一种情况则是,说某个语词时只是就这个词自身的特征或意义加以论述。例如,在"猫是偶蹄动物"这句话中,"猫"这个词的使用是用以指称猫这类动物的,我们使用它来说明猫这种动物具有什么样的属性。而在"猫是反犬旁"这句话中,"猫"一词的使用仅是指"猫"这个字具有什么样的文字特征。所谓语词定义就是被定义项仅仅作为一个语词来考察时,说明或规定其意义的方法。因而语词定义有说明的语词定义和规定的语词定义之分。

(1) 说明的语词定义。即说明一个语词意义的定义。当人们遇到一个不熟悉、不了解其意义的一个语词时,我们就可用另一熟知的语词对之加以说明。如:

"犊"就是小牛。

"宇宙第一速度"就是每秒 13.8 千米的速度。

显然,说明的语词定义是对一个语词已确定的原有意义的说明,这样该说明就有与原有意义是否相一致的问题。因而说明的语词定义有真假或对错之分。说明与原有意义相一致则该定义为真。否则为假。例如:说"'犊'就是'小牛'"则是真的,而说"'犊'就是小马"就是假的。

(2) 规定的语词定义,即规定一个语词意义的定义。日常语言中有着大量的歧义词和模糊词,出于需要,为了精确其含义,就需要规定它们的意义。如我国

《刑法》第九十九条规定：

  本法所称以上、以下、以内，包括本数。

这就是一个规定的语词定义，运用它就规定了"以上""以下""以内"这些词在我国刑法中意义单一性，消除了其歧义性。再如我国《刑法》第九十三条规定：

  本法所称国家工作人员，是指国家机关中从事公务的人员。

  国有公司、企业、事业单位，人民团体中从事公务的人员和国家机关、国有公司、企业、事业单位委派到非国有公有公司、企业、事业单位、社会团体从事公物的人员，以及其他依照法律从事公务的人员，以国家工作人员论。

这也是一个规定的语词定义。这一规定明确了我国刑法上"国家工作人员"这一特殊身份犯罪主体的界限范围，以避免其模糊性。

另外，规定的语词定义还可用以引入一些新的术语或表达式，使我们的表达更加简洁，思维更具有效率。如：

  "三个代表"即代表中国先进生产力的发展需要；代表中国先进文化的前进方向；代表最广大人民的根本利益。

这一定义是为引入"三个代表"这个缩略语而做出的一个规定语词定义。再如：

  "→"代表蕴涵关系。

这一定义既可看作规定了新符号"→"的意义，亦可视为给出了"蕴涵关系"简称或略语。

规定的语词定义与说明的语词定义不同，它没有真假或对错之分，且具有相当的随意性。但是，下这种定义时也应符合某些要求，如针对歧义词或模糊词做出定义时应对其原有多种含义中的某一个，或者是原有的可能对象范围加以规定。所引入新的术语或表达式不能比原有语词更加复杂，且应符合某些规律或日常习惯，使得人们容易接受。

三、定义的规则

下好一个定义，除了要具备相关的知识外，还需遵守下述逻辑上的一些基本要求。

（一）定义必须相应相称

所谓定义必须相应相称，就是要求定义项与被定义项二者外延间必须是全同关系。违反这一规则，当定义项外延大于被定义项时，就叫犯了"定义过宽"的逻辑错误。当定义项的外延小于被定义项时，就叫犯了"定义过窄"的逻辑错误。例如，如果下述语句作为"法律"的定义：

  法律就是调整人们行为的规范。

就犯有"定义过宽"的逻辑错误。因为,调整人们行为的规范除了法律还有道德规范。再如,下述定义:

  刑法就是惩治杀人,抢劫犯罪的法律。

就犯有"定义过窄"的逻辑错误。因为刑法所惩治的不止是杀人、抢劫犯罪,还有危害国家安全,公共安全破坏社会主义市场经济秩序等多种犯罪。在日常表达中,犯有"定义过宽"错误的语句,如果不把它作为定义,而只是一种一般或宽泛的说明,它还是正确的。而犯有"定义过窄"错误的语句本身就是一个错误语句,它是由认识上的缺陷或错误造成的。

(二)定义项不能直接或间接地包括被定义项

定义项是用于对被定义项的说明或解释的。这种说明或解释如果就是直接或间接运用了被定义项,就会使其说明或解释不起作用,从而无法达到定义的目的。违反这条规则,当定义项直接包括被定义项时,就要犯"同语反复"的逻辑错误。如:

  物理学就是研究物理的科学。

显然,这一定义等于啥也没说。这种错误是由于不具有相关知识所致。当定义项间接包括被定义项时,就要犯"循环定义"的逻辑错误。例如,如果一个人把"原因"定义为:

  原因就是引起结果的事件。

但是,当人们进一步又问"何为结果"时他又说:

  结果就是原因引起的事件。

这种先用结果来解释原因,后又用原因来解释结果的定义就是循环定义,因为它虽然兜了一个圈,但最终还是在用原因来说明原因。

"循环定义"是一种有着逻辑缺陷,应力求避免的一种定义。特别是当循环中的中间环节过多,较长时,就更要一步步地追溯源头来加以识别

(三)除非必要,定义一般不得采用否定方式

所谓否定方式的定义,就是定义联项是否定的,即"D_s 不是 D_p",或定义项是一负概念,如"D_s 是非 D_p"。由于对一个概念下定义,通常需要给出这一概念所反映的对象具有什么样的属性。而否定方式则是揭示对象不具有什么样的属性,因而一般来说这种方式则很难达到定义的目的。例如,下述定义:

  未成年人不是成年人。

就仍然未说明何谓"未成年人",它们年龄特征是什么。再如下述定义:

  圆是不方的几何图形。

虽然把"圆"和"方"做了区别,但是,由于它没有正面揭示"圆"的种差,因而也是错误的。

但在某些情况下,否定方式的定义还是必要的。当某些对象的特有属性就是

缺少某种属性时,就必须使用否定方式的定义。如:

> 无脊椎动物就是没有脊椎的动物。

(四)定义项不能包括含糊不清的概念

定义是为了明确概念,当定义项中包含有含糊不清、晦涩难懂,甚至莫明其妙的概念时,是不可能用以说明被定义概念的。例如,托洛斯基在解释列宁主义时说:

> 作为革命行为体系的列宁主义,就是由思维和经验养成的革命嗅觉,这种社会领域里的嗅觉,如同体力劳动中肌肉的感觉一样。

对此,斯大林尖锐地指出:

> 把列宁主义看作"体力劳动中肌肉的感觉"。这岂不是又新鲜,又奇特,又深奥。你们懂得一点什么了吗?这些话都很漂亮,很像音乐,还可以说,甚至很雄壮。只是缺少一点"小东西":简单而又人人懂得的列宁主义定义。①

再有,比喻是一种修饰的手法,不能把它用作科学的说明和定义。否则,就会犯"以比喻作定义"的逻辑错误。如若将:

> 儿童是祖国的花朵。

作为"儿童"的定义就错了。

第五节 划分

一、什么是划分

划分是明确概念外延的逻辑方法。

揭示一个概念的外延都有哪些对象可有多种途径或方法。如:当有人问"自然数都有哪些",你可回答"1,2,3,4,……都是自然数"。这就是举例。再如列举:如有人欲知"太阳系的行星"的外延,你可把太阳系八大行星一一列举出来做答。上述方法,优点是,可以揭示出一个概念的具体外延是什么;缺点是,举例没有把概念的外延全部给出,而列举又只能适用于外延数量不多,至少是有穷多个的概念,因而都具有局限性。

划分则是把概念所反映的一大类事物按照某种性质分为若干个小类以明确概

---

① 中共中央马克思恩格斯列宁斯大林著作编译局:《斯大林全集》(第8卷),人民出版社1954年版,第244—245页。

念外延的方法。因而,划分的实质就是分类。例如,相对"人"这一概念的外延,采用举例或列举的方法都难于说明。这时就可采用划分方法:根据国籍的不同,我们说"人"有"中国人"和"外国人";根据肤色的不同"人"有"黄种人、黑种人、白种人和棕色种人"等。这在一定程度上亦可说明"人"的外延都有哪些,都是一些什么样的人。

划分都由母项、子项和划分的根据(或标准)三部分构成。被划分的概念叫划分的母项,划分后得出的概念叫子项。上例中"人"是母项,而"中国人"和"外国人","黄种人、白种人、黑种人、棕色种人"都是子项。划分时据以进行的属性就是划分的根据。上例中,第一次划分是以人的国籍为根据,而第二次划分则是以人的肤色为依据。显然对同一个概念,根据需要,可依据不同的标准进行多次划分。

划分是把属概念分为诸个种概念,实质上是把一大类对象分成若干个小类,因而它与分解不同。分解是把整体肢解为不同的组成部分。例如,把"桌子"分为"桌子腿,桌子面"等是分解;而把"桌子"分为"餐桌、书桌、办公桌"等则是划分。

二、划分的种类

(一)一次划分与连续划分

一次划分就是只有一层子项的划分。例如我国《民事诉讼法》第六十三条规定:"证据包括:(一)当事人的陈述;(二)书证;(三)物证;(四)视听资料;(五)电子数据;(六)证人证言;(七)鉴定意见;(八)勘验笔录。证据必须查证属实,才能作为认定事实的根据。"这里,就对民事诉讼证据的种类进行了一次划分。

连续划分是指把母项分为若干子项后,出于需要,再对划分出的这些子项全部或部分进行划分,并可照此继续进行多层次的划分。例如我国《刑事诉讼法》第一百零六条第(四)项规定:"'诉讼参与人'是指当事人、法定代理人、诉讼代理人、辩护人、证人、鉴定人和翻译人员";并且其中第(二)项规定:"'当事人'是指被害人、自诉人、犯罪嫌疑人、被告人、附带民事诉讼的原告人和被告人";第(三)项、第(五)项又分别规定了"法定代理人""诉讼代理人"种类。这就是连续划分。

(二)二分法

二分法是一种特殊的划分,它是以有无某种属性为根据,把母项分为具有矛盾关系的一个正概念、一个负概念的两个子项的划分。例如,把"元素"分为"金属"和"非金属";把"子女"分为"婚生子女"和"非婚生子女"就都是二分法划分。

二分法的形式取决于使用者的关注力和研究的性质。如在冶金上"元素"是"金属"还是"非金属"是重要的,而电学上"元素"是"导体"还是"非导体"则是须区别的。一般说来,二分法可把所关注的某些对象突出、强调出来便于区分和对待。另外二分法都是符合划分规则的。

二分法也有局限性,由于划分后子项有一个是负概念,而负概念的外延是较为不明确的。

另外,也有把根据事物本质属性所做的划分称为分类,如生物学上对动、植物的分类;而把任意选择某种属性为根据的划分称为一般的划分。分类具有长期稳定性、科学价值性,而一般的划分具有短暂性、即时性。

三、划分的规则

(一)划分必须相应相称

所谓划分必须相应相称,即划分后各个子项的外延之和应等于母项的全部外延。违反这一规则,如果子项的外延之和小于母项的全部外延,就叫作犯"划分不全"的逻辑错误;如果子项的外延之和大于母项的全部外延,则犯了"多出子项"的逻辑错误。例如,错误地认为我国"刑罚"仅有"有期徒刑、无期徒刑、死刑、管制、拘役"就漏掉了我国刑罚中的附加刑,划分上就是"划分不全"。而如果认为"刑事拘留"也是一种刑罚,划分上就是"多出子项"。

(二)根据必须同一

所谓根据必须同一,是指每一次划分的根据必须是同一的。同一根据的内容可以是一种,也可以是多方面的,但每一次划分后,所划分出来的子项必须依据相同,否则就会犯有"混淆根据"的逻辑错误。例如:

全世界人类可分为三大人种:即蒙古人种、尼格罗人种和欧罗巴人种。

上述划分是根据人类在体质形态上具有的多方面共同遗传特征,如肤色、发色、发型、眼色、血型等来进行划分的。但其划分出来的子项所依据的标准则是完全相同的。再如:

我国出版的杂志有月刊、季刊,中文刊物,社会科学刊物、文学刊物。

这一划分既以刊期为根据,又以语言文字、刊物内容等不同的方面为依据,因此其划分犯有"混淆根据"的逻辑错误。

(三)子项不得相容

所谓子项不得相容就是每次划分后各子项外延之间应都是全异关系。违反这一规则所犯的逻辑错误叫"子项相容"。

子项相容往往是由于混淆根据所引起的。如前面对"我国出版的杂志"的划分,划分后的子项多有相容(交叉)关系。但混淆根据并不必然导致子项相容,例如:

"三角形"分为不等边三角形,等腰三角形,等角三角形。

这一划分虽然根据不同,但并非子项相容。

划分既是人们的认识从一般走向特殊的具体认识过程,也是人们对事物全面、概括了解的过程。例如,2004年《宪法修正案》中,增加"推动物质文明、政治文明和精神文明的协调发展"的内容。这不但把我国社会主义文明明确地分为三种,而且"政治文明"的首次入宪,就把建设社会主义政治文明、与建设社会主义物质文明和精神文明摆到了同等重要的地位,确定为社会主义现代化建设三大基本目标之一。同时,这也充分标志着对中国特色社会主义理论与实践进入一个崭新的境界。

第六节 法律概念

一、什么是法律概念

法律概念是法律思维的方式,它是通过对各种法律现象,法律事实进行描述和概括,以穷尽列举所囊括对象特征的方式而形成的一般意义或抽象意义的概念。因而法律概念具有如下特征。

(一)抽象概括性

法律概念通过对所描述对象重新整理归类,抽取出其必须具备的特征,舍弃其不重要的性质而形成的一种普遍意义的概念。例如,民法中"成年人"这一概念,它应具有的法律特征是:已满18周岁;是生物学意义上的"人"。而其他特征则都与该法律概念不相干。因而,即使是一个7岁的小天才,无论他如何聪明、能干,仿佛满18周岁的人,但因他未满18周岁,在法律上还是未成年人。而一只20岁的猩猩,尽管其能骑车、表演等,比一些满20岁的人还聪明,但因它不是人,因此更不能会是成年人。

(二)意义规范性

法律概念不是用来描述事实的。虽然概念及概念组成之规范有其政治、经济、社会背景。但通常认为法律概念只具有"规范价值",而不具有"描述价值"。因为法律概念之本来功能就在于规范其所存在社会的行为,而不在于描写其所存在的社会。因而法律概念都由法律明确规定,其含义都应具有明确性、具体性、单一性。

(三)价值取向性

法律概念在对所描述对象进行归纳分类时,必须进行价值上的评价,通过不同的法律概念来区分出来,哪些是该法律应保护的对象,而哪些不是。譬如,2004年我国《宪法修正案》中,宪法调整对象由"个体经济、私营经济"扩大为"非公有制经济",国家的政策由"引导、监督和管理",变为"鼓励、支持和引导"并对其实行监督和管理。这就说明,在宪法上"非公有制经济"获得了与公有制经济同等的地位,这种法律上的评价充分提高了非公制经济在我国社会经济中的地位。

(四)外延类型化

正如某些法学家所言,"法的概念不应通过概念性的是-否思维,而应通过类型学的多-少思维来理解的"①,"除了少许数量概念外,各种法律概念是不清晰的,它们不是抽象——普遍的概念,而是类型概念,次序概念,它们不是或此即彼,而是或多或少"②。的确,法律概念的外延不是一个完整,明确的事物类,而是一个通过规范的评价,把所认定的对象归笼在一起的一个类型。例如,我国《刑法》第二百六十七条第二款规定"携带凶器抢夺的,依照本法第二百六十三条的规定定罪处罚。"其中"凶器"就不是一个概念,而是一种类型。因一些生活中不认为是凶器东西、在抢劫犯罪作为犯罪工具来使用时完全可以成为"凶器"。因而,"正确的法律学习方法不在于贮存概念的含义,而在于训练类型学思维方法"③,但由此就否定该法律概念具有抽象——普遍性显然是不正确的。"凶器"适用的对象如此特殊而又普遍,这正是对其法律性质抽象概括的结果。

法律概念的产生具有多种途径。有些法律概念来源于日常生活,通过对日常生活中的概念赋予特定的法律意义便可产生法律概念。譬如,"人""物""行为"这些都是法律中最基本的概念,同时也是日常生活和社会理论中的核心概念。它们源于日常生活,但进入法律领域中却都被赋于特殊的含义,这种含义是为类型化法律概念进行归类的目的而规定的。正如某些法学家所言:"'人'(person)的法律概念有别于这一名词的通常含义。人和个人(individual)不容混淆。并非每一个个人都是法律上的人。人是法律权利和法律义务的主体。换言之,他/她们能够拥有财产,能够声称自己的权利并承担义务。"④

"……(在法律科学中),'物'(things)并不是指一种自然客体,而是一种维持生存的物质手段,一种与某种生产方式和产权制度相联系的财产。"⑤

"法律上的行为(act-in-the-law)……是一种旨在产生某种法律所认可的结果

---

① 阿图尔·考夫曼,温弗里德·哈斯默尔:《当代法哲学和法律理论导论》,郑成流译,法律出版社2002年版,第303页。

② 阿图尔·考夫曼,温弗里德·哈斯默尔:《当代法哲学和法律理论导论》,郑成流译,法律出版社2002年版,第186页。

③ 阿图尔·考夫曼,温弗里德·哈斯默尔:《当代法哲学和法律理论导论》,郑成流译,法律出版社2002年版,第304页。

④ Charles Phines Sherman, *Roman Law in the Modern World*,转引自郑戈:《法学是一门社会科学吗?》,《北大法律评论》(第1卷,第1辑),1998年,第15页。

⑤ Donald Kelley, *The Human Measure-Sucial Thought in the Western Legul Tradition*,转引自郑戈:《法学是一门社会科学吗?》,《北大法律评论》(第1卷,第1辑),1998年,第15页。

的人类意愿的表示。这种意思表示可以借助书面或口头语言表达的形式,也可以表现为某种外在的行为(比如交付一个物品,占有一片土地等);它还可以具有一种完全被动的性质(沉默,有意的默认等),但它无论如何都应当表明出自行为者本人的明确意图。"①

再如,日常用语中的"作品"和我国著作权法中的"作品"就有别。《中华人民共和国著作权法实施条例》第二条规定:"著作权法所称作品,是指文学,艺术和科学领域内具有独创性并且以某种有形形式复制的智力成果。"显然,其中"独创性""以某种有形形式复制"就是该法律概念特有的含义。而该法第三条又通过列举了十三种类的作品,同时,对其中每一种类作品又规定其含义或适用范围,由此进一步明确了"作品"这一法律概念的外延。当然,其中一些种类(如图形作品,模型作品)相对于日常语言的作品都是不具有的。

有些法律概念是由法学家创设和规制的,通过在法律规定中赋予某些新的词语以特定的法律意义亦可产生法律概念。例如,我们民法中的"不当得利",刑法中的"正当防卫",诉讼法中的"诉讼时效"都是该法专门的法律概念。这些概念我们亦称为"法律术语"。显然,法律概念愈技术化、专门化,则它离日常用语就愈远。例如,"有限责任""无过错责任""法人"等,它们与人们既存的经验无关,纯属"理论概念"。

有些法律概念是在历史过程中演变、继承过来的,有些则是移植而来的。例如,在建立我国社会主义法律制度时,不可避免地要直接选择,利用传统上遗留下的一些法律技术和法律概念,否则就无法建构自己的法律体系。像民法中"债""债权""物""物权"等法律概念都具有继承性。再如,为加快我国社会主义法制现代化的步伐,必须适量移植发达国家的法律。例如:"我们的统一合同法就是在德国民法的概念体系基础上,广泛吸收了发达国家和地区的经验,特别是吸收了英、美法和国际公约,国际惯例的许多灵活的制度和原则。"②

法律既是一套规则体系,也是一套概念体系。任一法律规范都是由法律假定,行为模式和法律后果构成的③。而其中每一部分都要通过相应的法律概念来表达。例如,我国《消费者权益保护法》第五十五条规定:"经营者提供商品或者服务有欺诈行为的,应当按照消费者的要求增加赔偿其受到的损失,增加赔偿的金额为消费者购买商品的价款或者接受服务的费用的二倍;增加赔偿的金额不足五百元的,为五百元。法律另有规定的,依照其规定。"其中,其假定条件是由"消费者""经营者""合同""消费合同"等法律概念直接或间接表达的,其行为模式是由"欺

---

① Ernst J. Schuster, *Principles of German Civil Law*,转引自郑戈:《法学是一门社会科学吗?》,《北大法律评论》(第1卷,第1辑),1998年,第15—16页。
② 梁慧星:《怎样学习法律》,载中国法学网梁慧星论文专栏。
③ 参见第五章,第四节。

诈""行为""欺诈行为"等概念表达的。而其法律后果则是用"赔偿""损害赔偿""惩罚性赔偿"等概念表述的,因此,只有掌握和理解上述这些法律概念每一个的含义,才能正确理解和掌握该法律规范。

二、法律概念的种类

依据不同的标准可用法律概念作不同的分类。

(一)依概念涉及的对象不同

(1)涉人概念。即关于人(自然人和团体人)的概念,如"公民""无国籍人""法人""犯罪嫌疑人""被告人""婚生子女""养子女""法官""国家工作人员"等。

(2)涉事概念。即关于法律事件和法律行为的概念,如"继承""代理""故意""过失""犯罪""处罚""担保"等。

(3)涉物概念。即有关物品及其质量,数量的概念,如"国家财产""私人财产""标的""金额""证券""票据"。

(4)时空概念。即关于时间或空间的概念,如"羁押期限""上诉期限""3个月以上2年以下""刑期"等都是法律中时间概念。而"居住地""场所""合同缔约地""合同履行地""领土、领水、领空"等都是空间概念。

(5)模式概念。用于刻画行为或关系的性质或特征的概念,有规范概念,如"应当""准许""可以""禁止"等;认知概念,如"明知""预见""轻信""疏忽大意""故意""过失"等;模态概念,如"可能""易"(麻醉药品是指连续使用后易产生身体依赖性、能成瘾癖的药品《麻醉药品管理办法》第二条)等等。

(二)根据概念内容上的不同

(1)基本的法律概念。即构成该法律的基础,并体现其规范目的和价值的法律概念。例如,我国刑法中,总则中"犯罪","刑罚"以及其下属的种概念,刑法分则中所规定的各类罪以及具体的罪名,这些都是刑法中的基本概念。同时,通过这些概念才能体现刑法的目的和价值。

(2)非基本的法律概念。即用于充当或描述基本法律概念之内容时所涉及的概念。例如,我国刑法中对"犯罪"这一法律概念的界定,就使用了"国家""人民民主专政""社会主义制度""劳动群众""危害社会"等概念加以表达。在这里它们都是用于界定"犯罪"时才具有一定的法律意义。

(三)按概念确定性程度不同

(1)确定性法律概念。即法律上规定相对内涵明晰而外延确定的法律概念。这些概念的解释不允许自由裁量,只能依法而释。应当说,与其他领域(如哲学领域,政治领域)中的概念相比较,法律概念的含义大多或基本上是清晰的,明确的。试想,如果一部法律的个个概念都模糊不清,这样的法律断无可能加以适用。例如,刑法上"枪杀罪"与"抢劫罪"尽管字面易混淆,但其法律含义截然不同。"抢劫"是指使用暴力,胁迫或其他使被害人不能抗拒的方法,当场强行劫取公私财物的行为。而抢夺则是不使用暴力,以胁迫或其他人身强制的方法,公然夺取私公财物的行为。因而,是否使用暴力,胁迫或其他强制手段是区别两罪的重要根据。有了法律上的这种规定,才使得它们成为相对分明,确定的两种"犯罪",形成了两个明确的法律概念。

(2)不确定性法律概念。即概念内涵有歧义,外延边界模糊,或因高度抽象须给以具体解释的法律概念。概念都是对对象的抽象。概念的内涵是对象的性质,外延是其所指的具体对象。但法律概念的形成不是一个纯粹的反映过程,它还包含了人们主观的创拟性。因而法律概念既以反映论为基础,又以创拟性为内容。这样,法律概念的意义,即它的内涵和外延可因多种原因而呈现一种不确定性。

由于立法上未使用相关法律部门的基本概念,或即使使用了又未对该法律概念做出界定或解释,这样的法律概念就是不确定的。如"公民"是一法律概念,并且是宪法中的基本概念。但是,1949年制定的曾在我国起过临时宪法作用的《中国人民政治协商会议共同纲领》中就没有使用"公民"的概念。1954年通过并实施的我国第一部宪法尽管有"公民的基本权利和义务"的规定,但立法上却未对"公民"做任何界定或解释。这样,就使得人们对"公民"概念有着不尽一致的理解;尤其是"罪犯"是不是属于"公民"的范畴会有着根本的分歧。概念上的分歧也必定导致实践中对罪犯的地位,权利保护上观点、方法的不一致。直到1982年,我国《宪法》第三十三条明确规定了"凡具有中华人民共和国国籍的人都是中华人民共和国公民",这才使得"公民"这一法律概念有了确定的含义。

有些概念是因现实的需要,社会的发展,时代的变化改变了人们的认识,而使得其不断地变化或完善,从而呈现一种不确定性。例如,如何表述"非公有制经济"概念,是中国历次修宪的一个重要内容。这实际上也反映中国市场经济的发展进程。在内涵上,即确定非公有制经济性质上,1988年修宪,非公有制经济被认为是公有制经济的"补充"。1993年修宪,首次确认"国家实行社会主义市场经济";1999年修宪,非公有制经济成为社会主义市场经济的"重要组成"部分。而2004年修宪,非公有经济获得了与公有制经济同等的宪法地位,也成为宪法调整的对象。宪法中对"非公有制经济"性质一系列不同的认定,也使得这一概念的内涵呈现一种不断的变化。在外延上,1982年我国《宪法》关于非公有制经济仅有对"个体经济"的规定;1988年《宪法修正案》中,增加了"私营经济"的范畴,1999年《宪法修正案》中用了"个体经济、私营经济等非公有制经济"的说法,但实质上规定的仍只是"个体经济、私营经济"。而2004年《宪法修正案》中,扩大为包括外资、外企等所有性质的非公有制经济。至此,"非公有制经济"这一概念,无论其内涵或外延在我国宪法中才被明确加以确定。再如,法律上"物"的概念,因科技的进步、社会的发展,其外延亦是在不断发生变化。刑法中盗窃财物罪,其中就有

"物"。但是,如果盗窃的是"信息",例如技术秘密,是否构成该罪?还有"电"是否为产品,偷"电"是否构成盗窃罪?再有,一学校将该校某教师的教学教案丢失。该教师提起诉讼要求赔偿。那么,教学教案是否可纳入著作权法中"著作"这一法律概念的外延。随着现实社会中新情况,新问题的不断涌现,某些看来原本无疑义法律概念也会出现界限模糊的不确定性。

有些不确定法律概念的是由立法技术所致。即立法上有意给出一些高度抽象,外延不具体的概念,以便司法实践中经利益权衡后适用。如民法上"诚信原则"的"诚实、信用"的概念,刑法上"情节严重""数额巨大"等概念。关于此类规范性概念的法律性质,王泽鉴先生曾指出:"不确定概念,尤其是概括条款,其主要机能在于使法律运用灵活,顾及个案,适应社会发展,并引进变迁中的伦理观念,使法律能与时俱进,实践其规范功能。"①

如前所述,概念在内涵和外延之间总呈现一种反变关系,即概念外延越大,越抽象,其内涵就越少,越苍白。而法律上总想追求一种外延覆盖面大,内涵又具体丰富的概念,因而面临着一种两难境界,即哪方面都不愿不顾。为解决这种难题,经常采取的方法就是将一般条款与实例结合起来。

三、法律概念的明确与掌握

明确一个法律概念,逻辑上一些重要的方法是必不可少的。如定义、归类、限制与概括等都是常用的方法。譬如,2004年我国修宪时,将社会主义变革中出现的新的阶层,纳入到"社会主义建设者"的范畴,并与"社会主义劳动者"和两种"爱国者"共同归入"爱国统一战线"。这里就运用了归类的方法。再如,通过吸取应对非典的教训,为应对今后可能发生的自然灾害,突发公共卫生事件以及其他重大事故,2004年宪法修正案中有关"戒严"的名称改为"紧急状态"。这里就运用了概括,因为"紧急状态"包括"戒严",但它的适用范围更宽,并且这与国际通行的作法也相一致。

如何学习和掌握法律概念?

王泽鉴先生曾提出以下四点学习方法:①学说见解的整理,即对不同教科书的见解,加以整理,不同学者对法律基本概括后下的定义加以分析,确实了解并加以记忆;②法律概念的分解,即对基本法律概念构成要素加以分解、明确;③异同的比较,比较相关的法律概念,辨析它们的异同;④籍养实例去理解法律概念,即依靠对实例的演练,去理解和应用法律概念。

从逻辑上看,法律概念的掌握还须注意以下几个方面。

---

① 王泽鉴:《法律思维与民法实例》,中国政法大学出版社2001年版,第244—245页。

（一）理解和掌握每一法律概念的逻辑特征

即从该法律概念的内涵或外延着手加以分析和掌握。例如"近亲属"日常生活中虽有着一般的含义,而其所指则是模糊的。但成为法律概念后,就应有着确定的法律意义。我国《刑事诉讼法》第一百零六条第六项规定:"'近亲属'是指夫、妻、父、母、子、女、同胞兄弟姊妹。"有了这一规定,"近亲属"这一概念的外延相对就确定了。但进一步分析我们会发现,其中"父、母、子、女"是否仅指亲生的,"养父母、继父母""养子女、继子女、非婚生子女"是否包括在内?如果包括在内,则"同胞兄弟姊妹"的外延似乎过窄,因为"养子女"和"亲生子女"间是否属于"同胞"兄弟姊妹们有问题。可见只有把这些概念的外延都了解清楚,才能明确"近亲属"在我国刑事诉讼中都包括哪些对象。这就需要立法上或司法上进一步的解释。

（二）理解和掌握法律概念间的逻辑关系

首先,要辩清不同的法律概念是属于哪一种法律或法律部门。譬如"刑事拘留"和"拘役"就属于不同的法律。前者是刑事诉讼法中的一种强制措施,而后者则是刑法中的一种刑罚。

其次,要分清同一种或同一法律部门中法律概念的位阶和层次关系,即逻辑上相互间的包含关系。如在我国《刑法》中,下面所表示的都有着从属概念过渡到种概念的真包含关系:

   犯罪→故意犯罪→贪污贿赂罪→受赂罪

最后,还要区别同一法律用语在不同法律中的不同法律意义,以及同一法律用语在不同法条中的不同含义。例如,我国《继承法》第十条关于法定继承人中有关"子女""父母""兄弟姐妹"这些概念都做了详细的规定:

  "本法所说的子女,包括婚生子女,非婚生子女、养子女和有扶养关系的继子女"。

  "本法所说的父母,包括生父母,养父母和有扶养关系的继父母。"

  "本法所说的兄弟姐妹,包括同父母的兄弟姐妹,同父异母或者同母异父的兄弟姐妹、养兄弟姐妹,有扶养关系的继兄弟姐妹"。

而对其中"养兄弟姐妹"还有着进一步的司法解释:

  "养子女与生子女之间,养子女与养子女之间,系养兄弟姐妹。"[①]

由此看来,我国《继承法》中的"父母""子女""兄弟姐妹"与我国《刑事诉讼法》中的这些法律概念就有所异同。

再如,"处分"是民法上常用的基本概念,但意义广、狭不同,在法律规定中,有

[①]《最高人民法院关于贯彻执行〈中华人民共和国继承法〉若干问题的意见》,1985 年 9 月 11 日。

时就既有事实的处分也包括法律上的处分,有时仅指法律上的处分,不包括事实上的处分,而有时却仅指事实上的处分。①

基本概念

概念的内涵　概念的外延　单独概念　普遍概念　集合概念　非集合概念　正概念　负概念　属种关系　交叉关系　全异关系　矛盾关系　反对关系　属种定义　语词定义　一次划分　连续划分　二分法

练习题

一、指出下列语句中所明确的概念,说明哪些是它的内涵和外延。

> 例题:环境污染一般指由于人为的因素,使环境变脏或混入有害杂质,以致影响了动植物生长繁殖和人们正常生产和生活,危害人体健康。主要有大气污染、水质污染、土壤污染等。
>
> 解答:"环境污染"是题中所要明确的概念。
> "环境污染"的内涵是:"一般指由于人为的因素,使环境变脏或混入有害杂质,以致影响了动植物生长繁殖和人们正常生产和生活,危害人体健康。"
> "环境污染"的外延是"大气污染、水质污染、土壤污染"等。

1. 宪法是国家的根本法。它通常规定一个国家的社会和国家制度的基本原则,公民的基本权利和义务,以及国家机关的组织和活动原则等社会生活中最基本的问题,并具有最高的法律效力。它有资本主义类型的宪法和社会主义类型的宪法。

2. "中华人民共和国法院是国家的审判机关","中华人民共和国法院设立最高人民法院,地方各级人民法院和军事法院等专门人民法院(《中华人民共和国宪法》第一百二十三条、第一百二十四条)

3. 明知自己的行为会发生危害社会的结果,并且希望或者放任这种结果发生,因而犯罪的,是故意犯罪。故意犯罪,应当负刑事责任(《中华人民共和国刑法》第十四条)

4. 本法所称未成年人是指未满十八周岁的公民(《中华人民共和国未成年人保护法》第二条)

---

① 王泽鉴:《法律思维与民法实例》,中国政法大学出版社 2001 年版,第 221—222 页。

二、指出下列标有横线的概念是单独概念还是普通概念,是正概念还是负概念。

例题:<u>法人</u>是拥有自主经营的财产,并能独立地享有民主权利与承担民事义务的社会组织体。

解答:"法人"是普遍概念,正概念。

1. <u>白日</u>依山尽,<u>黄河</u>入海流。
2. 世界上第一部民法法典是1804年《<u>法国民法典</u>》。
3. <u>无效合同</u>是指合同虽然已经成立,但因其在内容上和形式上违反了法律、行政法规的强制性和社会公共利益,因此应指认为无效。
4. <u>非欧佩克国</u>指没有参加石油输出国组织的其他生产和输出石油的国家。
5. <u>单身汉</u>是指未婚成年男子。
6. <u>不可抗力</u>即无法抗拒的又称"不可抗拒的原因",如地震、台风或者战争等。

三、指出下列标有横线的概念是在集合意义下使用,还是非集合意义下使用。

例题:凡具有中华人民共和国国籍的人都是<u>中华人民共和国公民</u>。

解答:"中华人民共和国公民"是在非集合意义下使用。

1. <u>罗马法系</u>,因其最早源于古罗马法而得名。
2. <u>联合国</u>于1945年10月24日成立。
3. <u>共同犯罪</u>是指二人以上共同故意犯罪。
4. <u>赠与合同</u>是一种无偿合同。

四、请用图解的方法表示下列语句中标有横线概念的外延间关系。

例题:毛泽东同志既是<u>政治家</u>(A)又是<u>军事家</u>(B),还是<u>诗人</u>(C)。

解答:

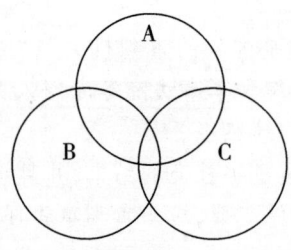

1. 我国《刑法》规定:<u>已满16周岁的人</u>(a)犯罪应当负刑事责任;<u>已满14周岁不满16周岁的人</u>(b)犯故意杀人罪应当负刑事责任;而<u>已满14周岁不满18周岁的人</u>(c)犯罪应当从轻或减轻处罚。
2. <u>人民法院</u>审判第一审案件,由<u>审判员</u>组成合议庭或者由审判员和<u>人民陪审员</u>组成合议庭进行。
3. 一般说来,<u>双务合同</u>都是<u>有偿合同</u>,但是<u>单务合同</u>并非都是有偿合同,如赠与合同是无偿合同,而借贷合同则是有偿合同。

4. 参加选举的人都是有选举权的人,并且都是我国公民。

五、指出下列各概念的矛盾概念和反对概念。

> 例题:律师
> 解答:矛盾概念:非律师
> 反对概念:法官

1. 中国公民
2. 非国有企业

六、对下列概念各进行一次限制和一次概括。

> 例题:法律
> 解答:概括:行为规范
> 限制:刑事法律

1. 公务员
2. 权利

七、下列概念的限制与概括是否正确?如不正确,为什么?

> 例题:《中华人民共和国刑法》 限制:《中华人民共和国刑法》"总则"
> 概括:中华人民共和国法律
> 解答:限制错误,概括正确。

1. 河南大学　限制:河南大学法学院
   　　　　　概括:高等院校
2. 学生　　　限制:我省学生
   　　　　　概括:全国学生
3. 世贸组织　限制:中国
   　　　　　概括:国际性组织
4. 盗窃罪　　限制:盗窃集团
   　　　　　概括:犯罪

八、下列话语作为定义是否正确?如不正确,为什么?

> 例题:律师是国家的法律工作者。
> 解答:错误。违反了"定义项和被定义项应相应相称"的规则,犯了"定义过宽"的逻辑错误。

1. 书是人类进步的阶梯。
2. 民主主义者就是信仰民主主义的人。
3. 犯罪嫌疑人就是触犯刑法,应负刑事责任的人。
4. 律师就是刑事被告人的辩护人。
5. 有偿合同不是无偿合同。

九、下列语句作为划分是否正确？如不正确，为什么？

> 例题：法学院的学生有开封人，河南人和外地人。
> 解答：错误。违反了"划分根据必须同一"和"子项不得相容"的规则，犯有"标准不一"和"子项相容"的逻辑错误。

1. 《中华人民共和国刑法》分为《总则》与《分则》。
2. 电报有普通的和加急的。
3. 我国人大代表有工人、农民、少数民族和无党派人士。
4. 民事赔偿有物质赔偿、精神赔偿、还有额外赔偿。

十、下面的划分是否是二分法，如果不是，请把它改为二分法。

> 例题：近亲可分为直系血亲和旁系血亲。
> 解答：不是二分法。若进行二分，其结果为：近亲可分为直系血亲和非直系血亲。

1. 我国企业分为国有企业和私有企业。
2. 行为可分为作为和不作为。

第三章

直言命题及其推理

知识结构图

- 直言命题及其推理
  - 命题与推理概述
    - 命题的含义与种类
    - 推理的含义及种类
    - 法律推理的含义与特征
  - 直言命题概述
    - 直言命题含义
    - 直言命题的逻辑种类
    - 直言命题间的逻辑关系
    - 直言命题主谓项的周延性
  - 直言命题直接推理
    - 直言命题变形直接推理
    - 对当关系直接推理
  - 直言命题间接推理
    - 直言三段论的结构
    - 三段论的规则与谬误
    - 三段论的格与式
    - 文恩图解检验方法
  - 司法三段论
    - 司法三段论的结构
    - 司法三段论的适用

本章导读

命题是一种重要的思维形式,是由概念组成的,是逻辑学的基础内容。推理则是逻辑学的核心。从逻辑的角度讲,命题是推理的基础,推理是命题的联结和运用。直言命题又称性质命题,是非模态命题中的简单命题。本章在介绍直言命题相关逻辑特征(直言命题的真值、主谓项的周延性)、直言命题的种类以及同素材的直言命题之间逻辑关系的基础上,着重介绍了直言命题的直接推理和直言命题的间接推理。同时还介绍了和法律思维相关的司法三段论。

第一节　命题与推理概述

一、命题的含义与种类

(一)命题的含义与特征

命题是对事物情况有所断定的思维形式。

事物情况是复杂多样的。一事物所具有的性质、特征,一些事物相互之间的关系,一事物情况与另一事物情况的关联等,都可构成不同事物情况。所有这些事物情况,反映在人的头脑中,就形成了各种思想。一旦这些思想通过语句以某种形式表达出来,便形成了命题。例如:①洛阳位于郑州和西安之间;②金岳霖和沈从文是同事;③逻辑学是一门具有古老历史又充满勃勃生机的科学;④如果天下雨,那么地就湿;⑤一个人只有贪污,才会犯罪。

这些语句由于都陈述了不同的事物情况,因而表达了不同的命题。

从逻辑角度分析,任何命题都具有以下两个特征。

1.命题都有所断定

即要么是做出某种肯定,要么是做出某种否定。

命题是人们在思维中对思维对象的断定形式。有肯定或否定,才称其为断定,传统逻辑命题理论将此视为命题的应有之义。若一个论述,对事物无肯定也无否定,自然就无所谓断定,因而也不能称之为命题。例如:

(1)中国公民有劳动的权利和义务。

(2)任何组织或个人都不得有超越宪法和法律的特权。

(3)大学生都需要学习逻辑学吗?

例(1)表达了肯定断定,是命题;例(2)表达了否定断定,是命题;但例(3)表达的却是人们的询问,即未肯定也为否定,因此不是命题。

2.命题都有真值

即命题或者是真的,或者是假的。

命题表达人们在认知过程中对事物属性的断定,体现了人们的主观认识、主观描述,命题既然是对事物情况的反映,这种反映就有是否符合客观实际的问题。凡是符合实际的命题就是真命题,凡是不符合实际的命题就是假命题。例如,上文中例①②③④是真命题,例⑤是假命题。真和假是命题最基本的性质。逻辑学把真和假通称为命题的真值。所有真命题都是真值为真,所有假命题都是真值为假。传统逻辑认为:任何命题的真值非真即假、非假即真,因此它被称作二值逻辑。

(二)命题、语句和判断

命题和语句既有联系又有区别。它们之间的联系表现在两方面:所有的命题都依赖于语句。命题作为一种思维形式,是不能离开语句而存在的。语句是命题的物质载体,离开了语句,命题既不能形成又不能存在和交流。另一方面,语句也依赖于命题。语句作为一种特殊的符号形式,必然包含一定的思想,表达一定的命题。否则,语句就是空洞的、毫无意义的声音或符号串。

但是,命题和语句并非是一一对应关系。

1. 所有的命题都是通过语句来表达,但并非任何语句都直接表达命题

陈述句和反诘疑问所包含的思想都有真假,因此他们表达命题。而一般疑问句是用来提出问题的,感叹句是用来抒发某种感情的,祈使句是用来表达某种愿望的,它们对客观事物并没有直接断定,也无真假可言,因此它们一般不表达命题。例如:

(1)地球必然围绕太阳转。

(2)难道逻辑学会有阶级性吗?

(3)王浩是金岳霖的学生吗?

(4)请不要吸烟!

(5)祝您节日愉快!

例(1)是陈述句,例(2)是反诘句,它是无疑而问,它们都表达命题;而例(3)是疑问句,它是有疑而问的。而(4)(5)则表达一种请求和愿望,都不是对事物情况的直接反映,谈不上真假。因此,它们均不直接表达命题。

2. 同一命题可用不同的语句来表达。

例如:

(1)如果马儿不吃草,那么马儿不能跑。

(2)只有马儿吃草,马儿才能跑。

(3)或者马儿吃草,或者马儿不能跑。

(4)又要马儿跑,又要马儿不吃草,这是不行的。

这些语句表达的就是同一命题。

3. 同一语句可以表达不同的命题

造成这种结果的原因很多。其一,由于语句包含有歧义词导致语句歧义,如"还欠款6000元",其中的"还",即可指"偿还",又可意味着"仍然",由此就易导致债务纠纷。其二,由于语句的逻辑结构不确定导致不同的断句引起歧义。如孔子曰:"民可使由之不可使知之。"有人说,这反映了孔子的愚民政策,因为对其的理解是:"民可使由之,不可使知之。"即对天下老百姓只能让他埋头干活,而不使他们明白为什么。又有人说,它表达了孔子的民主思想,他们把这句话解释为:

"民可,使由之;不可,使知之。"即对君主来说,百姓认为可做,就要让他们去做,百姓认为不可做的,也要让他们知晓而不去做。之所以可有不同的断句并有着不同的解释,就在于语句逻辑结构可多解多分。其三,由于逻辑重音不同,导致语义不同。如"我不会写诗"这句,如重音分别重读在"我""不""会""写""诗"则至少可有着五种不同含义。重读可产生谬误。正如一位逻辑学家所言:"重读谬误可以宽泛地解释为包括这样的曲解,即把引用的语音从其语境中拿出,再把它放入另外一种语境中,从而得出一个根本不能从其最初语境得出的结论。"①

命题与判断是既有联系又有区别的。判断都是命题,但是命题并不都是判断。有的命题,能被人们所断定;有的命题,不能被人们断定。所谓判断,就是被断定者断定了的命题。例如,了解中国文学史的人,大概能断定"李白是伟大的诗人";不了解中国文学史的人,也许不能断定这个命题,对这个命题可以抱怀疑、猜测、辩驳、询问等态度。因此,一个命题是否成为判断,是随着断定者的知识、立场等具体情况转移的。再如,在"如果天下雨,那么地就湿"这个命题中,我们既没有断定"天事实上在下雨",也没有断定"地事实上是湿的",我们所断定的只是前一种事物情况是后一种事物情况的充分条件。因此,在本书中,我们一般地不对判断、命题加以区分,而统称主语命题。

(三)命题的逻辑形式

命题的逻辑形式,指命题内在的逻辑结构。它与命题的语言形式有别。例如"桃花红"这一命题,语言形式上并没有逻辑量词与断定词,但其完整的逻辑形式是"所有桃花都是红的"。因而,对命题进行逻辑分析,首先,要找出一个命题内部的逻辑结构,把语言形式上没有而逻辑上有的东西补充完整。其次,要分辨出一个命题的逻辑常项,即哪些常项是其最基本的,而哪些常项又是属于其组成命题的。把它们一一找出,并辨明它们的相互关系。例如:

> 整个语句词看应是一个联合命题,即只有我们不但要建设物质文明,我们还要建设精神文明和政治文明,我国才能建设成为一个民主、富强、文明的社会主义中国。

如何分析这一命题形式?首先,找出其主连接词,即"只有,才"。然后,看其各组成命题的逻辑形式。其中,"只有"中的"我们不但……政治文明",其整体逻辑形式是"不但……而且……",表达联言命题(见"复合命题"一节)。因而,整个命题的结构为:

只有(p 且 q 且 r),才 s。

其中:p 为"建设物质文明";q 为"建设精神文明";r 为"建设政治文

---

① 欧文・M. 柯匹,卡尔・拜恩:《逻辑学导论》,中国人民大学出版社 2007 年版,第 192 页。

明";而 s 为"我们才能建设成为一个民主、富强、文明的社会主义中国"。

从逻辑上讲,不同命题逻辑性质特征不同就在于它们命题形式的不同。而内容、题材不同的命题,它们的命题形式则可以相同。例如:

  玫瑰花都是红的。

  金属都是导电的。

  人都是会思维的。

有着共同的命题形式与结构,即:所有 s 都是 p。

逻辑分析不但要找出命题的逻辑形式,更重要的是分析和给出各种命题形式的真值条件和特征。在此基础上,确定该类推理形式的正误。

(四)命题的种类

命题的种类取决于命题的划分根据,依据不同的划分标准我们可以对命题进行不同的分类。下面的分类是根据命题逻辑结构的不同进行的。

根据命题是否包含模态概念("可能""必然";"必须""允许"等),把命题分为模态命题和非模态命题。模态命题根据其包含的模态词的不同,又可分为狭义模态命题和规范命题。

非模态命题按照其自身是否包含其他命题,可划分为简单命题和复合命题。对于简单命题我们可以根据命题所断定的是思维对象的性质还是事物之间的关系,可分为直言命题(性质命题)和关系命题。对于复合命题我们又根据命题的连接词的不同,将其划分为联言命题、选言命题、条件命题和负命题。

命题的分类可列表如下(表1)

表1 命题的分类

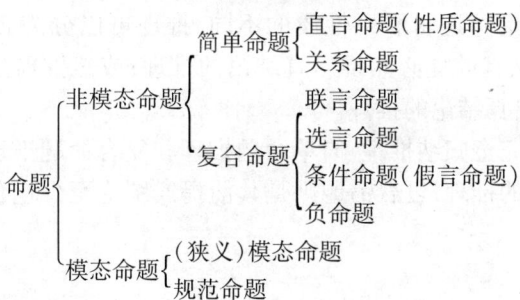

二、推理的含义及种类

(一)推理的含义

推理是一组命题序列,其中可以从一个或一组命题推导出另一个命题。其中据以推出的命题是推理的前提,被推导出的命题是推理的结论。推理虽由命题构成,但不是命题的任意组合,它要求组成推理的命题组合必须满足两个基本要求。

(1)推理者必须断定组成推理的命题间具有相应的逻辑关系,如果某些命题为真,那么另一些命题也必然或可能为真,即:一些命题(前提)能为另一些命题(结论)的真实性提供证据和理由,从而使这些命题(结论)有理由可信。

(2)推理者必须断定或者默认作为前提的命题是真实的,从而保证结论也为真。例如:

    船员是指包括船长在内的船上一切任职人员;   ①
    轮机长是船上的任职人员;   ②
    ———————————————————
    所以,轮机长是船员。   ③

上例是由三个命题组合而成的一个推理,是根据命题①和②推出另一命题③。

推理由三部分构成:前提、结论和推理联项。前提是作为推理根据的命题,前例中的命题①和②是前提,可以用"P_r"表示;结论是从前提中推出来的新命题,前例中的命题③是结论,可以用"C"表示;推理联项是表明前提与结论之间具有逻辑推导关系的部分,前例中的"所以"是推理联项,通常用"所以""因此""因而"等表示,在有些形式语言中用"→"或"∴"表示,而在有些情况下推理联项可以省略。在推理的逻辑形式中,前提和结论是变项,推理联项是常项。推理的一般逻辑公式可以表现为:

    P_r;所以 C

(二)推理的分类

按照不同的分类标准,可以将推理分为不同的种类。

1.必然推理和或然推理

根据前提与结论间逻辑联系性质的不同,推理可以分为必然推理和或然推理①。必然推理是从真前提必然推出真结论的推理;或然推理是从真前提不能必然,而只能或然推出真结论的推理。

必然推理分为完全归纳推理、简单命题推理和复合命题推理。简单命题推理是由简单命题构成的推理,复合命题则是其前提或结论至少包含一个复合命题的

---

① 在不同的语境下,必然推理又被称作演绎推理,或然推理又被称作归纳推理。但事实上这是两种不同的分类方法,必然推理与或然推理的划分根据是前提与结论之间的逻辑联系性质不同,即根据前提是否必然推出结论进行的划分。演绎推理与归纳推理的划分根据是推理方法的不同,演绎推理是指根据一般推导特殊的推理,归纳推理是根据特殊推导一般的推理。但因为演绎推理是最典型和常见的必然推理,而在不做严格界定的情况下,归纳推理主要指不完全归纳推理,是最典型的或然性推理,所以才有将必然推理等同于演绎推理,将归纳推理等同于或然推理,这时候的必然性推理并不包括完全归纳推理,而归纳推理则还包括类比推理、假说推理等形式。

推理。

或然推理根据其前提反映的不同情况,可以分为不完全归纳推理、类比推理和假说推理。不完全归纳推理是根据部分对象具有或不具有某种性质而断定所有对象都具有或不具有某种属性的推理;类比推理是从个别性(或一般性)前提推出个别性(或一般性)结论的推理。

推理的分类可以表示如下(表2)。

表2 推理的分类

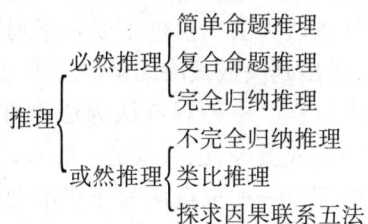

2. 单调推理和非单调推理

根据前提的增加是否会改变对结论的支持度的不同,可以将推理分为单调推理和非单调推理。传统的(演绎)逻辑理论通常是单调的,一旦能够证明从一个前提集 Γ 中推出结论 A,那么该前提集的扩张不会改变对结论的支持。然而,在现实的推理过程中,我们发现关于某结论的信念往往会随着信息知识的增长而改变,原来成立的结论不再成立了。例如,以鸟会飞和 Tweety 是鸟为前提我们可以推出结论 Tweety 会飞,但是,我们进一步了解到 Tweety 是一只企鹅,而我们又知道企鹅是不会飞的,所以原来的推理就不再成立了。事实上,绝大部分包括法律推理在内的推理都是非单调的。关于这类法律推理的逻辑基础我们在后面各节在讲到关于法律推理的特点时再进行详细的讨论。

以上分类主要是从思维形式的角度对推理的分类。由于在实际思维过程中不仅涉及思维形式,还必须涉及思维内容的真假,所以,还可以对推理做另外的分类。

3. 形式推理和实质推理

根据推理是否涉及推理前提的实质内容,可以把推理分为形式推理和实质推理。形式推理又称分析推理,是不涉及推理的实质内容而仅根据前提与结论在思维形式结构方面的逻辑推导关系进行的推理。我们一般所说的逻辑推理实际上就是指形式推理。实质推理又称为辩证推理,是根据推理前提的实质内容以及推理者的价值倾向进行的推理。因为实质推理的前提涉及的思维内容的复杂性,所以,在其推理的过程中必须对其前提进行辩证的分析,其结论虽然是从前提推出的,但往往并不具有必真的属性,而只具有某种程度的妥当性、合理性、可接受性和说服力。

三、法律推理的含义与特征

法律推理是法律思维的基本形式,也是法学与逻辑学共同关注的核心问题。随着法治建设的日益完善和不断深入,法律推理越来越受到人们的重视,它已成为近年来法哲学和法律逻辑学研究的重要内容。由于研究的角度和进路的不同,人们对法律推理的性质、方法等的认识也多有不同。

(1)就法律推理的范围而言。一种观点认为法律推理广泛存在于立法、司法、侦察及检察过程中。一种观点认为法律推理主要是指司法推理,是法官将一般的法律规定运用于具体案件,做出判决或裁决结果的思维过程和思维方法。

(2)就法律推理的主体而言。一种观点认为法律推理的主体既可以是法律人,如法官、律师、检察官、公安人员等,也可以是一般人,只要是运用法律或者根据法律进行的推理都是法律推理。一种观点认为法律推理特指在司法过程中,法官的推理活动,这一活动由于法官特殊的主体的地位而区别于其他人的推理。

(3)就推理的形式和方法而言。一种观点认为只要是在法律实践过程中,根据已知推知未知的思维方法都属于法律推理,并且法律推理的大小前提的构建、法律结论的论证都属于法律推理的必要环节,因此,法律推理的方法既包括形式的推理方法,也包括实质的推理方法。一种观点认为法律推理只研究法律推理的形式,根据法律规定和案件事实两个前提推出法律结论的逻辑演绎的方法是法律推理的主要形式和方法,至于如何认定或选择法律规定、法律事实,论证判决结果的法律解释、法律论证等是区别于法律推理的不同的法律方法。其他分歧还有很多,并且这些分歧的认识之间相互吸收融合,从而形成了丰富多彩的法律推理理论。

我们认为:法律推理是特定主体在法律实践过程中,以已知的法律和事实材料为前提推导法律结论的过程,是法律工作者这在法律适用过程中为完成其任务而经常运用的一种智力手段或思维方式。

由这一定义表明、法律推理具有如下特征:①法律推理是一种推理主体有机介入的推理,因而,对法律推理的分析,离不开对有关推理主体的分析;②法律推理是一种法律实践活动,它最主要体现在法律适用过程之中;③法律推理仍是一种推导过程,因而,它亦应遵循逻辑相关的规则、要求;④法律推理还是法律思维的一种认识方式或方法,因而,它具备法律思维的诸种特征。

(四)法律推理的形式有效性与实质合理性

法律推理研究的一个重要课题就是根据特定前提得出什么样的结论才是可以接受的,即法律推理的评价标准问题。逻辑学家与法律学家对于什么是法律推理的理解是不相同的,因为他们对法律推理的评价标准不同。逻辑学家会说,法律推理是普通逻辑研究的推理形式和规律在法律领域的运用,普通逻辑关于推理的有效性就是法律推理的可接受性。而法律学家更关注于推理的实质方面,认为推理的形式有效性是不言而喻的,判定一个法律推理是否有效的关键是看该推理是否具有实质有效性。"法律寻求的是合理性证明的逻辑而不仅仅是和主要不是发现的逻辑"①。合理性注重的是推理结果的可信服性、可接受性,它强调解决纠纷、实现正义的现实的普遍接受性。

1. 法律推理的形式有效性要求

逻辑学研究推理的一个重要意义就在于确定推理的有效性问题,根据前提是否蕴涵结论,可以将推理分为必然性推理和非必然性推理。凡前提蕴涵结论者叫必然性推理,凡前提不蕴涵结论的就叫非必然性推理。对于形式主义的法律家来说,法律推理必然是必然性推理。例如,如果法律中确实有杀人者偿命的规定,张三又确实杀了人,那么,在判决结果中就应该判定张三偿命。如果在法律中没有规定杀人者应该偿命,或者张三没有杀人,那么,在判决中就应该判定张三不应偿命。决不允许做出"张三或者偿命,或者不偿命"这样的判决。按照逻辑学对有效推理形式的要求,"一个必然性推理是否为有效的推理,并不取决于前提的真假,而是取决于它是否具有有效的推理形式。什么叫有效的推理形式(简称为有效式)?就是按照这种形式进行推理我们决不会从真前提推导出假结论来,否则就是非有效的;普通逻辑研究必然性推理就在于研究必然性推理的有效性问题"②。美国法学家波斯纳先生对法律推理中常用的三段论形式的有效性进行了形象的分析:"我开始于恰当和著名的(尽管如同我们有时会注意到的一样,这并不是标准化的)三段论:'所有的人都会死;苏格拉底是人;因此苏格拉底会死。'这一论证的有效性——而不是该结论的真理性,有效性取决于其大小前提的真理性——看起来是完全令人信服的。但这只是因为这结论,即苏格拉底会死,是包含在第一个前提中'人'的定义中了。这个前提实际上说的只是,这里有一个贴了标签'人'的箱子,里面有一些东西,其中每一个都会死。这第二个前提告诉我们这个箱子里的东西都有个名字牌,其中有一个牌子上写的是'苏格拉底'。当我们把苏格拉底拿出箱子时我们就知道他会死的,因为在箱子里的所有的东西都是会死的。我们只不过是拿出了我们先放进去的东西。"然而,问题的关键是法律的箱子是什么?应该把案件归之于哪一个箱子或者贴上什么样的标签并不明确。这就造成司法归类的困难。另外,法院判决时所面对的实际情况不是在真空中,而是在一套现行的法规的运作中出现的,这一点十分重要。在这种运作中,根据实际情况而做出的各种考虑,都可以看作是支持判决的理由。这些考虑范围是广泛的,包括各种各样的个人和社会的利益、社会的和政治的目的,以及道德和正义标准。他们一般可以用原

---

① 波斯纳:《法理学问题》,苏立译,中国政法大学出版社1994年版,第572页。
② 河南大学《普通逻辑学》编写组:《普通逻辑学》,中国国际广播出版社1993年版,第140页。

则、政策和准则这样的术语表达出来。在某些案件中,也许只有某个考虑是相关的,它可以像一条法律规则一样明确地作为判决的根据。但是在许多的案件中并非如此,法官也许会将这些考虑结合起来加以思索,安排其先后,并以为这样就足以支持他做出的判决,尽管每项单独的考虑做不到这一点。根据实际情况做出的考虑经常是相互冲突的,法院不得不权衡它们以确定何者为优先①。从这些表述中我们看出:第一,在普通逻辑研究中,对于推理形式是否有效的判定前提是其前提的真假是确定的,要么真,要么假。但在法律推理的实际过程中,法律法规也许是模糊不清的,而案件事实更可能是错综复杂的,在推理的前提都模糊不确定的情况下,即使推理形式是完全正确的,也难保推理结论的正确性。第二,什么样的命题是真的,什么样的命题是假的,普通逻辑本身并不进行研究,也就是说普通逻辑学研究不能保证法律推理的实质的有效性,并且,以普通逻辑学为基础建立起来的法律逻辑学也就不能告诉我们什么样的法律推理是有效的。第三,法律推理作为一种复杂的理性思维活动,必须遵循一般的逻辑思维规律才能保证其结果的有效性。有逻辑错误的法律推理是不正确的,因而也是无效的。

2. 法律推理的实质合理性要求

形式推理只能保证推理的形式有效性,但不能保证法律推理的实质可接受性,从而也就不能保证整个法律推理的有效性。要保证法律推理的有效性,还必须做到:第一,法律推理的大小前提必须真。也就是说作为推理大前提的法律规则、法律原则等,以及作为小前提的法律事实都必须真实,法律推理才会有效。第二,前提和结论之间必须有充足必然的推导关系,也就是说满足充足理由律。而充足理由则主要是起作用论证这种思维方式的。法律推理的实质有效性所涉及的说服力和可接受性。都是论证的主要宗旨。第三,如前面对法律推理过程的分析,法律推理的大前提法律规则、法律原则、判例,法律推理的小前提法律事实都具有多样性,大、小前提间也存在着不同的推导关系,因此,从理论上来说,法律判决也会是多样的,但是,在司法实践中,法律判决又必须是明确的、唯一的,这里就存在一个选择问题。法院不可能通过普通逻辑的方法解决问题,而必须借助于运用正义观念、利益原则、人际标准政策等价值尺度,对其选择之合理性进行价值评价和论证,以保证做出的判决的合理、正当。因此,法律推理比其他推理活动更需要通过辩论、证明或论证,以达到弄清事实真相、做出公正判决的目的并发挥以理服人的教育作用。而以辩证概念、辩证命题为思维形式的辩证推理虽然不能提供给我们一个法律推理有效性的完美解决方案,但是,它告诉我们,基于下述基础之上的法律推理基本上是有效的:①详尽考虑所有同解决某个规范性问题有关的事实方面;②根据历史经验、心理学上的发现和社会学上的洞识去捍卫规范性解决方案中所固有的

---

① 哈特:《法律推理问题》,刘星译,《环球法律评论》1991 年第 5 期,第 21 页。

价值判断。一个具有这种性质的理性论证和推理，从普通逻辑的角度来看，可能既不是演绎的，也不是归纳的，而且严格来讲也不是使人非信不可的，也就是说它不具有严格的必然性和有效性，不过它却可能具有高度的说服力，因为它所依赖的是理性力量，而这些力量则是从不同的但是通常是相互联系的人类经验的领域中获得的。这种推理的有效性通常会因为它指出了在不同目标或者可供选择的行动进程之间进行选择所会产生的实际后果而得以增加。由于这类推理论证具有相对独立性和不偏不倚的精神——人们正是本着这种精神寻求问题的解决方法的，所以这类推理论证同直觉、意志、情感等非理性形式是不同的。丹尼斯·劳埃德（Dennis Lloyd）曾论证说，法官所做的选择，"并不符合从特定前提中用归纳方法推知结论的逻辑，但它却有一种自身的逻辑。这种逻辑是建立在理性考虑基础之上的，而这就使它同无端的判断完全区别开来"[①]。

尽管我们必须承认，人类能够达致的这种推理论证的客观性还存在诸多限度，但是，这比认为法律推理只是普通逻辑的推理形式和规律在法律领域的运用或者认为法律推理是非理性的选择的观点更为可取：第一，因为这种观点是同日常语言用法相一致的，它拒绝把理性判断的范围局限于那些只能借助于传统逻辑的帮助下才能得到的东西，具有更广泛的运用领域和价值。第二，那种认为法律推理只能是普通逻辑的演绎推理的观点，必然留下大量的演绎推理不能解决的问题，这些问题的判断和结论必然要依赖感觉、情感和专断等形式，不能解决法律推理的必然性和有效性问题。从而动摇整个法律大厦的稳定，而严格说来，这些判断和推理实属理性范围。第三，这种推理的特征在于它的实质性，而不是它的形式性，普通逻辑对于推理有效性的要求对法律推理来说只是有益的补充。它能使我们对疑难情形进行透彻的探究，以揭示某个具体问题的所有方面并将他们置于关注的中心，进而发现解决问题的合理的方法。

第二节　直言命题概述

一、直言命题的含义

直言命题是断定事物具有或不具有某种性质的命题，因而也叫作性质命题。如以下五个命题：

[①] 博登海默：《法理学——法哲学及其方法》，邓正来译，中国政法大学出版社1999年版，第500页。

(1)所有的知识分子都是脑力劳动者。
(2)我班所有的同学都不是河南人。
(3)所有的鸟都是会飞的。
(4)北京是中国的首都。
(5)有的文学家是史学家。

从结构上分析,直言命题往往由以下要素构成:主项、谓项、联项和量项。

主项是在命题中表达被断定对象的概念。例如:例(1)中的"知识分子"、例(2)中的"同学"、例(3)中的"鸟"、例(4)中的"北京"、例(5)中的"文学家",都是直言命题的主项,在逻辑上,人们习惯用大写"S"表示。

谓项是表示在直言命题中所断定的对象具有或不具有的性质的概念。如,例(1)中的"脑力劳动者"、例(2)中的"河南人"、例(3)中的"会飞的"、例(4)中的"中国的首都"、例(5)中的"史学家",都是直言命题的谓项,通常用大写"P"表示。

联项是表示直言命题中主项和谓项之间的联系的概念。如,例(1)、例(4)、例(5)中的"是",例(2)、例(3)中的"不是",都是直言命题的联项。联项可分为肯定联项和否定联项两种。肯定联项常用的语词有"是""即""有""乃""为"等。否定联项常用的语词有"不是""非""没有""未"等。

量项是表示直言命题中主项外延数量的概念。如例(1)、例(2)中的"所有",例(3)中的"有些",例(5)中的"有的",都是直言命题中的量项。逻辑分析中,量项都是修饰、限制直言命题的主项。量项有三种情况:全称量项、特称量项和单称量项。

全称量项表达直言命题所断定的是某类对象全部分子的概念。自然语言中,人们常用"所有""任何""全部""凡是""一切""任意""凡"等词语表达全称量项。在实际应用中,当全称量项用于表达普遍性、规律性或常识性的断定时,全称量项的语词常被省略。如例(1)可以表达为"知识分子是脑力劳动者"。

特称量项是表达直言命题所断定的是某类对象中有分子存在的概念。因而,特称量项也称作存在量词。它的含义仅仅是指主项所指称的对象不是虚空,至少有一个事物是该概念所指对象。这样,存在量词就和日常生活中中人们常用的"有的""许多""绝大多数""极少数""有相当一部分""有些"等有所不同,这些词侧重于表达一定的数量,至于具体数量是多少,我们不知道,但我们能肯定的是它们中至少有一个符合断定。于是,我们也把这些词视作特称量词的语词表达。在言语交际中特称量项的语词表达不能省略。

单称量项是表达直言命题所断定的是某类对象中某个分子的概念。在自然语言中,人们常常用代词"这个""那个"来表达单称量项。

直言命题结构中的主项S和谓项P,分别表示命题所断定的对象和对象所具有的性质。在不同的断定过程中,它们所代表的具体概念往往不一样,但这并不影响命题的逻辑性质,所以,称之为变项。联项和量项表示命题在形式上的逻辑性质,体现出不同的逻辑断定,因此,称之为逻辑常项。

二、直言命题的逻辑种类

直言命题的逻辑分类是由它们的逻辑特征决定的。变项涉及具体的对象和性质,变项不同,不影响命题的逻辑形式。逻辑常项表达命题的逻辑性质,逻辑常项不一样,命题的逻辑形式则不一样。关于直言命题的类型,首先,根据联项的不同可以分为肯定命题和否定命题两类。然后,对肯定命题和否定命题又可以分别以量项为根据,将其分为全称肯定、全称否定、特称肯定、特称否定、单称肯定和单称否定六类命题。

(一)单称肯定命题

单称肯定命题即断定某一特定对象具有某种性质的直言命题。如:

(1)德国弗雷格是世界上著名的逻辑学家。

(2)王维是唐朝著名诗人。

单称肯定命题的逻辑形式是:某 S 是 P。

(二)单称否定命题

单称否定命题即断定某一特定对象不具有某种性质的直言命题。如:

(1)政治学不是一门法学学科。

(2)丘吉尔不是美国总统。

单称否定命题的逻辑形式是:某 S 不是 P。

单称命题是断定某一特定对象的。如果将某一特定对象视作某一特殊的类(因为该类的分子只有一个),那么就可以把单称肯定命题归为全称肯定命题,把单称否定命题归为全称否定命题。传统逻辑中,一般都把单称命题当作全称命题来处理。

(三)全称肯定命题

全称肯定命题即断定某类对象的全部分子都具有某种性质的直言命题。如:

(1)所有党政机关干部都是国家工作人员

(2)所有受贿行为都是行为主体故意实施的行为。

全称肯定命题的逻辑形式是:所有 S 是 P。

这类命题形式可缩写为 SAP,简称 A 命题。

(四)全称否定命题

全称否定命题即断定某类对象的全部分子都不具有某种性质的直言命题。如:

(1)凡年龄未满 18 周岁的公民都不是有选举权的公民。

(2)所有违反公序良俗的行为都不是民事法律行为。

全称否定命题的逻辑形式是:所有 S 不是 P

这类命题形式可缩写为 SEP,简称 E 命题。

(五)特称肯定命题

特称肯定命题即断定某类对象中有分子具有某种性质的直言命题。如:

(1)有些犯罪分子是惯犯。

(2)有些理科生是有深厚传统文化功底的学生。

特称肯定命题的逻辑形式是:有 S 是 P

这类命题形式可缩写为 SIP,简称 I 命题。

(六)特称否定命题

特称否定命题即断定某类对象中有分子不具有某种性质的直言命题。如:

(1)有些律师不是大学法律专业毕业的。

(2)有的违法人员不是国家机关工作人员。

特称否定命题的逻辑形式是:有 S 不是 P

这类命题形式可缩写为 SOP,简称 O 命题。

需要指出的是,I 命题和 O 命题都是特称命题。如前所述,特称命题中的量项"有的"是"至少有一个"的意思,它与日常语言中的"有的"(或"有些")是不同的。在日常语言中,"有的"(或"有些")往往指"仅仅一部分",因此,当说"有的(或有些)……是……"时,往往意味着"有的(或有些)……不是……",反之亦然。但是,特称量项"有的"(或"有些")的逻辑意义是"至少有一个",它表示主项 S 类至少有一个分子具有或不具有 P 性质,至于究竟主项 S 类中有多少分子具有或不具有 P 性质,这是不确定的,可指 S 类的一个或一部分分子,也可指 S 类的全部分子,"有 S 是 P"不意味着"有 S 不是 P","有 S 不是 P"也不意味着"有 S 是 P"。

三、直言命题间的逻辑关系

逻辑学是从直言命题的逻辑形式上来研究其逻辑关系的。

主、谓项相同(亦称素材相同,以下省略)的 A、E、I、O 四种直言命题之间,存在着一定的真假制约关系。例如,当我们讨论一架飞机上乘客的国籍时,可以形成如下四种命题:

(1)所有乘客是法国人。(A)

(2)所有乘客不是法国人。(E)

(3)有乘客是法国人。(I)

(4)有乘客不是法国人。(O)

例如,当(1)真时(2)假;(3)假时(4)真。这种真假制约关系,逻辑上叫作直言命题的对当关系。

直言命题实际上是对主项和谓项外延关系的断定。但是,断定的外延关系不等同主项和谓项这两个概念在客观方面具有的外延关系。如果一个直言命题断定的主项和谓项的外延关系与两个概念在客观方面的外延关系一致,该命题就是真的,否则就是假的。直言命题的主项 S 和谓项 P 的外延关系共有五种,在这五种外延关系下,A、E、I、O 四种命题形式的真值情况可以用表 3 说明。

表3 A、E、I、O 四种命题真值情况

命题形式真假／S与P外延关系／命题形式	SP（同一）	S⊂P	P⊂S	S∩P	S、P相离
SAP	T	T	F	F	F
SEP	F	F	F	F	T
SIP	T	T	T	T	F
SOP	F	F	T	T	T

根据表3,我们就可以探讨 A、E、I、O 这四种命题形式的真假制约关系。A、E、I、O 这四种命题形式的真假制约关系有以下四种情况。

(一)矛盾关系

即同素材的全称肯定命题(SAP)与特称否定命题(SOP),以及全称否定命题(SEP)与特称肯定命题(SIP)的真假制约关系。矛盾关系的特征是:一个命题真,另一个命题必假;一个命题假,另一个命题必真;即二者既不能同真,也不能同假。例如:

(1)所有高二(文)班同学都不是共青团员。

(2)有的高二(文)班同学是共青团员。

例(1)是 E 命题,例(2)是 I 命题,二者之间就是矛盾关系。

(二)反对关系

即全称肯定命题(SAP)与全称否定命题(SEP)之间的真假制约关系。反对关系的特征是:一个命题真,另一个命题必假;一个命题假,另一个命题的真假不能确定;即二者可以同假,但不能同真。例如:

(1)所有新生通过这次入学考试。

(2)所有新生都没有通过这次入学考试。

例(1)是 A 命题,例(2)是 E 命题,二者之间就是反对关系。

（三）差等关系

即全称肯定命题（SAP）与特称肯定命题（SIP）以及全称否定命题（SEP）与特称否定命题（SOP）的真假制约关系。差等关系的特征是：如果全称命题真，则特称命题必真；如果全称命题假，则特称命题真假不定。如果特称命题假，则全称命题必假；如果特称命题真，则全称命题真假不定。例如：

(1) 所有犯罪分子是违法人员。
(2) 有犯罪分子是违法人员。
(3) 甲公司所有员工都不是博士。
(4) 甲公司有的员工不是博士。

例(1)是 A 命题，例(2)是 I 命题，它们之间是差等关系。例(3)是 E 命题，例(4)是 O 命题，它们之间也是差等关系。

（四）下反对关系

即特称肯定命题（SIP）与特称否定命题（SOP）之间的真假关系。下反对关系的特征是：如果一个命题真，则另一个命题真假不能确定；如果一个命题假，则另一个命题必真；即二者可以同真，但不能同假。例如：

(1) 有犹太人是美国人。
(2) 有犹太人不是美国人。

例(1)是 I 命题，例(2)是 O 命题，它们之间是下反对关系。

直言命题的这种对当关系可以用一个称为逻辑方阵的图表示（图8）。

图8　逻辑方阵

值得指出的是，传统逻辑的对当关系预设了主项 S 非空。如果主项是空词项，那么，只有矛盾关系成立，其他关系都不成立。

四、直言命题主、谓项的周延性

直言命题项的周延性，是指直言命题对其主项或谓项外延的断定情况。如果一个直言命题断定了主项或谓项的全部外延，则称主项或谓项（在该命题中）是周延的;如果一个直言命题没有断定主项或谓项的全部外延,则称主项或谓项(在该命题中)是不周延的。

A、E、I、O 四种直言命题主、谓项的周延情况可以用表 4 表示。

表 4 四种直言命题主谓项的周延情况

命题类型	主 项	谓 项
SAP	周 延	不周延
SEP	周 延	周 延
SIP	不周延	不周延
SOP	不周延	周 延

从上表可以归纳为以下几种情况。

(一)主项的周延情况

(1)全称命题的主项周延情况。全称命题的逻辑形式是"所有 S 是(不是)P",量项"所有"断定了主项 S 的全部外延,根据周延性的定义,全称命题的主项是周延的。

(2)特称命题的主项周延情况。特称命题的逻辑形式是"有的(有些)S 是(不是)P",量项"有的(有些)"(甚至可以是"绝大多数")没有断定主项 S 的全部外延。根据周延性的定义,特称命题的主项不周延。

(二)谓项的周延情况

(1)肯定命题的谓项周延情况。肯定命题包括 A 命题和 I 命题,它们有共同的结构"……是 P"。"……是 P"断定了有 P,但并没有断定是"所有的 P",所以,肯定命题的谓项是不周延的。

(2)否定命题的谓项周延情况。否定命题包括 E 命题和 O 命题,它们共同的结构是"……不是 P"。"……不是 P"就意味着"不是任何 P",即是说断定了"所有的 P",所以,否定命题的谓项是周延的。

第三节 直言命题直接推理

直言命题推理就是前提和结论都是直言命题的推理。

直言命题直接推理是以一个直言命题为前提推出一个新的直言命题的推理。

直言命题直接推理主要有两种形式:一是直言命题变形直接推理;二是对当关系直接推理。

一、直言命题变形直接推理

直言命题变形直接推理就是通过改变作为前提的一个直言命题的逻辑形式进而推出一个新的直言命题作为结论的必然性推理。改变直言命题的逻辑形式,即或改变直言命题的质或改变直言命题的主、谓项的位置或综合运用前两种。因此有三种推理方法:换质法、换位法、换质位法。

(一)换质推理

换质推理是通过改变作为前提的直言命题的质,推出一个新的直言命题的直接推理。改变一个直言命题的质就是将一个肯定命题改为否定命题,或者将一个否定命题改为肯定命题。例如,挪用公款罪是故意犯罪(SAP),换质后就得到:挪用公款罪不是非故意犯罪(SE$\bar{P}$)。

由此可以看出正确的换质推理应同时遵循以下几条规则。

(1)换质推理时,前提中的主项、量项均保持不变。

(2)前提中的联项须改变,即肯定变否定,否定变肯定。

(3)与前提中谓项相矛盾的概念作为结论的谓项。

显然,换质推理是可逆推的,即从结论通过换质可得到原前提。因此,换质前后两个命题在逻辑上是等价的。直言命题均可进行换质推理。

以下是换质推理的基本形式:

$$SAP \rightarrow SE\bar{P}$$

$$SEP \rightarrow SA\bar{P}$$

$$SIP \rightarrow SO\bar{P}$$

$$SOP \rightarrow SI\bar{P}$$

公式中的"→"表示"推出","$\bar{P}$"表示是"P"的矛盾概念。

例如:

  所有的宗教徒都不是唯物主义者。(SEP)
  所有的宗教徒都是非唯物主义者。(SA$\bar{P}$)

  有些亚洲国家是经济发达国家。(SIP)
  有些亚洲国家不是非经济发达国家。(SO$\bar{P}$)

  有些优秀律师不是法科专业出身的。(SOP)
  有些优秀律师是非法科专业出身的。(SI$\bar{P}$)

(二)换位推理

换位推理是通过调换作为前提的直言命题的主谓项的位置而进行的直言命题变形直接推理,例如,没有法官是律师(SEP),换位推理得:没有律师是法官(PES)。

换位推理须同时遵从如下规则:

(1)前提的主项变为结论的谓项,前提的谓项变为结论的主项,但换位时不换质,即命题的联项不得改变。

(2)前提中不周延的项,在结论中不得周延。

根据上述规则,换位推理有三种有效推理形式:

SEP→PES

SIP→PIS

SAP→PIS

由于E命题主谓项均周延,I命题主谓项均不周延,主谓项调换位置不会违反上述规则(2),因此,E命题和I命题可以直接进行换位推理,称作简单换位。在现实生活中,表现为有的话可以倒过来说,例如:

科学不是迷信。(SEP)
迷信不是科学。(PES)

没有美国总统是女性。(SEP)
没有女性是美国总统。(PES)

有些工人是共青团员。(SIP)
有些共青团员是工人。(PIS)

A命题的主项周延而谓项不周延,为了保证其换位推理的有效性,结论的主项必须不周延,即结论只能是个I命题,因而称为限量换位。例如:

所有的鸡蛋都是圆形的。(SAP)
有些圆形的东西是鸡蛋。(PIS)

所有犯罪行为都是违法行为。(SAP)
有违法行为是犯罪行为。(PIS)

(3)O命题不能换位,因为O命题的主项不周延而谓项周延,若换位则会违反规则(2)。例如:有些人不是医生,我们不能换位得出有些医生不是人。

(三)换质位推理

换质位推理是一种综合运用换质推理和换位推理的直言命题直接推理。它既可以先换质后换位,也可以先换位后换质,但换质换位必须交替进行,即这一步是换质,下一步只能是换位,反之也成立。只要符合直言命题直接推理规则,就可以

继续推理,直到满足实际思维需要为止。换质位推理有以下有效形式:

$SAP \to S\overline{E}P \to P\overline{E}S \to PA\overline{S} \to \overline{S}I\overline{P} \to \overline{S}O\overline{P}$

$SAP \to PI\overline{S} \to \overline{P}O\overline{S}$

$SEP \to SA\overline{P} \to \overline{P}I\overline{S} \to \overline{P}O\overline{S}$

$SEP \to PES \to PA\overline{S} \to \overline{S}I\overline{P} \to \overline{S}O\overline{P}$

$SOP \to SI\overline{P} \to \overline{P}I\overline{S} \to \overline{P}O\overline{S}$

$SIP \to SO\overline{P}$

$SIP \to PI\overline{S} \to \overline{P}O\overline{S}$

通过上述有效推理形式,我们发现,可以从一个真的直言命题推出一个或一系列必然真的直言命题。雍琦教授称这些推出的命题为作为前提的直言命题的隐含命题,这个或这些隐含命题是与前提意思相同、真假等值或一致的命题。若能准确地把握一个命题所隐含的命题,不但有助于正确理解一个直言命题所表达的断定,而且有助于我们恰当地做出相关的断定。这就需要我们正确地揭示一个直言命题的隐含命题。若要正确地揭示一个直言命题的隐含命题并能断定其真假,就需要掌握一定的逻辑方法。因为有些命题凭直觉我们可以断定其真假,但有复杂一些的命题,仅凭直觉我们无法断定其真假。例如:"在场的人都是犯罪嫌疑人"为真,问"不在场的人都不是非犯罪嫌疑人"是真还是假。

推理过程:在场的人都是犯罪嫌疑人。(SAP)

换质推理得:在场的人都不是非犯罪嫌疑人。($S\overline{E}P$)

再换位推理得:非犯罪嫌疑人都不是在场的人。($\overline{P}ES$)

再换质推理得:非犯罪嫌疑人都是非在场的人。($\overline{P}A\overline{S}$)

再换位推理得:有不在场的人是非犯罪嫌疑人。($\overline{S}I\overline{P}$)

这一结论是从真的前提必然推出的,是真的;和需求的"不在场的人都不是非犯罪嫌疑人"($\overline{S}E\overline{P}$)是矛盾关系,所以,后者是假的,显然这是大多数人凭直觉无法断定的。

这种连续多次交替进行换质换位推理的方法,叫作戾换法。换质位推理在日常生活和交际中运用较为普遍,通过变形推理,使人们调整思维、变换角度,从而使认识更全面、思考更深刻、表达更有效。上面的例子告诉我们,在已知某一命题为真的情况下,让我们断定某一与之相关的命题,如果通过变形推理之后,能够从已知命题直接推出该相关命题,则该命题一定是真的;若推出与该相关命题相反或相矛盾的命题,则该命题一定是假的。

学习了直言命题变形直接推理之后,我们要清楚,在现实生活中,有的话可以倒过来说,不影响我们的意思表达,但有的话万万不可,否则会闹笑话,甚至得罪人,更甚者事与愿违,把事情办砸了。有这样一个笑话:一天,某人打算请四位客人吃饭,其中一位是主客,其他三位作陪。大家约好了是晚上六点。某人提前到了饭店,到了六点,已经来了三位客人,还差一位没有来而且还是那位主客。"我们再等一会儿。"主人微笑着说。"行,行,行。"其他三位客人点头应道。等了大约半个小时,那位客人还是没有来。主人是个急性子,自言自语道:"哎,该来的咋还不来。"说完还摇了摇头。俗话说,说者无意,听者有心。其中一位客人心里不舒服,开始犯嘀咕:"该来的还不来,什么意思,那就是说我不该来?!走了算了。"于是找了个借口,溜了。主人和其他两位客人在饭店里左等右等,那位主客还是没见人影。看见主客没来,还又走了一位,主人开始着急了,叹了口气:"又走了一位,真是,不该走的走了。"一听主人这么说,在座的客人中有一位也开始琢磨了:"咋了,不该走的走了? 看来主人没有请我的意思呀! 我也走算了。"于是悄悄地撤了。只剩下一位客人。这位客人是主人的老朋友。他很真诚地对主人说:"老兄,以后说话注意点,'该来的不来',那人家不就成了不该来的?'不该走的走了',那人家还不走?"主人一听,赶忙解释道:"大哥,我可不是说他俩啊!"这位老朋友一听,也不高兴了:"哦,你不是说他俩,是说我啊! 好好好,我走!"说罢,头也不回地走了。来的客人全被气跑了。主人请客没请成,还得罪了其他几个人。

二、对当关系直接推理

对当关系直接推理就是根据素材相同的 A、E、I、O 四种命题间的真假制约关系所进行的必然性推理。按照同素材的 A、E、I、O 四种命题之间的真值关系,这种推理可以分为以下几类。

(一)依据反对关系进行的直接推理

依据互为反对关系的两个命题不同真的逻辑特征,可有下面两种有效推理形式:

SAP→¬SEP

SEP→¬SAP

其中"¬"表示"并非","¬SEP"意思是"SEP"这个命题是假的。例如:

甲班同学都是中国人。(SAP)
并非甲班同学都不是中国人。(¬SEP)

违反逻辑的理论都不是科学的理论。(SEP)
并非违反逻辑的理论都是科学的理论。(¬SAP)

(二)依据下反对关系进行的直接推理

依据互为下反对关系的两个命题不同假的逻辑特征,则有下面两个有效的推理形式:

¬SIP→SOP

¬SOP→SIP

例如：

并非本案中有嫌疑人是中国人。（¬SIP）
本案中有嫌疑人不是中国人。（SOP）

并非有天鹅不是黑色的。（¬SOP）
有天鹅是黑色的。（SIP）

(三)依据矛盾关系进行的直接推理

依据互为矛盾关系的两个命题之间不同真不同假的逻辑特征,有以下八种有效推理形式：

SAP→¬SOP　　SEP→¬SIP　　SIP→¬SAP　　SOP→¬SAP

¬SAP→SOP　　¬SEP→SIP　　¬SIP→SAP　　¬SOP→SAP

例如：

所有金属都是导电的。（SAP）
并非有金属不导电。（¬SOP）

并非人都是理性的。（¬SAP）
有人不是理性的。（SOP）

某法院本月受理的案件都不是婚姻案件。（SEP）
并非某法院本月受理的案件有的是婚姻案件。（¬SIP）

有些在科学上有成就的人是事业心强的人。（SIP）
并非在科学上有成就的人都不是事业心强的人。（¬SEP）

有为数不少操四川口音的人并不是四川人。（SOP）
所有操四川口音的人都是四川人不符合现实。（¬SAP）

(四)依据差等关系进行的直接推理

依据互为差等关系的全称命题真、特称命题必真,特称命题假、全称命题必假的逻辑特征,有以下四种有效推理形式：

SAP→SIP　　　　SEP→SOP

¬SIP→¬SAP　　　¬SOP→¬SEP

例如：

人都是爱美的。（SAP）
有人是爱美的。（SIP）

所有创业者都不是墨守成规的。(SEP)
有创业者不是墨守成规的。(SOP)

我班有人通过这次司法考试是假的。(¬SIP)
我班所有人通过这次司法考试是不现实的。(¬SAP)

有犯罪分子没有受到惩罚是假的。(¬SOP)
所有犯罪分子都没有受到惩罚是假的。(¬SEP)

第四节 直言命题间接推理(直言三段论)

一、直言三段论的结构

三段论是由两个包含有共同项(概念)的前提并借助这个共同项(概念)的联结而推出结论的演绎推理。直言三段论是由三个直言命题构成的三段论推理。其中,两个直言命题为前提,一个为结论。直言三段论包含有并且也仅有三个不同的概念。每个概念都在推理中出现两次。例如下述推理就属于直言三段论:

所有整数都是有理数。
所有自然数都是整数。
所以,所有自然数都是有理数。

凡溺水死亡的人(其肺、肝、肾)都有硅藻反应,
水中捞出的这个死者(其肺、肝、肾)没有硅藻反应。
所以,水中捞出的这个死者不是溺水而死的。

对三段论进行逻辑分析,必须分析它的逻辑结构。用以构成三段论推理的这三个不同词项(或概念),根据需要我们可以代人含有各种具体内容的概念,逻辑上称之为小项、中项和大项。

结论的主项是小项,通常以"S"表示。结论的谓项是大项,通常以"P"表示。结论中不出现,而两前提中都出现的共同项(概念)称为中项,通常以"M"表示。三段论推理实际上就是依据中项为桥梁和媒介,把大、小项联结起来,从而推得结论的。

上述推理中"自然数""水中捞出的这个死者"为小项;"有理数""溺水死亡的人"为大项;"整数""硅藻反应"则是中项。

两个前提根据其所包含的项的不同而区分为大前提和小前提。包含大项的前

提为大前提,包含小项的前提为小前提。上述推理中,"没有整数是有理数""凡溺水死亡的人(其肺、肝、肾)都有硅藻反应"为大前提,而"所有自然数都是整数""水中捞出的这个死者(其肺、肝、肾)没有硅藻反应"则是小前提。

实际生活中,人们在运用三段论推理时,用以表达三段论大、小前提和结论的语言形式、先后顺序,都是不固定的,也就是说比较灵活的,既可以先说结论,后说前提;又可以先说小前提,后说大前提,再说结论;还可以是省略形式。区别大、小前提的关键在于结论。因为结论是要说明的观点,往往比较容易判断。抓住了结论,就可以确定大、小项,进而确定大、小前提。若以指定字母替换三段论推理中有着具体内容的项,并按大前提、小前提和结论这样顺序排列构造一个三段论,则称其为一个标准的三段论推理形式。上述第一个推理的标准式为:

所有 M 是 P。
所有 S 是 M。
所以,所有 S 是 P。

任一三段论有效或无效完全由其推理形式所决定。

三段论推理源于一个简单的道理,即,如果一类事物全部是什么,则其部分也是什么;如果一类事物全部不是什么,则其部分也不是什么。换言之,如果对一类事物全部做出了断定,则对其部分也应做相同的断定。通常称此为三段论的公理。

二、三段论的规则和谬误

判断三段论推理形式有效与否,可有多种方法,传统的方法是制定出一系列规则。这些规则是保证一个三段论在形式方面有效的既充分又必要条件;同时,这些规则也是我们判断一个三段论是否完全有效的标准。如果一个三段论完全符合这些规则的话,那么,该三段论在形式方面就是有效的,它能保证从真前提必然得出真结论;如果一个三段论在形式方面不完全符合这些规则,换句话说,违反其中任何一条规则,那么,该推理即使前提都真,结论也未必就是真的,即非有效的三段论则是违反所给规则中至少一条的推理。传统上,对违反任何一条规则的谬误都给出一特定的名称,由此标明这是一种特殊种类的谬误。下面给出三段论的每条规则及违反该规则的谬误。

(一)一个三段论有且仅有三个不同的项

这条规则要求,在三段论推理中,每个项必须在相同意义下使用。这条规则是为了避免"四项谬误"。例如,以下就是犯有四项谬误的一个推理:

中国人是勤劳勇敢的。
某人是中国人。
所以,某人是勤劳勇敢的。

显然,结论不能有效从前提推出。因为前提中虽都使用了"中国人"这一语词,但在"中国人是勤劳勇敢的"中,"中国人"这一语词表达的是一个整体性的集合概念,并不是指每一个中国人;而在"某人是中国人"中,"中国人"这一语词并不表达中国人这一整体概念,而只是指中国人的一员,即非集合概念。因此二者含义并不相同,由此导致推理中有着四个含义不同的概念,这样事实上缺少了中项。没有中项便无桥梁与媒介,大、小项便无法联结起来,即无法确立大、小项的外延关系,实际上这是三个没有必然联系的性质命题的拼凑,当然也就不能有效推导出结论。

上述例子告诉我们,实际思维过程中,人们一般不会用显而易见的、实际没有共同概念作为中项的两个性质命题作前提来构造三段论。比如:律师都是懂法律的,本案的犯罪嫌疑人是外科医生——人们不会以它们为前提来构造三段论。真正违反这条规则的情形往往是作为中项的语词,在大、小前提中,只是语词形式相同而表达的概念实则不同。在涉法思维过程中,我们更应该注意,有人为了达到某种目的,故意偷换概念。从而违反这一条,造成"四项谬误"。例如下面的三段论推理:

  本案被告宋某某虽然挪用公款属实,但他在部队服役期间曾经两次获得三等功,是有立功表现的。根据我国《刑法》第六十八条规定,犯罪分子有立功表现的可以从轻或减轻处罚,因此,被告宋某某可以从轻或减轻处罚。

我们把上述观点整理一下,实际上就是下面这个三段论:

  凡是有立功表现的是可以从轻或减轻处罚的,

  本案被告宋某某是有立功表现的,

  所以,宋某某是可以从轻或减轻处罚的。

表面上,这个三段论推理似乎是可以成立的,但根据上面论述不难看出,论述者所说的被告人的立功表现,是指其在部队服役期间的立功表现,不是《刑法》所规定的具有法律效力的"立功表现",即"检举、揭发他人犯罪,或提供侦破其他案件的重要线索,并经查证属实"这样的"立功表现"。可见,在上述三段论中起联结作用的中项"有立功表现的"在大、小前提中只是两个相同的语词,不是同一概念。

(二)中项至少在前提中周延一次

中项在两个前提中都出现,如果每次出现都不周延,即都未对其全部外延做出断定,这就意味着,在大前提中,中项只与大项的部分外延有关;在小前提中,中项只与小项的部分外延有关,而大、小项与中项有关的部分则不必然是同一部分,完全可能是大项同中项这部分有关而同小项与中项的另一部分有关,这样中项的桥梁、媒介作用就没有发挥出来,结论就无法有效推出。违反这条规则的谬误为"中项不周延"。例如,下述推理就犯有这种谬误:

  律师都精通法律。

  小张也精通法律。

所以，小张是律师。

显然，上述推论是有问题的。为说明这一推理无效，我们可以用逻辑类比的方法来揭示其推理形式错误。

所谓逻辑类比，即构造一个与被驳斥的推理形式完全相同的一个推理，但所构造的推理前提都是真的而结论是假的。所构造的推理是一明显错误的推理。因为任何一个推理如果从真前提出发，推来推去推出一个假的结论，当然必定错在推理方式上。由于所构造的推理和被反驳的推理推导方式或推理形式完全一样。因此，原给定推理即被反驳的推理也必定是错误。就三段论推理形式来说，要么其有效，要么其无效。若是有效式则具有该形式的任一具体推理都是有效的；反之，若是无效式，则具有该形式的任一具体推理皆无效。针对上例，我们可逻辑类比如下：

律师都精通法律。
张法官也精通法律。
所以，张法官是律师。

这一推理在前提都真的情况下结论无论如何也不可能为真。由此，说明前面所讨论的有相同形式的推理也是无效的。逻辑类比的方法可运用于辨识违反三段论规则的每一种错误推理。

需要说明的是，三段论"中项不周延"谬误，只是告诉我们这类三段论推理形式无效，即不能保证前提都真的情况下，结论一定是真的。但不意味着结论必然错，在某种情况下，结论可能具有一定的可靠性。例如：

这一带大多数村民利用当地旅游条件没有外出在家开农家乐。
张燕夫妇是这一带的村民。
所以，张燕夫妇可能在家开农家乐。

中项"村民"在大、小前提中都不周延，即这种推理形式是无效的，但一个村的村民数量是有限的（即这类推理形式，中项的外延范围越小，结论可靠性越大），这个结论还是有相当大的可靠性。

（三）在前提中不周延的项，在结论中不得周延

这一规则亦可表述为：在结论中周延的项在前提中也必须周延。演绎推理的一个基本原则是结论断定的内容或范围不能超出前提断定的范围。否则，前提就不能为结论有效推出提供充分确定的保证。由于只有大、小项在前提和结论中都出现，大项或小项在前提中不周延，意味着，大项或小项在前提中只断定了其外延中的部分对象，而前提又是推理的根据，结论当然只能断定其外延的部分对象。因而违反这条规则的谬误叫作"大项不当周延"或"小项不当周延"。例如下面就是犯有"大项不当周延"谬误的推理：

所有偶数都是整数。
所有奇数都不是偶数。

所以，所有奇数都不是整数。

律师都是熟悉法律知识的。
M公司的管理人员都不是律师。
所以，M公司的管理人员都不熟悉法律知识。

显然，上述推理虽然前提都真，但其结论却是虚假的。结论的谓项"整数""熟悉法律知识的"在前提中是肯定命题的谓项，不周延，在结论中却是周延的，犯了"大项不当周延谬误"。

"大项不当周延"的谬误，是人们日常生活中思维容易犯的一种逻辑错误。比如，"某厂生产的面膜都是劣质面膜，本商店销售的面膜都不是某厂生产的，所以，本商店销售的面膜都不是劣质的"，就属于常见的这类错误推理。

再看下面另一类推理：

这个人是善偷的。
这个人是齐国人。
所以，齐国人是善偷的。

审判员都是23岁以上的公民
审判员都是司法工作者
所以，司法工作者都是23岁以上的公民。

小项"齐国人""司法工作者"在前提中是肯定命题的谓项，是不周延的。在结论中是全称命题的主项，是周延的。所以，犯了"小项不当周延"谬误。

实际思维中，运用三段论而犯"小项不当周延"谬误的情形，比较常见，人们往往容易从个别性或有限的实例出发，就得出全称性的结论，而且习惯性地或者不假思索地把这样的结论看作必然可靠的。例如下面这个三段论：

杨某某是个表现很好的学生。
杨某某这学生是来自贫困家庭的学生。
所以，来自贫困家庭的学生都是表现很好的学生。

（四）两个前提不能都是否定命题

否定性质命题就是断定了事物类间的全异关系，即断定一类事物全部或部分排除在另一类事物之外。从外延的角度看，性质命题是断定主谓项外延之间的关系，而作为主谓项的概念分别代表一类事物，否定性质命题则反映主谓项具有排斥关系的一类命题。如果两个前提都是否定命题，则大前提中大项和中项（全部或部分）排斥，小前提中小项和中项（全部或部分）排斥，由此就无法确定大项和小项之间的关系，中项就失去了媒介或桥梁的作用，因而不能有效推导出结论。例如下述推理：

贪生怕死的人都不是真正的共产党员。

有些人不是贪生怕死的人。
?

凡海豚不是鱼。
这只水生动物不是海豚。
?

显然,这类推理从所给前提能推出何种结论是丝毫也不清楚的。并且即使给出结论则其推理也是无效的。因为依靠这样的前提,根本无法把"有些人"和"真正的共产党员","鱼"和"这只水生动物"之间建立起联系。

(五)如果前提之一是否定的,则结论须是否定的;如果前提都是肯定的,则结论须是肯定的

从肯定命题的前提只能得到肯定命题的结论;从否定命题的前提也只能得到否定命题的结论。这是因为,当大前提肯定,则大项和中项相容而小项和中项相排斥,那么大小项是相排斥的;若小前提肯定,则小项和中项相容而大项和中项相排斥,大小项也是相排斥的,结论一定是否定的。否则就会有违人们一致性思考原则。违反这条规则的谬误并不多见。因为这种错误推论的不合理性与人们的推理本性相悖。例如,下述推理人们都会认为是一个极其怪诞的一个推理:

所有律师都不是法官。
有的学者是律师。
所以,有的学者是法官。

因为,当律师和法官外延相排斥时,虽然学者和律师外延相容,但学者和法官外延为何相容?对此,前提并没有告诉我们任何信息。

有了上述五条规则,它们对检验标准三段论来说已经是足够的了。也就是说,任一有效三段论都是遵循上述所有规则的推论;任一无效三段论,也必定是违反了上述至少一条规则的推论。

传统上,人们为了三段论检验的便利,又增添了两个推导规则。说其为推导规则是由于:①没有这些规则丝毫不影响三段论的检验,但有了它们,检验工作更加省心、方便;②这些规则的有效性依赖于前面五条基本规则,换言之,推导规则的有效性可由基本规则加以证明;③违反推导规则也必定违反了基本规则。

新增加的两条推导规则如下。

(六)两个特称前提不能得出结论

其证明如下:如果两前提都是特称命题,则其可能有的所有情况的组合(不区分大、小前提):

(1)II　　(2)OO　　(3)IO

如果两前提都为I命题,则前提中没有一个项是周延的——因为I命题的主谓项都不周延。这种情况下中项M无论位于两前提主、谓项哪个位置都不周延,

由此违反"中项至少周延一次"的规则。

如果两前提都为 O 命题,则两前提都是否定命题,由此违反"两前提不能都是否定命题"的规则。

如果两前提分别为 I、O 命题,则当 M 位于 O 命题的谓项时,满足了中项周延这一要求。但根据规则(五)"前提之一否定,结论必否定",结论应为否定命题,否则违反规则(五)。若结论否定,则大项在结论中是周延的,因为大项是结论的谓项,而否定命题的谓项都周延。这样,根据规则(三),大项应在前提中周延。但大项在前提中,无论作为 I 命题的主项或谓项,或 O 命题的主项(谓项已由中项 M 占据)均不周延,由此就违反规则(三)。

两前提为特称命题,总共就有以上三种情况,而每种情况下都不能有效推出结论,因而,两特称前提不能得结论。

(七)若前提之一为特称命题,则结论必为特称命题

其证明如下:如果两前提之一是特称命题,则其可能有的所有情况的组合(不区分大、小前提):

(1) IA   (2) IE   (3) OA   (4) OE

情况(1),只有 A 命题的主项是周延的,根据规则(二),这个周延的词项,必须作中项。除此之外,其余的词项都不周延,因而小项在前提中也只能是不周延的,根据规则(三),小项在结论中也不得周延。而小项是结论的主项,小项不周延,结论只能是特称命题。

情况(2),E 命题的主谓项都周延,其中一个是中项,否则会犯"中项不周延"逻辑错误。另一个只能是大项,因为前提中有一个否定命题,结论只能是否定的,结论否定说明大项在结论中是周延的,那么在前提中也应该是周延的。同时意味着小项是不周延的,小项不周延,结论的主项不周延,结论是特称命题。

情况(3),前提中有两个周延的词项,即 O 命题的谓项和 A 命题的主项,其中一个是中项,另一个是大项,因为前提之一是否定,结论是否定,大项是周延的,说明小项在前提中没有周延,所以在结论中也不周延,小项不周延,结论只能是特称命题。

情况(4),两个前提都是否定命题,违反了规则(四),根本推不出结论。

实践中,规则运用的一般原理是:首先,看是否违反后四条规则。即前提和结论的质上是否一致——规则(四)与(五)规范的情况;前提与结论量上是否出问题——规则(六)与(七)规范的情况。若都不违反,再运用前三条规则。其次,运用其余规则时先看能否区别出三个不同的概念,概念的数目不能少更不能多,否则违反第一条。再看中项和大、小项是否有错。即前提与结论的周延情况是否出问题,若规则全部遵守,该推论有效;违反任何一条,则推理无效。

三、三段论的格与式

如前所述,三段论推理的有效与无效是由其推理形式所决定的,而三段论的推理形式又是由三段论的格与式所决定的。

(一) 三段论的格

三段论的格是指由于三段论的中项在两个前提中位置不同而形成的不同三段论形式。三段论的中项在大、小前提中都既可以作主项又可以作谓项,其在三段论中不外有如下四种可能,所以,三段论有且仅有四种不同的格,即:①中项在大前提中是主项,小前提中是谓项;②中项在大、小前提中均为谓项;③中项在大、小前提中均为主项;④中项在大前提中是谓项,在小前提中是主项。

我们分别称上述四种情况为第一格,第二格,第三格,第四格。其具体形式顺次如下:

$$
\begin{array}{cccc}
M-P & P-M & M-P & P-M \\
S-M & S-M & M-S & M-S \\
\hline
\therefore S-P & \therefore S-P & \therefore S-P & \therefore S-P
\end{array}
$$

实际思维中,每一格三段论有着不同的认识价值,所以亦有着特殊的称谓。

第一格,即中项在大前提中作为主项,在小前提中作谓项的三段论形式。其逻辑要求:①小前提必须是肯定命题;②大前提必须是全称命题。例如:

老马是识途的。

这匹马是老马。

所以,这匹马是识途的

正确、巧妙地运用第一格可以达到说理清楚、论辩取胜的目的。《晏子使楚》中,楚王想侮辱晏子,派人在城门旁挖了个狗洞,想让他从狗洞进去,晏子到了一看,故作惊讶的样子:"我今天到狗国出使不成?要不然……到狗国才钻狗洞嘛!"最后,守城门的人不得不打开城门。在这里,晏子用了下面这样的推理:

凡是到狗国出使的人都是要钻狗洞的。

我是到狗国出使的人。

所以,我是要钻狗洞的。

面对楚王侮辱其无能、齐国没有人了,晏婴很镇定地反驳道:

我们齐国派最没才干的人出使君主最无能的国家;

我晏婴是最没有才干的人。

所以,出使君主最无能的国家。

如果违反第一格的逻辑要求，就不能必然有效地得出结论。

第一格，最明显地体现三段论推理所依据的、概念外延间的包含与被包含关系，而且最明显地体现了演绎推理由一般推出特殊的认知特点，例如上面的三个推理，因此被称为三段论的典型格。三段论第一格因其结论可以是A、E、I、O四种命题中的任何一种（其余各格总有一类命题不能作为结论被有效推出），第一格又被称为完善格。最后，制定法国家的法官审判案件的思维模式大都具有第一格的框架①，因而三段论第一格又被称为审判格。例如：

  凡以欺诈手段订立的合同都是无效的；
  这合同是以欺诈手段订立的。
  所以，这合同无效。

第二格，即中项是大小前提谓项的三段论形式。其逻辑要求：①前提中必须有一个否定命题；②大前提必须是全称命题。

由于前提中有一个否定命题，结论只能是否定命题，即E或O。而否定命题总是断定两类对象全部或部分相排斥、相区别，因而三段论第二格被称为区别格。实际思维中，当人们需要指出对象间的区别时，常常会用到第二格，也就是根据某类事物都具有某种性质，而需要认识的某类对象不具有这样的性质，进而确定这些对象不属于某类事物。如：

  渎职罪的犯罪主体都是国家机关工作人员；
  本案被告不是国家机关工作人员；
  所以，本案被告人不是渎职罪的犯罪主体。

进而否定本案被告人构成渎职罪的认定。

我国古代流传的许多真假太子、真假猴王、真假包公的故事，大多运用三段论第二格进行甄别、分辨真伪。例如下面是关于戴嵩的《斗牛图》：

  牛在打斗的时候是尾巴紧紧地夹在两腿中间的。
  这幅画中打斗的牛尾巴是向上翘的（不是尾巴紧紧夹在两腿中间）。
  所以，这幅画是画错了。

第三格，即中项是大、小前提的主项的三段论形式。其逻辑要求是：①小前提必须是肯定命题；②结论只能是特称命题；③前提之一是全称命题。

看看下面的例子：

  雷锋是人。
  雷锋不是自私的。
  所以，有人不是自私的。

---

① 参见本章第五节。

黄铜不是金子。
黄铜是闪光的。
所以,有些闪光的不是金子。

由于第三格结论总是特称命题,即 I 或 O。根据前述方阵关系可知,若断定一特称命题真,也就断定了与之有着矛盾关系的全称命题为假。人们经常运用三段论这一格推出一个特例,由此说明和它相关的全称概括并非普遍有效,如上面的"有人不是自私的"用来反驳人们常说的"人都是自私的"这一全称命题。因此这一格被称为反驳格。

违反第三格的逻辑要求,可能犯"小项扩大"的逻辑错误。

话说晏子出使楚国,楚王虽然领教了晏婴的能言善辩,但心中还是有几许不快。得知晏婴还出使楚国,和群臣商量之后,又使出新招:摆宴招待晏婴的过程中,有俩差役推着一个披头散发、五花大绑的人故意路过庭前。楚王看见了,故意高声喝道:"你们捆绑的是什么人?"听说是齐国人,楚王得意地看着晏子:"看来,你们齐国人生来就善于偷盗啊!"这里,楚王话中就含有这样一个推理:

这个人是齐国人;
这个人是善于偷盗的。
所以,齐国人是善于偷盗的。

第四格由于与第一格相比,中项位置恰好相反,推论就相当不自然,因而日常实际思维中人们几乎不用这种形式。亚里士多德三段论理论中就未多加分析之,我们在此也不多加讨论。

需要说明的是,三段论各格的逻辑要求是三段论规则的具体化,是不同结构形式不违反规则(除第一条规则外)的必要条件。熟练地掌握不同格的逻辑要求,就可以比较容易地判断该三段论在形式方面是否完全有效。

(二)三段论的式

1. 三段论的式

格只显示了中项在前提中相对位置。只有格,还未能完全给出三段论的标准式,还须进一步确定三段论中大、小前提和结论的命题形式,这就是三段论的式。标准三段论的式由其所包含的命题类型所确定。如前所述,直言命题的种类有四种,即 A、E、I、O 四种,每个三段论的式由三个按特定顺序排列的字母组成。第一个字母标识了大前提的命题种类,第二个字母标识着小前提的命题种类,而最后一个字母则是结论的命题种类。例如,下述推理的式就是 AAA 式:

所有食肉动物都是哺乳动物。
所有猫科动物都是食肉动物。
所以,所有猫科动物都是哺乳动物。

由于三段论的大小前提和结论,理论上说,每一格的大、小前提和结论分别可能是 A、E、I、O 四种命题中的一种形式,因此,三段论一种格有 64(4×4×4)个不同的式,即 64 种可能的组合。三段论一共有四格,这样,标准三段论就会有 256(64×4)种不同的式,但其中只有极少数是有效式。现列出如下:

　　第一格:AAA　EAE　AII　EIO　(AAI)　(EAO)
　　第二格:AEE　EAE　AOO　EIO　(AEO)　(EAO)
　　第三格:AII　IAI　EIO　OAO　AAI　EAO
　　第四格:AEE　IAI　EIO　AAI　EAO　(AEO)

在这 24 个有效式中,有 5 个带有括号,它们被称作弱式,即本来从它们的前提可有效推出全称命题,却得出一个特称命题的结论。而根据前面方阵关系可知,全称命题蕴涵特称命题,因而弱式可以不要,这样有效式只剩下 19 个①。列出所有有效式并加以熟练掌握,也是分析三段论正误的有用的方法。

2. 三段论的省略式

三段论的省略式,就是表达中省略了某个命题(大前提、小前提或结论)、不完整的三段论。

作为一个推理而言,任何一个三段论在逻辑结构上都必然包含了大前提、小前提和结论。实际思维过程,人们进行三段论推理,往往可以把那些不言而喻、不讲自明的东西省略不写、不说,依靠人们的心领神会来理解。譬如,我们从"铁是金属"可以推出"铁导电",原因在于人们都所熟知的一种常识"金属都导电"被省略掉了。省略三段论不但使思维简便,而且更具有说服力。亚里士多德在其《修辞学》中就说过:"基于省略三段论的……演讲更受人欢迎。"②

省略三段论可有下述不同的省略情形。

(1)省略大前提。例如:"你是知道案件情况的人,所以你有作证的义务",该例就是省略大前提的情形,省略了《刑事诉讼法》第 48 条规定的"凡是知道案件情况的人都有作证的义务"。再如,从"这合同是以欺诈手段订立的,所以这一合同必定是无效合同"。这里,省略了我国《合同法》中的有关规定,即"所有以欺诈手段订立的合同是无效合同"。

(2)省略小前提。例如"依法成立的合同有效,所以本合同有效",这里就省略了小前提"本合同是依法成立的"。"人孰无过,故虽君子亦不能无过",在此,省略了小前提:君子也是人。

(3)省略结论。当结论不言自明,不予点破反而更能增强回味力时,就毫不犹豫地省去,给人以"言虽尽意无穷"的感觉。例如"没有文化的军队是愚蠢的军队,愚蠢的军队是不能战胜敌人的"。这里,就省略了结论"所以,没有文化的军队是

---

① 传统逻辑都假设主项所指称的对象存在,若排除这种假设,则弱式是无效式。并且,上述 24 个式中,AAI、EAO 也均为无效式,这样有效式只有 15 个。

② 欧文·M.柯匹,卡尔·科恩:《逻辑学导论》,张建军、潘天群等译,中国人民大学出版社 2007 年第 11 版,第 310 页。

不能战胜敌人的"。再比如,当别人说你"爱美、臭美"时,你可以反驳:"爱美之心人皆有之,我是人。"面对有人使诈,耍花招,你可以提醒对方:"你是君子,君子要坦荡荡!"

由于省略三段论不完整,也有一定的弊端,即容易掩盖错误:或者推理形式不正确或者前提内容不真实。因此检验其有效性必须首先找到其省略部分并把它补充完整,再运用规则进行检验。

怎样将一个省略的三段论恢复为完整的三段论呢,首先必须确定省略部分是前提还是结论。关键是看两个命题之间,是否有"因为……所以……"等表示推导关系的这样的语词。由"因为"或相当于这类语词引导的命题,是前提;而"所以""因此""因而"或相当于这类语词引导的命题是结论。如果没有这类语词,就只能根据语意来确定两个命题之间是否有推导关系;如果有推导关系,就须进一步确定哪个是前提、哪个是结论。如果两个命题有一个共同的词项,但二者之间没有逻辑推导关系,说明两个命题都是前提,即该三段论省略了结论。如果确定其中一个是结论,根据结论的主项是小项,结论的谓项是大项,确定另一个命题是大前提还是小前提,进而确定省略的是小前提还是大前提。

无论补充的是省略三段论的任一前提或结论,补充时必须遵守的一个原则要求是:所补充的东西相对该推理来说应是最自然,最合情合理,使听者能更加接受为真命题。需要指出的是,在某些情况下由于补充的命题不同,结果就不相同。例如从"所有奇数不是偶数"和"有些整数是偶数"这样的前提,如果推出"有些整数不是奇数"则推理是有效的。但是如果推出"有些奇数不是整数",则不但结论为假,而且推理无效。因为它犯了"大项不当周延"的逻辑谬误。

四、文恩图解检验方法

约翰·文恩(John Venn)是英国数学家、逻辑学家。他首先使用图解的方法来刻画类和命题,使之成为一种检验三段论推理直观而简明的方法。其方法如下。

首先,我们画一个圆表示一个类,并以该类的名称来标识它,如图9表示了S类:

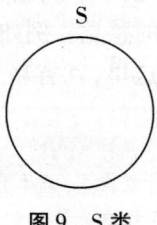

图9 S类

如果一个类是不空的,我们就在圆中非空处加标记"X";若是空的,我们就在该圆中画满斜线,如 S 是一空类(S=O)(图 10)和 S 是非空类(S≠O)(图 11)的图解

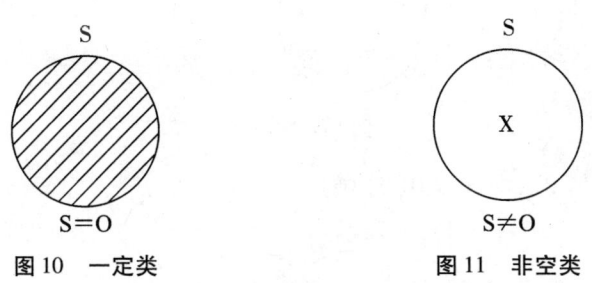

图 10 一定类　　　　　图 11 非空类

若要图示直言命题,则需 S 和 P 的两个圆,首先可画图 12:

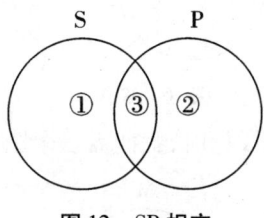

图 12 SP 相交

图 13 给出了三个部分,即①是 S 而非 P 部分,以"S$\bar{P}$"表示,②是 P 而非 S 部分,以"$\bar{P}$S"表示,③既是 S 又是 P 的,以"SP"表示。由此 A、E、I、O 四种命题便可图解如下。

A:"所有 S 是 P",即 S$\bar{P}$=0(图 13)。

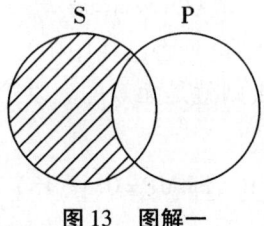

图 13 图解一

E:"所有 S 不是 P",即 SP=0(图 14)。

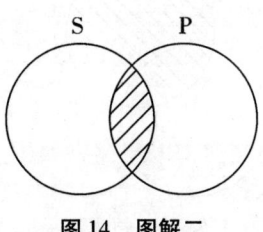

图 14 图解二

I:"有 S 是 P",即 SP≠0(图 15)。

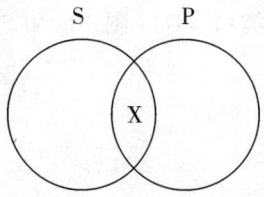

图 15　图解三

O:"有 S 不是 P",即 $\overline{S}P$≠0(图 16)。

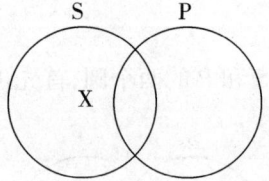

图 16　图解四

运用文恩图解方法检验三段论时,我们需三个圆,画法见图 17。

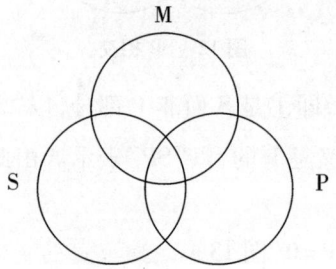

图 17　文恩图解法

先图解两个前提,然后,看结论是否已在图中显示出来。若结论已被图解,则其前提蕴涵结论,推理有效。否则就是无效的。以第一格有效式 AAA 为例,其图解如下。

首先图解大前提"凡 M 是 P",即 $M\overline{P}$=0(图 18)。

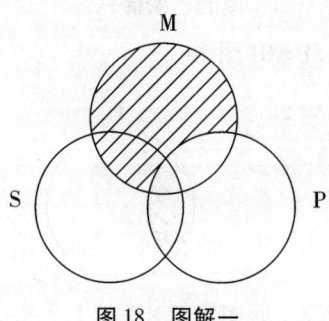

图 18　图解一

其次,图解小前提"凡 S 是 M",即 S$\overline{\text{M}}$=0(图 19)。

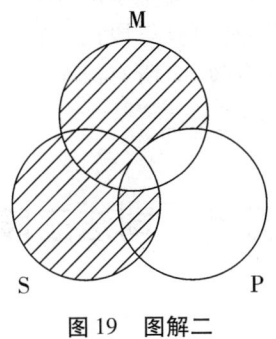
图 19　图解二

最后看结论"凡 S 是 P",即 S$\overline{\text{P}}$=0 是否已被图解,由于"S$\overline{\text{P}}$"部分都为阴影,因此前提蕴涵结论,推理有效。

再如,若对第一格无效式 AEE 式检验,首先图解大前提"凡 M 是 P",即 M$\overline{\text{P}}$=0(图 20)。

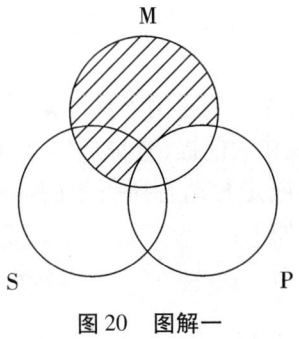
图 20　图解一

然后再图解小前提,"凡 S 不是 M",即"SM=0"(图 21)。

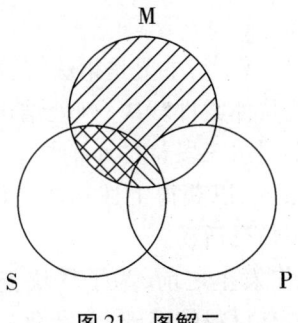
图 21　图解二

最后,看结论"凡 S 不是 P",即"SP=0",是否已被画出,由图 21 可看出"SP"部分并未被全部打斜线,因而前提不蕴涵结论,该推理无效。

需要指出的是,运用文恩图解检验三段论,由于并未预设类的存在问题,因而前述 24 个有效式仅仅有 15 个有效,而所有以全称前提推出特称结论的推理都是非有效的。

第五节　司法三段论

一、司法三段论的结构

司法三段论是指在法律适用中,法官根据法律规定和查明案件事实,依法对案件进行裁决的一种法律适用方法。根据其具体内容,可有刑事审判三段论(如定罪三段论、量刑三段论)、民事裁定三段论与行政裁决三段论等。司法三段论的运用,集中体现在法律的适用过程。法律的适用,也就是将一般性的法律规范适用于具体案件,从而得出裁决的过程。这一过程体现了司法审判"以事实为根据,以法律为准绳"的基本原则。

从总体上而言,将一般法律规范适用于具体案件的过程,可以视作演绎推理过程:所要适用的法律规范被视作大前提,查证属实案件事实被视为小前提,由法律规范和关于案件事实的法律断定相结合所得出的案件裁决或判处结论被视为结论。司法三段论的逻辑结构如下:

　　法律规范
　　案件事实
　　裁决结果

二、司法三段论的适用

面对一个具体案件,司法工作者,主要是指法官、检察官以及律师,和从事侦查与治安的工作人员,为获得此具体案件裁决、判处结论,首先必须运用一切能获得的证据认定案件事实,以获得司法三段论的小前提。然后,在此基础上,进一步查明、选择并援用相关的法律条款,以获得上述司法三段论演绎推理模式中的大前提,即对具体案件其进行司法归类活动。

由于案件总是在侦破工作发生之前,为了尽快查明案件真相,在侦查破案阶段,侦查人员只能在搜集和占有材料的基础上,借助一系列的逻辑推理来确认某种犯罪行为是否发生,弄清谁是本案的作案人。但由于社会现象本来纷繁复杂,犯罪现象更是五花八门,加上犯罪嫌疑人作案之后为了规避法律惩罚,有的会故意破坏作案现场,更有甚者会制造假象掩盖罪行。还有的犯罪嫌疑人本身反侦查意识很强,作案后要么毁灭证据,要么没有留下作案痕迹。这些现象在不同程度上增加了破案的难度。司法人员只能从现场留下的蛛丝马迹中依靠抽象的思维努力恢复或者塑造案件的来龙去脉。

司法工作者侦查破案、处理案件的过程,事实上也是构造司法三段论的过程,即运用逻辑进行推理的过程。首先,需要确认案件事实,即确定司法三段论的小前提,这是构造司法三段论的出发点和基础。由于社会生活的复杂性,案件事实的认定也是相当不易。因为,在法律适用过程中,司法人员从法律视角对案件的断定,除了涉及案件的性质,还关涉案件发生的方式、过程、时空、原因及案件相关的人和物。依法运用相关证据对待证案件事实予以证实或证伪,具体到某一案件,也就是断定关于某一案件的某一陈述的真伪,同时也是认定某一法律规范所假定的那种情况确实已经发生或没有发生。显然,司法实践中大量的工作是围绕司法三段论的小前提的建立展开的。

当案件的实际情况得到确认后,并不能自动构成关于该案件的司法三段论的小前提。因为,已确认案件事实还无法与该三段论的大前提——相应的法律规范联系起来。接着,就必须对已确定的案件事实以某种形式提出最终结论,表明该案件的实际情况已在某个法律规范中被假定(或被预见),换句话说,该案件所具有的特定情况属于某个法律规范的适用范围。这一过程,就是所谓的"司法归类活动"——就是法官、检察官等法律职业工作者对案件事实依照法律规范的标准进行法律意义上的评价,舍弃其中不具有法律意义的特征,对其中具有法律意义的特征加以抽象、概括,并使之类型化,从而使其与法律规范中被假定的法律构成要件具有可比性,最后将已确认的案件事实归属到某一特定的法律构成要件中去。

适用法律就是把具体案件事实与法律规范相结合的过程。而司法归类则是联结法律规定与案件事实的中介与桥梁。在司法归类活动中,法律与事实相互渗入对方,从而使"事实问题"与"法律问题"在法官、检察官等司法人员的法律思维方式下相互渗透、相互交织,在这一意义上,可以说,司法归类活动同时也是援用法律规范,构建司法三段论大前提的过程。

从上面的分析可以看出,法律适用过程实际上是构建法律推理大、小前提的过程,这一过程从总体上看只能说是一个演绎推理模式:确定的案件事实是小前提。被援用的相关法律规范是大前提,对具体案件的裁决、判处是结论。之所以说是演绎推理模式,是因为作为大前提的法律规范,囿于实际生活的纷繁复杂、种类繁多,规范人类行为的法律规范内容也是五花八门、不一而足。因而用来规范人类行为的法律规范命题有着各不相同的逻辑结构,有的表现为简单命题,有的是规范命题,更多的则是后面我们将要学习的复合命题或各种命题的综合。

当大前提是陈述法律规范的直言命题,小前提是断定案情的直言命题时,就构成了典型的直言三段论。这种情况下,直言裁决三段论有效性的判定,仍依据直言三段论的规则。当然,裁决结论的准确性最终取决于前提真实和推理形式有效两个方面。看下面的案例。

周正龙虎照案

  2008年9月27日上午8时30分,陕西省旬阳县人民法院公开开庭审理周正龙诈骗和非法持有弹药罪案。
  合议庭评议认为,被告人周正龙以非法占有为目的,以拍摄假华南虎照片的方法虚构发现华南虎的事实,骗取政府林业主管部门现金奖励,数额较巨大,其行为构成诈骗罪,被告人周正龙违反国家枪支管理规定,非法持有军用子弹,其行为构成非法持有弹药罪。检察机关指控其所犯两项罪名成立。对被告人周正龙应数罪并罚,其诈骗所得应返还,军用子弹应予以没收。

在这里,合议庭评议被告人周正龙的行为时,就用了几个省略的直言三段论。
(1)用了三段论第一格,推定周正龙犯了诈骗罪:

  以非法占有为目的,以虚构事实、隐瞒真相的方法,骗取数额较大的公私财物的行为构成诈骗罪(《刑法》第266条第1款)。
  周正龙以非法占有为目的,以拍摄假华南虎照片的方法虚构发现华南虎的事实,骗取政府林业主管部门现金奖励,数额较大;
  所以,周正龙的行为构成诈骗罪。

(2)运用第一格,推定其犯非法持有弹药罪:

  违反枪支管理规定,非法持有、私藏枪支、弹药的行为构成非法持有枪支弹药罪(《刑法》第128条第1款);
  周正龙违反枪支管理规定,非法持有军用子弹;
  所以,周正龙的行为构成非法持有弹药罪。

再看下面一个案例。

陈少伟等走私普通货物案

  陈少伟等人,先后在广东省汕头市注册成立了汕头市和发有限公司、汕头市和发食品有限公司等,与香港城拍船务有限公司相互勾结,买通部分监管码头的武警、海关人员,掌握、控制了潮阳市关阜货运码头有限公司等有关部分,大肆进行走私食品、汽车、通信器材、不锈钢板等犯罪活动。
  广东省中山市中级人民法院第一审以走私普通货物罪分别判处陈少

伟等人不同的刑罚。宣判结束,陈少伟、唐逸敏等20名被告人不服,分别以本来系单位犯罪、原判量刑过重等理由提出上诉,广东省高级人民法院第二审驳回上诉,维持原判。

法院认为,本案进行走私的公司中,除南翔公司外,均是唐逸刚为走私而设立、承包的公司。南翔公司不是为走私而设立,但以走私为主要活动。依照最高人民法院1999年6月25日《关于审理单位犯罪案件具体应用法律有关问题的解释》第2条规定:"个人为进行违法犯罪活动而设立的公司、企业、事业单位实施犯罪的,或者公司、企业、事业单位设立后,以实施犯罪为主要活动的,不以单位犯罪论处。"所以,本案应以个人犯罪论处。

本案中,法院判决时所用的三段为:

个人为进行违法犯罪活动而设立的公司、企业、事业单位实施犯罪的,或者公司、企业、事业单位设立后,以实施犯罪为主要活动的,不以单位犯罪论处(依照最高人民法院1999年6月25日《关于审理单位犯罪案件具体应用法律有关问题的解释》第2条规定);

本案进行走私的公司中,除南翔公司外,均是唐逸刚为走私而设立、承包的公司。南翔公司不是为走私而设立,但以走私为主要活动;

所以,本案不以单位犯罪论处而应该以个人犯罪论处。

再看下面一个例子,司法三段论的大前提是一个选言命题:

朗姆是一个在中国留学的外国人,来中国之前已经结过婚。在中国生活学习期间,朗姆结识了中国女工尚玲,随着双方交往频繁,彼此产生了感情并有结婚的想法。但双方提出结婚时,女方所在单位不给开具结婚登记的相关证明,同时,尚玲父母也因朗姆在其国内已结过婚而极力反对。朗姆便以其所属国法律允许一夫多妻和女方单位不给开具相关证明及女方家长反对为由,向其所在市区民政局提出与尚玲结婚申请,请求发给二人结婚证。

该市区民政局婚姻登记机关经审查认为:根据《婚姻法》第147条的规定"中华人民共和国公民与外国人结婚适用婚姻缔结地的法律",本案的婚姻登记应该适用《中华人民共和国婚姻法》。而该法第2条规定:"实行婚姻自由、一夫一妻、男女平等的婚姻制度。"因此,驳回朗姆的申请,不予登记,同时告知双方他们行为的违法性。

在本案中,所涉及市区民政部门婚姻登记机关的决定,就运用了不相容选言命题的肯定否定式:

尚玲与朗姆结婚的话,要么适用中国法律,要么适用朗姆所在国法律;

本案应该适用中国法律;

所以,本案不应该适用朗姆所属国法律。

由于法律规范命题内容是对现实生活的假定或预测,现实生活的复杂性决定法律规范命题内容的复杂多样,命题逻辑结构也各不相同。总的来说,作为司法三段论大前提的法律规范命题,除了上面所举几种情况外,往往表现为由一定行为构成要件和一定法律效果联系起来的假言命题,因而法律条款中,最主要最典型的命题形式是逻辑结构为"如果 p,那么 q"这样的假言命题。假言命题的前件"p"(事实上,p 本身可能又是一个选言命题或联言命题)就是法律规范中所假定、预测的行为构成要件,其后件"q"(q 本身可能也是一个复合命题)就是相应的法律后果。这一典型的法律规范命题形式表明:一旦某一现实行为符合"p"这一构成要件,则某种相应的法律后果"q"便随之而来。如:

如果多次盗窃公私财物,或者数额较大(p),那么处三年以下有期徒刑、拘役或者管制,并处或单处罚金(q)(《刑法》第二百六十四条规定);

被告人孙某、赵某、周某三次盗窃公民的私人财物,且数额较大(4650元)

所以,(由于三人认罪态度好,酌情予以从轻处罚)判处三人有期徒刑八个月并处罚金2000元。

可以看出,在本三段论中,作为假言命题前件的"p",本身就是由"或者"联结的选言命题,后件"q"也是一个复合命题,结论为一联言命题。

■ 基本概念

命题　简单命题　直言命题　肯定命题　否定命题　全称命题　特称命题
单称命题　直言命题　命题间的反对关系　下反对关系　差等关系　矛盾关系
直言命题的逻辑方阵

■ 练习题

李某涉嫌贪污案

李某于1997年3月被任命为中科院高能所激光室主任。在其任职期间,李某向东方公司业务员张晓明提出,不通过高能所而通过东方公司代理出口,获得的利润可以为研究室创造一些福利及作为下一步生产其他产品的基金。1999年底,美国 AES 公司通过电子邮件向李某订购一根加速管,约定货款为4万美元,李某遂委托东方公司代理出口,并指派本室工作人员叶冠中以激光室的名义向高能所实验工厂订了一根加速管,约定价格为人民币14万元,在同年6月15日前交货。因图纸未落实而不能生产,被告人谎称科研需要向高能所加速器中心借用加速管一根,并指派吴庆武为该加速管出口做了包装箱,由东方公司代理与 10 月 26 日将此加速管出口,获款 40 500 美元,折合人民币 33 万余元。被告人李某将该款中的少部分用于为该管的出口进行调试、改装,少部分支援其他科学家搞科研,大部分私自保管在自己手中。同时,李某将该加速管的出口情况及自己欲将出口获利款用于为本室添置一根加速管的想法告知了叶冠中、吴庆武,并在事后告知了本室的党支部书记王鸣凯。

2002 年 5 月,高能所纪检委接到群众举报,怀疑李某将加速管卖到国外,而了解情况时,李某为掩盖其将国有资产未经正常程序出口国外的事实,指使老乡做伪证。同年 6 月,又如实向单位交代上述事实,并交回款项。

2003 年 1 月 9 日,北京市人民检察院第一分院以被告人构成贪污罪向市第一中级人民法院提起公诉,后者经审理认为,公诉机关指控李某犯贪污罪证据不足,不能认定其行为符合刑法规定的罪状要求,指控不成立。遂判决如下,被告人无罪;扣押在案的人民币 30 多万元返还中科院高能所。

问题:本案中北京市第一中级人民法院判决李某没有犯贪污罪的逻辑根据是什么?这一过程运用何种逻辑推理?

一、思考题。

1. 什么是命题?它与语句的关系如何?
2. 什么是直言命题?直言命题可以分为哪些种类,其划分标准是什么?
3. 什么是直言命题项的周延性?A、E、I、O 四种直言命题的主、谓项是否周延?
4. 主、谓项相同的 A、E、I、O 具有什么真假制约关系?
5. "有 S 是 P"能否推出"有 S 不是 P",为什么?

二、练习题。

1. 下列语句是否直接表达命题?为什么?

> **例题:**"千里江陵一日还"
> **解答:**直接表达命题,虽为诗句,但仍是一陈述句。

(1)中国人民是勤劳勇敢的。
(2)欲加之罪,何患无辞!
(3)让暴风雨来得更猛烈些吧!
(4)请不要吸烟!

2. 判断以下几个命题分别是什么种类的命题。
(1)一个人的个性是后天养成的。
(2)某个人的行为有时是非理性的。
(3)张三是喜欢读书的人。
(4)出席本次大会的不都是法律职业者。

3. 由下列各命题的真或假,根据对当关系指出与已知命题同素材的其他命题的真或假。

> **例题**:法学家都是哲学家。(假)
> **解答**:这是全称肯定命题,为假,根据方阵关系,其他三个命题真值情况如下:
> 法学家都不是哲学家(SEP)。(真假不定)
> 有的法学家不是哲学家(SOP)。(真)
> 有的法学家是哲学家(SIP)。(真假不定)

(1)凡贪污罪都是故意犯罪(真)。

(2)法律是超阶级的(假)。

(3)有的乘客是美国人(假)。

(4)有的科学是没有阶级性的(真)。

4. 根据真值关系,找出能驳斥下列命题的直言命题。

> **例题**:所有案件都是经判决结案的。
> **解答**:该命题是全称肯定命题(SAP),为假。根据方阵关系,与其素材相同的特称否定命题(SOP)为真时,该命题(SAP)才为假。即能反驳上述命题的是"有的案件不是经判决结案的(如调解结案)"。

(1)所有的人都是自私的。

(2)有些宗教具有真理性。

(3)凡社会主义国家都不存在商品经济。

(4)有些真理不需要经过实践检验。

(5)广州是中国的首都。

(6)有些犯罪行为不是违法行为。

三、分析下面的案例。

1998年5月,申请人铁行渣华有限公司

铁行渣华(香港)有限公司向被申请人华兴海运(中国)有限公司托运10个集装箱的货物,装于"Guang Bin Ji74"轮由香港运到广东云浮六都,被申请人于1998的5月6日在香港签发提单,提单号为74/9805 LD02,该提单背面条款第2条内容为 JURISDICTION. ALL disputes arising under or in connection with this Bill of Lading shall be determined by Chinese Law in the courts of, or by arbitration in, the People's Republic of China. 中译文为"管辖权:所有因此提单产生的争议应按照中华人民共和国法律在中华人民共和国法院审理或在中华人民共和国仲裁"。本案当事人事后没有关于仲裁之补充协议。本案当事人对上述事实均确认无异,对于认定本案所涉仲裁协议效力的法律适用。本案当事人确定的准据法均是中华人民共和国法律,现申请人,申请法院裁定上述条款作为仲裁条款无效。被申请人反请求法院裁定该提单第二条中关于法律适用和司法管辖部分有效。

广州海事法院经审理,代理审判员黄秋生认为:本案所涉提单的背面条款第二条是一个管辖权选择条款,在该条中,当事人既进行了司法管辖权的选择,又进行了仲裁管辖权的选择,因此,该条款实际上包括了上述两个选择管辖权的协议。由于申请人没有就选择司法管辖权的协议是否有效的问题提出申请,因此,该问题不属本院的审查范围。根据一般法理,司法程序与仲裁程序是两个相互排斥不能并存的程序,当事人如果同时选择了这两个程序,则整个选择无效。在这里,整个选择无效是建立在各个选择都有效的基础之上的,正是因为各个选择都属有效,才会达到相互排斥相互否定而导致整个选择无效的后果。也就是说,无效的司法程序选择不能排斥有效的仲裁程序选择。同理,无效的仲裁程序选择也不能排斥有效的司法程序选择。在本案中,由于司法程序选择是否有效不属本院审查范围,则司法程序与仲裁程序是否有效地构成了排斥还无法确定,则整个管辖权选择条款是否有效还无法确定。单就仲裁程序选择的效力而言,《中华人民共和国仲裁法》第十八条规定:"仲裁协议对仲裁事项或者仲裁委员会没有约定或者约定不明确的,当事人可以补充协议;达不成补充协议的,仲裁协议无效。"本案所争议的提单的背面条款第二条对仲裁委员会没有约定,事后又未达成补充协议,因此,该条中关于仲裁程序选择的协议无效。整个条文是否有效,因为未经全面审查,还不能确定,而该条中的仲裁协议是否有效,经单独审查后已经明确。因此,结论不是该条作为一个仲裁条款是无效的,而是该条之中关于仲裁协议的约定是无效的。

问题:从上述法官的论证理由中看,"司法程序选择"和"仲裁程序选择"二者的效力问题,在逻辑上应是命题间何种关系(矛盾;反对;下反对;差等)?该逻辑关系的内容是什么?

四、给出下列命题的换质命题。

1. 所有法学院毕业的学生都是谙熟法律的。
2. 没有有机化合物是金属。
3. 有的大学生选手是职业运动员。
4. 有的法律不是由国家制定的。

五、给出下列命题的换位命题,并指出哪些命题与被换位命题等价。

例题:有的青年是党员。
解答:有的党员是青年。(与被换位命题等价)

1. 没有爬行运动是恒温动物。
2. 有些进口轿车是价廉物美的。
3. 所有天才都有创新精神。
4. 所有未成年人都不是选民。

六、问下列命题 B 与原命题 A 是否等价。

> **例题**：A：红军个个是英雄。
> B：所有非英雄都不是红军
> **解答**：原命题即"所有红军都是英雄"(SAP)。所有非英雄都不是红军($P\overline{E}\overline{S}$)。与原命题等价。

1. A：所有宿命论者都是悲观主义者。
   B：有悲观主义者不是非宿命论者。
2. A：有的蛇不是有毒的。
   B：有些没毒的动物是蛇。
3. A：所有大学生都不是弱智者。
   B：非弱智者不是大学生。
4. A：说假话的人都不是老实人。
   B：不说假话的人都是老实人。
5. A：质量合格的商品都是不怕检验的
   B：质量不合格的商品都是怕检验的。

七、如果命题"闪光的都是金子"为假，指出下列命题的真假情况。

> **例题**：所有不闪光的都不是金子。
> **解答**：由于从原命题可有效推出"有不闪光的是金子"，已知这一命题为真。而它与所求的命题为矛盾关系，故上述所求命题为假。

1. 闪光的不都是金子。
2. 闪光的都不是金子。
3. 有不闪光的是非金子。
4. 所有非金子都不是闪光的。

八、如果命题"没有法学家是科学家"为真，指出下列命题的真假情况。

> **例题**：所有非科学家是非法学家。
> **解答**：由于从原命题可有效推出"有非科学家不是非法学家"，并已知这一命题为真。而它与所命题矛盾，故上述所求命题为假。

1. 没有非科学家是法学家。
2. 所有非法学家是非科学家。
3. 所有科学家是法学家。
4. 有的非法学家是科学家。

九、写出下列三段论的标准形式,并指出它们的格与式。

> **例题:** 围棋手都是思维缜密的人,而有的未成年人是围棋手,所以,有的未成年人是思维缜密的人。
>
> **解答:** 所有 M 是 P;
> 有 S 是 M;
> 所以,有 S 是 P。
> 第一格 AII 式。

1. 所有讲河南话的人都是河南人,而有的北京人会讲河南话,所以,有的北京人是河南人。

2. 有的社会学家是哲学家,因为所有法学家都是社会学家,而有的法学家是哲学家。

十、指出下列无效三段论形式违反什么规则,犯有何种谬误。

> **例题:** AII-2
>
> **解答:** 第二格,三段论的中项在大、小前中都是谓项,如果第二格的一个三段论由 AII 组成,那么它的标准形式为:
> 凡 P 是 M;
> 有 S 是 M;
> 所以,有 S 是 P。
> 这样,中项 M 在两个前提中都不周延,因而违反了规则"中项至少在前提中周延一次",犯了"中项无一次周延"的逻辑谬误。

1. AAA-2
2. EAA-1
3. EAE-3
4. IAI-2
5. EEE-1
6. OAI-3

十一、指出下列三段论是否有效,无效的三段论违反什么规则,有何种谬误。

> **例题:** 所有鸟都是飞禽。
> 所有鸟都不是走兽。
> 所以,所有走兽都不是飞禽。
>
> **解答:** 这一三段论违反了"前提中不周延的项结论中也不得周延"的规则,犯有"大项不当周延"的逻辑谬误。

1. All man are rationl.
   No women is man.
   ∴ No women is rationl.

2. 没有法官是律师。
   没有律师是检察官。
   所以,没有检察官是法官。
3. 有的猫不是猛兽。
   所有的猫都是宠物。
   所以,所有宠物都不是猛兽。
4. 有的钻石是价格昂贵的。
   有的钻石不是人工合成的。
   所以,有的人工合成物是价格昂贵的。
5. 所有四川人都是爱吃辣椒的。
   所有湖南人都是爱吃辣椒的。
   所以,湖南人是四川人。
6. 没有诗人是会计。
   有艺术家是诗人。
   所以,有艺术家是会计。
7. 没有非居民是公民。
   所有非公民是非选举人。
   所以,所有选举人是居民。

十二、检验下列非标准形式的三段论是否有效。

> **例题**:"君自故乡来,应知故乡事。"
> **解答**:这是我国一首古诗句,表达了一个省略三段论推理。恢复完整则为:
> 凡从故乡来的人都是应知故乡事的;
> 你是从故乡来的;
> 所以,你是应知故乡事的。
> 这是一个有效的三段论。其形式为,第一格 AAA 式。

1. 所有蜘蛛都有八条腿,因而昆虫不是蜘蛛,因为昆虫没有八条腿。
2. 不能被磁铁吸引的都不是金属,碳是非金属,所以,碳不能被磁铁吸引。
3. 月球本身不能发亮,然而它有光线射出,可见发光体不一定是自身发光的。
4. 病人都是不健康的人,所以,有些运动员是不健康的人。
5. 有的非洲国家是不发达国家,凡不发达国家都是管理水平落后的国家,因而,有的非洲国家是管理水平落后的国家。

十三、运用三段论推理知识,将下列议论排列为典型的三段论推理形式(若为省略式,先恢复完整)并分析该推理是有效的还是无效的,结论性质的表述是否正确。

1. 被告自己也承认,归其所有的财产,绝大部分都是用自己的钱购置的。经查证明,现发生争议的这间房屋却非被告的钱购置的。因此,这间房屋理应不归被告所有。

2. 经许多群众证实,这位死者是操浙江口音的妇女。而调查得知,当地操浙江口音的妇女,多数是江南仪表厂的职工,因此可以肯定这位死者是江南仪表厂的职工无疑。

3. 这些人都是参加这次表彰大会的,而参加这次表彰大会的并非都是先进工作者,可见,这些人都不是先进工作者。

4. 冤案差不多都平反纠正了,而你的问题还没有平反纠正,可见你的问题不是冤案。

5. 这位死者的颈部有严重的卡压痕迹,显然这位死者是被人卡死的。

6. 这种药是剧毒药,因为它含有砷,而含有砷化物的药都是剧毒药。

7. 盗窃案往往是有衣物被翻动的痕迹,本案现场却没有这样的迹象,可见本案不是盗窃案。

8. 你肯定是会英语的,因为不少大学生都会英语。

9. 既然分析证明,杀害陈某某的凶手是与陈某某有尖锐矛盾的人,而周某某确实是与陈某某有尖锐矛盾,因而可以肯定周某某是杀害陈某某的凶手。

10. A厂生产的产品都是优质产品,你采购的这批产品都不是A厂生产的,当然也就不可能是优质产品。

十三、用文恩图解法检验下列三段论是否有效。

例题:所有优秀企业家都有创新精神,
有的管理人员没有创新精神,
所以,有的管理人员不是优秀企业家。
这一三段论是第二格AOO式,即:

凡P是M($\overline{PM}=0$);

有S不是M($S\overline{M}\neq0$);

∴有S不是P($S\overline{P}\neq0$)。

解答:用文恩图解则为:

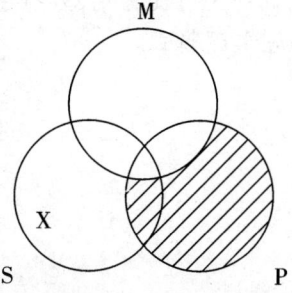

结论已被图解出来,因而该推理是一有效三段论。

1. 有的哲学家是数学家,因此有的哲学家是科学家,因为凡是数学家都是科学家。

2. 有的情感主义者是享乐主义者,所有情感主义者是追求非理性主义价值的,因此,有的享乐主义者是追求非理性主义价值的。

3. 链霉素是有副作用的,凡链霉素是针剂,所以,有的针剂是有副作用的。

4. 所有大科学家都是智商极高的,爱因斯坦是大科学家,所以,他是智商极高的。

5. 所有新型汽车都是节省燃料的,"××"牌轿车都不是节省燃料的,所以,"××"牌轿车都不是新型汽车。

6. 所有计算语言都是人工语言,人工语言都是表意的,所以,有的表意的都是计算机语言。

十四、回答下列问题,并写出其证明。

> **例题:**一个有效的标准直言三段论中能否只有一个项周延,并且只周延一次,如果能的话,可能是哪个或哪些格。
>
> **解答:**这样的有效标准直言三段论是有的,它只可以是 AII-1。即:
> 凡 M 是 P;
> 有 S 是 M;
> ∴ 有 S 是 P。

1. 一个有效的标准真言三段论,它的三个项能否在这一三段论每次出现都是周延的?

2. 一个有效的标准直言三段论,它的大项和小项能否在其中都周延,如果能的话,请给出其形式。

3. 一个有效标准真言三段论的中项能否在前提中都周延,如果能,则给出其形式。

4. 为什么结论是全称命题的三段论形式,其中项不能周延两次?

5. 有一个正确的三段论,大项在前提不周延,小项在结论中周延,写出其逻辑式。

6. 有一个正确的三段论,它的大前提肯定,大项在前提和结论中都周延,小项在前提和结论中都不周延,写出其逻辑式。

第四章

复合命题及其推理

■ 知识结构图

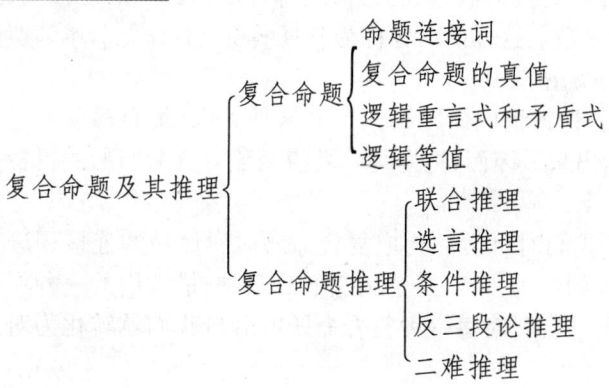

■ 本章导读

本章通过对复合命题构成的所使用的命题连接词不同,对复合命题进行了逻辑上的给予与分类,分析了它所备注的逻辑结构和真值特征。并初步引入了真值表,说明真值表的一些基本的作用,在此基础上,介绍了各种复合命题的简单有效推理和某些传统的重要推理形式。

第一节 复合命题

复合命题是指自身包含其他命题,并且其真值由其包含的命题及其逻辑连接形式唯一确定的命题。复合命题包含的命题被称为其支命题。复合命题具有如下特征。

（1）该命题的构成总须借助一定的连接词，通过它们联结一些命题组成一个新的命题。如"如果天下雨，那么地湿"是由"如果，那么"联结"天下雨"和"地湿"而成的。不同的复合命题关键就在于所使用的有着不同逻辑性质的连接词而相加区别的。

（2）整个复合命题的真值和其组成命题的真值之间有一种逻辑关系，类同于数学上的函数关系。即整个复合命题的真值由其组成命题的真值所决定，并且，当其组成命题的真值发生变化，则整个复合命题的真值也随之发生变化。如"桃花红并且梨花白"这一命题的真值是由"桃花红"和"梨花白"这两个命题的真值所决定。当它们都真时，该复合命题就真，当其中有一假（或都假）时，该复合命题就假。再如"王红相信人体有特异的功能"，按说，这也是一个复合命题。因为它包含有一个支命题"人体有特异的功能"。但是，这一复合命题的真值并不完全由其支命题的真值所确定。不管人体是否有特异功能，王红都可以相信人体有特异功能。换句话说，不管其支命题为真为假，该复命题都可以为真。因而，它的真值不是其支命题真值的一个函数。这样的命题称为非真函项复合命题。本节所介绍的命题都是真值函数复合命题。

（3）真值函数复合命题和其组成命题真值上的这种关系，我们都可通过一种所谓"真值表"准确地揭示出来。因而，把握每一真值函数复合命题的逻辑特征就是掌握它的真值表。

（4）由于逻辑的需要，我们对日常的构成复合命题时所使用的连接词进行了归约，即凡是逻辑性质相同的归为一类，并选出它们最基本、最常用的一种作为连接词的典型代表进行分析。因而，对每一种复合命题的分析我们就转化为对其所使用的典型连接词的逻辑分析。

一、命题连接词

（一）并非

构成一个复合命题时，最简单的方式就是在一个命题之前冠之以"并非"一词，由此所得到的复合命题我们称之为负命题。负命题断定由"并非"一词联结的命题是假的。即，否定了某一事物情况的存在。譬如：在"所有金属都是固体"这一命题前置以"并非"一词，就有"并非所有金属都是固体"。

显然，负命题都是对某个命题的否定。如上例中，后者就是对前者的否定，否定了前者也就是断定了前者为假。同时，每当我们否定一个命题也就肯定着（与之有矛盾关系的）另一个命题。对单称命题进行否定时有时可简单地在该命题的连系动词（"是"）或主要动词上加一否定词"不"就可完成。如，对以下两例进行

否定时:
>张三是工人。
>张三会打桥牌。

则有:
>张三不是工人。
>张三不会打桥牌。

然而,对全称命题却不能这样处理。如"所有金属都不是固体"并非是对"所有金属都是固体"的否定。因为一个负命题与它所否定的命题必须有着矛盾关系。日常语言中,否定一个命题时可有多种方式。譬如,以下都是对"凡金属都是固体"的否定:

>凡金属都是固体是不对的。
>凡金属都是固体是错误的。
>凡金属都是固体是假的。
>凡金属都是固体是荒谬的。
>并不是凡金属都是固体。
>金属不都是固体。
>金属不全是固体。
>……

现在,我们引入符号"¬"(称作否定号)来代表"并非"。如果"p"表示任一个命题,它的否定就记为¬p。任一有着形式"¬p"的命题,便称为负命题。显然,任一真命题的否定都是假的,而任一假命题的否定都是真的,因而"¬p"与"p"的真,假情况正好相反。这种情况我们可通过如下"真值表"简单而又明了地给出。以"T"代表"真",以"F"代表"假",就有表5:

表5 真值表

p	¬p
T	F
F	T

表4可看作否定号"¬"的定义。因为它说明了我们如何去理解符号"¬"。

(二)并且

由"并且"连接两个命题所构成的一个新命题我们称作联言命题。联言命题断定由其联结词所连接的命题都是真的。譬如:

>今天是个晴天并且今天没有风。

从认识讲,它断定了若干事物情况同时都存在。在日常语言中,它们可以有着多种表达方式,譬如,以下都是联言命题:

曹操既是军事家,又是文学家。
　　27 不但能被 3 整除,而且能被 9 整除。
　　这幅图画既有高山,又有流水。

在这些联言命题中,由于它们中的每一个支命题都有着相同的主项,因而在语言上就采取了省略的说法。类似地,如果联言命题支命题的谓项都是相同的,如:
　　张华是大学生并且李瑛是大学生。

也可省略为:
　　张华和李瑛都是大学生。

但以下命题却不是一个联言命题:
　　曹操和曹植是父子。

因为它不能被分析为:
　　曹操是父子并且曹植是父子。

日常语言中,一些对偶句或排比句也表达联言命题。如:
　　知无不言,言无不尽。
　　人有悲欢离合,月有阴晴圆缺。

令 p、q 代表任意两个命题,并且我们引入符号"∧"(称作合取号)作为"并且"的符号,那么,任何一个有着两个支命题的联言命题都可表示为:
　　p∧q(该公式称为合取式,p、q 分别称作它的合取肢)

显然,联言命题的真假是由其支命题的真假所确定的。给出任意两个命题 P 和 q,它们所有的真值只存在四种可能的组合。这四种可能情况以及在每种情况下其合取的真值可通过以下真值表(表6)给出。

表6　真值表

p	q	p∧q
T	T	T
T	F	F
F	T	F
F	F	F

表6可作为符号"∧"的定义。因为它表明:由"∧"所构成的复合命题当且仅当其支命题都真,该复合命题为真。

需要指出的是:"∧"的一个特征是可交换的,即 p∧q 与 q∧p 有着相同的逻辑意义。但是,"并且"一词在日常语言的使用上,有时却包含有时间上连续性的意思,它与"而后"一词相当,因而是不能随意交换的。譬如:
　　他脱下鞋并且上了床。
与

>他上了床并且脱下了鞋。

在内容上是有差异的,前者符合情理,后者难以想象。

(三)或者

由"或者"连接两个命题所形成的一个新命题我们称为选言命题。选言命题断定由其连接词所联结的命题至少有一命题是真的。即断定选言命题所反映的若干事物可能情况至少有一情况是真实存在的。譬如:

>张华没有来上课或者是因为有病或者是有急事。

在日常语言中,"或者"一词的使用有着两种不同情况。一种是由它构成的真的选言命题,其中支命题至少有一个真,但也可以都真。这时便称该选言命题是相容的选言命题。譬如:

>精神病人在不断辨认或者不能控制自己行为的时候造成危害结果的,不负刑事责任。

这里显然是说不但那些在不能辨认自己行为或不能控制自己行为时的精神病人,造成危害结果时不负刑事责任,而且那些在既不能辨认自己行为又不能控制自己行为时的精神病人,造成危害结果时也不负刑事责任。这种意义下的"或者"我们称为相容的。而不相容的"或者"由它构成的真的选言命题中支命题只有一个是真的。这种选言命题被称为不相容的选言命题。如:

>那次会议是上星期一或者星期二开的。

这里意思显然是说,那次会议是在上星期一和星期二这两天中某一天开的,并且也只是在其中的一天开的。汉语中,不相容的"或者"通常使用"要么……,要么……"来表达,如:

>要么把老虎打死,要么被老虎吃掉

显然,一个相容选言命题为真,其支命题至少有一个真,如果其支命题皆假,则其是假的。而一个不相容的选言命题为真,则它的支命题有也只有一个真,如果其支命题皆真或皆假时,它就是假的。这就说明,这两种选言命题都是真值函项复合命题。

现在,我们引入符号"∨"(称为折取号)来代表相容的"或者",设 p、q 是两个任意命题,它们的折取就记为 p∨q。"∨"的真值表见表7。

表7 真值表

p	q	p∨q
T	T	T
T	F	T
F	T	T
F	F	F

我们还可引入"$\veebar$"（称为不相容的折取号）表示日常语言中不相容选言命题的联结符,则其真值表见表8。

表8 真值表

p	q	p$\veebar$q
T	T	F
T	F	T
F	T	T
F	F	F

（四）如果,那么和只有,才

由"如果,那么"所构成的复合命题称为充分条件命题。其中,位于"如果"与"那么"之间的命题称作充分条件命题的前件,而位于"那么"之后的命题称作充分命题的"后件"(注意:这里我们仅只是根据位置的不同来区分充分条件命题的前、后件的)。譬如:"如果金属摩擦,那么金属就会生热。"就是一个充分条件命题。其中,"金属摩擦"是它的前件,而"金属生热"是它的后件。

充分条件命题只是断定前、后件之间在真、假上的一种必然联系,即前件真时,后件也真,或者说不会有前件真而后件假的情况。充分条件命题并不断定前件事实上是真的,也不断定后件事实上是真的。如上例,该命题并不断定金属事实上在摩擦,也未断定金属确实在生热。它只是说,如果"金属摩擦"是真的,那么"金属生热"也就一定是真的。因而,这类命题传统上称为"假言命题"。

在日常语言中,由"如果,那么"所构成的命题在意义上或许是有差别的。例如:

A:如果凡金属都导电并且铁是金属,那么铁导电。
B:如果这个图形是三角形,那么它有三条边。
C:如果铅放入火中,那么铅就会熔化。
D:如果祖国遇到危难,那么我就挺身而出。

其中,A断定了它的前、后件之间有一种逻辑联系,即其后件可从前件逻辑地推出。B断定了它的前后件之间有一种定义上的联系,即B的后件可根据"三角形"的定义从其前件导出。而C则断定了它的前、后件之间有一种因果关系。因为其后件从前件得出,既不能根据逻辑也不能根据定义,这样的联系必须在实验中才能发现。最后,D所断定的是它的前、后件有一种决定性的联系。它表达了言谈者在某一特殊情况下,他将采取一种什么样的行为。但是,上述所有条件命题都有一种共同的相类似的性质。譬如对D来说,如果祖国在遇到危难时,而其言谈者却并未挺身而出,那么D就是假的;假如铅放在火中却并没有熔化,那么C就是假的。同样的考虑也适用于 A 和 B。这就说明,任何一个条件命题"如果 p,则 q"已知为假,是在 p∧¬q 这一合取为真(即它的前件为真而后件为假)时。因而,一个条件命题为真时,以上指明的合取则必定为假,亦即该合取的否定¬(p∧¬q)必定是真的。换言之,任一条件命题"如果 p,则 q"是真的,那么其前件与后件的否定所构成的合取的否定。即¬(p∧¬q)也必定是真的。因而,我们可以把¬(p∧¬q)看作"如果 p,则 q"的实质意义。这正是所有充分条件命题共同具有的特征。

现在我们介绍符号"→",它用来取代"如果,那么","p→q"就读作"如果 p,则 q","→"是一个真值函数连接词,其真值表见表 9。

表 9 真值表

p	q	p→q
T	T	T
T	F	F
F	T	T
F	F	T

此表亦是"→"的定义。从表上可看出,只有在 p 真、q 假时,p→q 才是假的,其他情况都是真的。由这一真值表所规定的符号"→",我们称为"实质蕴涵号",而"p→q"严格说来应该读为"p 实质蕴涵 q"。

显然,"→"与日常语言中"如果,那么"的用法并不相同。首先,由于其连接的 p,q 可以是任意的两个命题,因而,实质蕴涵并不要求它的前后件必须有一种内容上或事理上的联系。然而,日常语言中"如果,那么"的使用却不是这样。譬如,人们很难接受下述命题是一个真命题:

如果 2+2=4,那么北京是个大城市。

但根据上述真值表,它却是真的。

其次,从表 9 可以看出,如果 p 是假的,那么 p→q 总是真的。但是日常语言中一个条件命题是真的,我们不会把它的真归结为有着一个假的前件的缘故。譬如,对于上述例子 D,我们不会说,正是由于祖国现在没有遇到危难即(即 D 的前件假),所以命题 D"如果祖国遇危难,那么我就挺身而出"是真的。断定 D 是真的,只有在祖国遇到危难时,而我确是挺身而出了。因而,通常人们总是从前件真时来考虑和讨论一个充分条件命题的真假的。从这个意义上来说,日常语言中的充分条件命题(至少上述所有例子)不是真值函项复合命题。或者像某些逻辑家所认为的那样,它们仅仅是与假值有关的真值函项。因为如果前件真而后件假,那么这些条件命题的每一个就都是假的,但是前件或后件的真或假的各种结合却都不是真的充分命题。

然而,实质蕴涵并非是人们主观上任意编造出来的东西,它仍然是人们在思维实际中进行高度抽象概括的结果。譬如,考察下例:

如果这盘棋能赢,那么太阳就会从西边出来。

显然,这时它的前、后件之间并没有任何内容上的联系,但却仍然是一个有意义的条件命题。或许这个命题实质上是断定了这盘棋你不可能赢。但是,如果这盘棋你赢了,而太阳并未从西边升起,那么该命题就是假的。而其他情况下它都是真的。换言之,它是一个实质蕴涵命题。特别是,实质蕴涵在数学中的运用更为突出。因而,为了尽可能适用于各类充分条件命题,实质蕴涵实际上是做出了最普遍也是最弱的概括,即只从前、后件的真、假联系来考察整个命题,而舍弃了其他各种意义上的联系。以后,在把命题以及推理符号化时,我们将把"如果,那么"的任一出现都用逻辑符号"→"来代替。这意味着我们将把所有的充分条件命题都按实质蕴涵来处理。之所以这样做,除了由于实质蕴涵保持有所有充分条件命题所共同具有的那种意义,即否定了其前件真而后件假的情况之外,还在于这对我们检验包含有充分条件命题的推理有效性或非有效性来说是已足够的了。

日常语言中,"假如……,那么……""倘若……,则……""只要……,就……""一旦……,就……""当……的时候,就……"等都可用以构成条件命题。因而我们把它们看作在逻辑上与"如果,那么"是同义的,从而都可用符号"→"来替换。

由"只有,才"构成的条件命题称为必要条件命题。它断定,一事物情况存在是另一事物情况存在的必不可少的条件。即若少了前一情况,则不会有后一情况,则称称前一情况是后一情况的必要条件,如"只有买奖券,你才能中奖"这一命题是说,"买奖券"是"你能中奖"的必不可少的前提条件,因为若你没有买奖券,则你任何时候也不可能中奖。日常语言中,类似的连接词还有:

不……不……

必须……才……

除非……不……

……

充分条件命题和必要条件命题在逻辑上有一种必然联系。即,当你断定前一情况是另一情况的充分条件时,逻辑上也就等同于你断定后一情况是前一情况的必要条件,反之亦然。例如,当你说"天下雨"是"地湿"的充分条件(如果天下雨,则地湿),也就等同于说"地湿"是"天下雨"的必要条件。(只有地湿,天才会下雨)。因而,我们就可使用反蕴涵号"←"来表达"只有,才"。其真值表见表10。

表10 真值表

p	q	p←q
T	T	T
T	F	T
F	T	F
F	F	T

由于在逻辑形式上"p→q"和"q←p"实质上并无不同(只是"→"的指向顺序上不同),因而,为了逻辑讨论上的经济原则,以下我们把必要条件命题并入充分条件命题一起讨论。

(五) 当且仅当

由连接词"当且仅当"所构成的命题我们称为等值命题。等值命题断定由其连接词所联结的命题真值是相同的,即,其组成命题,要真都真,要假都假。譬如:

a 是偶数当且仅当 a 能被 2 整除。

等值命题在一般逻辑书中亦称为"充分必要条件假言命题"。因为,如上例它不但断定了"a 能被 2 整除"是"a 是偶数"的充分条件而且还断定了前者是后者的必要条件。

由前面可知:如果 p 是 q 的充分条件,则我们有 p→q,同时 q 亦是 p 的必要条件;如果 p 是 q 的必要条件,我们有着 q→p,而这时 q 亦是 p 的充分条件。因此,如果 p 是 q 的充分且必要条件,那么 q 就是 p 的必要且充分条件(或者我们说 q 也是 p 的充分且必要条件,因为"且"是可交换的)。由此,我们可引入符号"↔"(读作等值号,或双蕴涵号)表示"当且仅当",其真值表见表 11:

表 11 真值表

p	q	p↔q
T	T	T
T	F	F
F	T	F
F	F	T

显然,如果其支命题是同真或同假的,由"↔"所构成的命题为真,否则就为假。此真值表亦可作为"↔"的定义。

二、复合命题的真值

前面我们介绍了五个命题联结词,它们是"¬","∨","∧","→"和"↔"。在符号化命题时它们依次用于代替"并非"、"或者"、"并且"、"如果,那么"和"当且仅当"。这些真值函项联结词的定义可概括如下:

¬p 的真值同 p 相反。(定义 1)

p∧q 是真的当且仅当 p 和 q 都是真的。(定义 2)

p∨q 是假的当且仅当 p 和 q 都是假的。(定义 3)

p→q 是假的当且仅当 p 是真的而 q 是假的。(定义 4)

p↔q 是真的当且仅当 p 和 q 是真、假相同。(定义 5)

运用这些定义便可确定那些有着更加复杂结构的命题的真值。但我们首先应把这些命题符号化。为此,我们引入新的符号"A、B、C……",它们称作命题常项。因为它们中每一个所替换的只是某一特定命题,或者只看作是某一特定命题的缩记。并且为了不致引起歧义,我们将使用括号以表示联结词管辖的范围。例如,通过添加括号,就可把"¬A∨B"和¬(A∨B)两个命题加以区别。譬如,下述命题:

21 能被 9 整除当且仅当它能被 3 整除也能被 6 整除。

如果令 A:21 能被 9 整除;B:21 能被 3 整除;C:21 能被 6 整除,则这一命题可符号化为:

A↔(B∧C)

现在,为了确定该复合命题的真值,我们首先应给出其支命题的真值。令"F"为假,"T"为真。显然 A 是 F,B 是 T 而 C 是 F。然后,用这些给定的真值做相应的代入,再根据上述定义逐步确定该命题各组合命题的真值,直至最终给出该命题的真值,其步骤如下:

F↔(T∧F)

F↔F　　根据定义 3

T　　根据定义 5

最后的那个 T 表明,上述命题真值为真。

如果把 A 解释为一个真命题,B 解释为一个假命题,那么为确定下述命题的真值:

¬(A→(B∧¬¬B))

根据上述步骤。则有:

¬(T→(F∧¬¬F))

¬(T→(F∧¬T))　　　根据定义 1

¬(T→(F∧F))　　　根据定义 1

¬(T→F)　　根据定义 2

¬F　　根据定义 4

T　　根据定义 1

因而,由给定的真值,该命题为真。

三、逻辑重言式和矛盾式

在上述五个连接词中,除了"¬"是一目连接词(即联结一个命题的),其他四个都是两目的(即联结两个命题的)。如果给出两个命题,它们的真值可能组合就有 $2^2=4$ 种情况。即 TT,TF,FT,FF(如果给出 n 个命题,其真值可能组合就有 2^n

种)。由于它们真值的每一种组合又决定了由它们所构成的命题的真、假值,这样,就共有 16(4^2)种不同的情况。现列出如下(表 12)。

表 12　组合情况

p	q	1	2	3	4	5	6	7	8
		p∧q	p∨q	p→q	q→p	p↔q	¬(p∧q)	¬(p∨q)	¬(p→q)
T	T	T	T	T	T	T	F	F	F
T	F	F	T	F	T	F	T	F	T
F	T	F	T	T	F	F	T	F	F
F	F	F	F	T	T	T	T	T	F

p	q	9	10	11	12	13	14	15	16
		¬(q→p)	¬(p↔q)	p	q	¬p	¬q		
T	T	F	F	T	T	F	F	F	T
T	F	F	T	T	F	F	T	F	T
F	T	T	T	F	T	T	F	F	T
F	F	F	F	F	F	T	T	F	T

其中,1 至 5 列出了由四个两目连接词所构成的复合命题,6 至 10 列出了前面各命题的否定式。11 和 12 与 p、q 等同,13 和 14 则是它们的否定式。现在让我们看最后两列。

第 15 列下面全是 F,相应的命题形式我们称为矛盾式(或恒假式)。例如:利用下述真值表表 13 可判定 p∧¬p 是一矛盾式:

表 13　真值表

p	¬p	p∧¬p
T	F	F
F	T	F

可见,矛盾式是一种特殊的必定为假的真数函项复合,它们的真值表中该公式下面都是 F。因而,对矛盾式,不论用什么样的命题替换其中的命题变项,或者说,无论对该形式中的变项赋予什么样的真值,其结果总是为假。

而第 16 行下面全是 T。相应的命题形式我们称为重言式(或永真式)。根据表表 14 不难看出:p∨¬p 是一重言式:

表 14　真值表

p	¬p	p∨¬p
T	F	T
F	T	T

可见，重言式是一种特殊的必然为真的真值函数复合。它们的真值表中该公式下面都是 T。因而，不论这种命题形式中的变项的值取真或取假，其结果总为真。这样，如果我们用具体的命题来替换其中的命题变项，我们总得到一个真命题。如以"明天下雨"来替换 p，p∨¬p 则为"明天下雨或者明天不下雨"。显然这一命题是必定真的。因而也可以说，重言式也就是具有该形式的命题都是真命题的命题形式。不难判定，p→p，¬(p∧¬p)也都是重言式。

在命题逻辑中，重言式是一个重要的概念。因为它们都是命题逻辑中的逻辑规律（或"逻辑真理"）。如 p→p，p∨¬p，¬(p∧¬p)就是同一律、排中律、矛盾律在命题逻辑中的体现。同时它还为命题推理的理论提供了基础。后面我们将会看到，由于命题逻辑的推理都可化作一个蕴涵式，因而借助重言式的概念，我们便可检验命题推理的有效或非有效性。

四、逻辑等值

根据前面所讨论的内容，现在可建立如下定义：如果两个命题所构成的等值式是一重言式，那么它们是逻辑等值的。表达"双重否定原则"的 p↔¬¬p 由表 15 可知是一重言式。

表 15　重言式

p	¬p	¬¬p	p↔¬¬p
T	F	T	T
F	T	F	T

因而 p 逻辑等值于¬¬p。

如果两个命题是逻辑等值的，通常说来，这两个命题的意义相同，即一个所表达的也正是另一个所表达的。在日常语言中，常有"换一句话说"的说法，从逻辑上看，这时就表示其前后两句话是逻辑等值的。

下面给出一些重要的逻辑等值的例子：

(1) (p→q)↔¬(p∧¬q)。

其真值表证明如下(表16)：

表16 真值表

(p→q)↔¬(p∧¬q)
T　TTTTT　FFT
TFF　　TF　　TTTF
FT　　TTT　　FFFT
FTF　　TT　　FFTF
①③②　　⑨⑧　　④⑦⑥⑤

上述真值表我们采用了简便的记法，我们省去 p 和 q 的纵排，而把它们的真值直接写在它们的位置下面。表16下面标号①～⑨说明了我们是如何依次填写其支命题的真值以致最后确定该命题的真值的。(1)说明,实质蕴涵(p→q)与所有条件命题所共同具有的那种逻辑特征¬(p∧¬q)意义相同。

(2)¬(p∨q)↔¬p∧¬q。

其真值表见表17：

表17 真值表

¬(p∨q)↔(¬p∧¬q)
F　　　T　　　TTTFTFFT
F　　　TTF　　TFTFTF
F　　　FT　　　TTTFFFT
T　　　FFF　　TTFTTF

(2)说明，否定一个选言命题，结果得到一个相应的联言命题。譬如：

"并非零或是质数或是合数"等值于"零既不是质数也不是合数。"

(3)¬(p∧q)↔(¬p∨¬q)。

其真值表从略。

通过(3)说明，否定一个联言命题，结果是一个相应的选言命题。譬如：

"并非今天既有风又有雨"等值于"或者今天无风或者今天无雨"。

(4)(p→q)↔(¬p∨q)。

其真值表从略。

(4)揭示了实质蕴涵的特征。它表明:说"p 实质蕴涵 q"等于说"p 假或者 q 真"，因而，通常人们把"¬p∨q"作为 p→q 的定义。

(3)和(4)亦即人们所熟知的德·摩根律。它们是由英国数学家和逻辑学家德·摩根(Augustus De Morgan)首次明确提出来的。

(5)$(p \leftrightarrow q) \leftrightarrow (p \rightarrow q) \wedge (q \rightarrow p)$。

(5)表明,断定 p 和 q 等值,或者,说"p 当且仅当 q"等于说"如果 p,则 q,并且,如果 q,则 p"。因而等值命题互为充分条件与必要条件。譬如:

"a 是偶数当且仅当它能被 2 整除"。

等值于:

"如果 a 是偶数,则它能被 2 整除,并且如果 a 能被 2 整除,则它是偶数。"

或等值于:

"如果 a 是偶数,则它能被 2 整除,并且只有 a 是偶数,它才能被 2 整除。"

或等值于:

"只有 a 是偶数,a 才能被 2 整除,并且只有 a 能被 2 整除,它才是偶数。"

其真值表从略。

第二节 复合命题推理

复合命题推理是根据复合命题的逻辑性质或真值特征而进行的推理。下面是以不同种类复合命题为前提(或结论)基本的有效推理形式。

一、联言推理

联言推理是以联言命题为前提或结论,并依据联言命题的逻辑性质所进行的推理。

联言命题的逻辑性质为:支命题同真时,联言命题为真;联言命题为真时,每一支命题为真。由此可以得出联言推理的规则:①由一个联言命题为真,可推知其中某一个联言支为真;②由各个支命题为真,可推知它们所构成的联言命题为真。

根据联言推理的规则,联言推理有两个有效式,即组合式和分解式。

(一)组合式联言推理

组合式联言推理又叫合成式联言推理,是以联言命题的全部支命题为前提,根据联言命题的逻辑性质,推出一个联言命题为结论的推理。

例如:

法院是执法机关,

检察院是执法机关，
所以，法院和检察院都是执法机关。

组合式联言推理的一般逻辑形式为：

p
q
或（p，q）→（p∧q）
∴ p∧q

(二)分解式联言推理

分解式联言推理是以一个联言命题为前提，根据联言命题的逻辑性质，推出该命题的某一个支命题为结论的推理。

例如：

人民警察既要有较强的业务素质，又要有较高的政治素质。
所以，人民警察要有较高的政治素质。

分解式联言推理的一般逻辑形式为：

p∧q
或（p∧q）→ p
∴ p

可见，联言推理在结构上是比较简单的一种推理形式，尽管如此，它在人们思维活动中的作用不容忽视。组合式联言推理的意义在于把分散的事物的各方面知识综合起来，从而形成比较完整的全面的知识；分解式联言推理的意义在于把总体知识中的侧重点强调出来，做到重点突出。

联言推理经常被应用于司法工作中，很多法律条文本身就是联言命题，在使用这些法律条文处理具体案件时，为了获得裁判具体案件所需的法律前提，就要用到联言推理。

例如，我国《刑法》规定：一切危害国家主权、领土完整和安全，分裂国家、颠覆人民民主专政的政权和推翻社会主义制度，破坏社会秩序和经济秩序，侵犯国有财产或者劳动群众集体所有的财产，侵犯公民私人所有的财产，侵犯公民的人身权利、民主权利和其他权利，以及其他危害社会的权利，依照法律应当受刑罚处罚的，都是犯罪。所以，犯罪不仅是危害社会的行为，而且是依照法律应当受刑罚处罚的行为。

又如，我国《刑法》规定：犯罪的时候不满18周岁的人和审判的时候怀孕的妇女，不适用死刑。所以，根据法律犯罪的时候不满18周岁的人不适用死刑。

在刑事侦查工作中也常用联言推理。例如在一般凶杀案中，根据任何一个杀人凶手都具有杀人动机、作案时间、作案手段等，运用联言推理的分解式推出：凡杀人凶手都具有作案时间。这就从作案人应具有的多个必要条件中突出了其中的一个条件，以此作为侦查的突破口。

二、选言推理

选言推理是以选言命题为前提或结论,并依据选言命题的逻辑性质所进行的推理。由于选言命题有相容和不相容之分,与之相对应,选言推理有相容选言推理和不相容选言推理两种。

(一)相容选言推理

相容选言推理是以相容选言命题为前提或结论,并依据相容选言命题的逻辑性质所进行的推理。

相容选言命题的逻辑性质为:一个为真的相容选言命题,它的各个支命题中至少一真,也可能同真。由此可以得出相容选言推理的规则:①否定一部分选言肢,就要肯定另一部分选言肢;②肯定一部分选言肢,不能否定另一部分选言肢。

根据规则,相容选言推理只有一种有效式,即否定肯定式。否定肯定式是前提否定相容选言命题的一部分选言肢,进而结论肯定其余选言肢的推理形式。其一般逻辑式为:

$p \vee q$

$\neg p$

或 $(p \vee q) \wedge \neg p \rightarrow q$

$\therefore q$

例如:

青少年犯罪或者是因为家庭原因,或者是因为学校原因,或者因为社会原因,

刘某犯罪不是因为学校原因,也不是因为社会原因;

所以,刘某犯罪是因为家庭原因。

其结构式为:

$((p \vee q \vee r) \wedge (\neg q \wedge \neg r)) \rightarrow p$

(二)不相容选言推理

不相容选言推理是以不相容选言命题为一般性前提,并依据不相容选言命题的逻辑性质所进行的推理。

不相容选言命题的逻辑性质为:一个为真的不相容选言命题,它的各个支命题中必有一真,且只有一真。由此可以得出不相容选言推理的规则:①否定一部分选言肢,就要肯定其余选言肢;②肯定一个选言肢,就要否定其余选言肢。

根据规则,不相容选言推理有两种有效式,即否定肯定式和肯定否定式。

(1)否定肯定式否定肯定式是前提否定不相容选言命题的一部分选言肢,进而结论肯定其余选言肢的推理形式。其一般逻辑式为:

$p \dot\vee q$

¬p

或 $(p \dot\vee q) \wedge \neg p \to q$

∴ q

例如：

某人非正常死亡，要么是自杀，要么是他杀，要么是意外事故，
<u>某人非正常死亡不是自杀，也不是他杀；</u>
所以，某人非正常死亡是意外事故。

其结构式为：

$[(p \dot\vee q \dot\vee r) \wedge (\neg p \wedge \neg q)] \to r$

(2) 肯定否定式 肯定否定式是前提肯定不相容选言命题的一个选言肢，进而结论否定其余选言肢的推理形式。其一般逻辑式为：

$p \dot\vee q$

p

或 $(p \dot\vee q) \wedge p \to \neg q$

∴ ¬q

例如：

某人非正常死亡，要么是自杀，要么是他杀，要么是意外事故，
<u>某人非正常死亡是他杀；</u>
所以，某人非正常死亡不是自杀也不是意外事故。

其结构式为：

$[(p \dot\vee q \dot\vee r) \wedge q] \to (\neg p \wedge \neg r)$

选言推理在法院判决和法庭论辩等诉讼证明中具有重要作用。由于一个为真的选言命题至少有一个选言肢为真，因而在排除一些选言肢以后，剩下的选言肢就是推出的结论。例如，某被告人或者是犯故意杀人罪或者是犯过失致人死亡罪，经查明该被告人不是犯故意杀人罪，所以，某被告人是犯过失致人死亡罪。

在刑事侦查工作中常用选言推理。侦查员可以根据事实排除一部分选言肢从而得出肯定的结论。具体的案情往往是错综复杂的，罪犯几乎都是在极其隐蔽的情况下作案的，甚至制造种种假象进行反侦查。因而，人们不可能一开始就对整个案情或某些环节上做出肯定或否定的判断，人们只能根据已掌握的情况，估计案情的各种可能性。一般说来，在侦查工作初期，用足够的证据来肯定某一选言肢为真是比较困难的，但根据现场勘查和侦查获得的材料排除一部分选言肢可能比较容易。如果能够排除一些选言肢，那就排除了一些可能性，缩小了侦查范围，突出了重点嫌疑对象和侦破方向。例如，某一案件涉及人命，就应查明死因及凶犯。侦查员根据掌握的情况，可以提出一切可能的情况，再根据已掌握的情况，排除一部分

可能性,最后把没有排除的可能性,作为侦查工作的主攻方向。

三、条件推理

条件推理是以条件命题为前提,并依据条件命题的逻辑性质所进行的推理。由于条件命题分为充分条件命题、必要条件命题和充分必要条件命题三种,与此相对应,条件推理也有三种:充分条件推理、必要条件推理和充分必要条件推理。

（一）充分条件推理

充分条件推理是以充分条件命题为前提,并依据充分条件命题的逻辑性质所进行的推理。

由充分条件命题的逻辑性质可知,一个为真的充分条件命题,其前后件之间的真假关系有以下情形:①前件真时,后件必真;后件假时,前件不定;②前件假时,后件不定;后件假时,前件必假。

由此可以得出充分条件推理的两条规则:①肯定前件就要肯定后件;肯定后件却不能肯定前件;②否定后件就要否定前件;否定前件却不能否定后件。

根据规则,充分条件推理有两种有效式,即肯定前件式和否定后件式。

(1)肯定前件式。肯定前件式就是前提中肯定充分条件命题的前件,结论肯定其后件的推理形式。其一般逻辑形式为:

$$p \to q$$
$$p$$
$$\text{或}[(p \to q) \land p] \to q$$
$$\therefore q$$

例如:

如果某甲的行为构成过失杀人罪,那么他将被判处五年以下有期徒刑,

<u>某甲的行为构成过失杀人罪;</u>

所以,某甲将被判处五年以下有期徒刑。

(2)否定后件式。否定后件式就是前提中否定充分条件命题的后件,结论否定其前件的推理形式。其一般逻辑形式为:

$$p \to q$$
$$\neg q$$
$$\text{或}[(p \to q) \land \neg q] \to \neg p$$
$$\therefore \neg p$$

例如:

如果某人的行为不具有社会危害性,那么他的行为不是犯罪,

<u>某人的行为是犯罪;</u>

所以,某人的行为具有社会危害性。

(二) 必要条件推理

必要条件推理是以必要条件命题为前提,并依据必要条件命题的逻辑性质所进行的推理。

由必要条件命题的逻辑性质可知,一个为真的必要条件命题,其前后件之间的真假关系有以下两种情形:①前件假时,后件必假;前件真时,后件不定;②后件真时,前件必真;后件假时,前件不定。

由此可以得出必要条件推理的两条规则:①肯定后件就要肯定前件;否定后件不能否定前件;②肯定前件不能肯定后件;否定前件就要否定后件。

根据规则,必要条件推理有两种有效式,即否定前件式和肯定后件式。

(1) 否定前件式。否定前件式就是前提中否定必要条件命题的前件,结论否定其后件的推理形式。其一般逻辑形式为:

$p \leftarrow q$
$\neg p$
或 $[(p \leftarrow q) \land \neg p] \rightarrow \neg q$
$\therefore \neg q$

例如:

只有违法行为,才能构成犯罪,
王某的行为不是违法行为,
所以,王某的行为不构成犯罪。

(2) 肯定后件式。肯定后件式就是前提中肯定必要条件命题的后件,结论肯定其前件的推理形式。其一般逻辑形式为:

$p \leftarrow q$
q
或 $[(p \leftarrow q) \land q] \rightarrow p$
$\therefore p$

例如:

只有这个死者是进食后不久死亡的,其胃内才会有大量未消化的食物,
这个死者胃内有大量未消化的食物,
所以,这个死者是进食后不久死亡的。

(三) 充分必要条件推理

充分必要条件推理是以充分必要条件命题为前提,并依据充分必要条件命题的逻辑性质所进行的推理。

由充分必要条件命题的逻辑性质可知,一个为真的充分必要条件命题,其前后件之间的真假关系有以下两种情形:①前件真时,后件必真;前件假时,后件必假;②后件真时,前件必真;后件假时,前件必假。

由此可以得出必要条件推理的两条规则：①肯定前件就要肯定后件；肯定后件就要肯定前件；②否定前件就要否定后件；否定后件就要否定前件。

根据规则，充分必要条件推理有四种有效式，即肯定前件式、否定前件式、肯定后件式、否定后件式。

(1)肯定前件式。肯定前件式就是前提中肯定充分必要条件命题的前件，结论肯定其后件的推理形式。其一般逻辑形式为：

  p⟷q
  p
  或〔(p⟷q)∧p〕→q
  ∴q

例如：

  当且仅当某甲故意实施了非法伤害他人身体的行为，某甲才犯故意伤害罪，
  某甲故意实施了非法伤害他人身体的行为，
  所以，某甲犯故意伤害罪。

(2)否定前件式。否定前件式就是前提中否定充分必要条件命题的前件，结论否定其后件的推理形式。其一般逻辑形式为：

  p⟷q
  ¬p
  或〔(p⟷q)∧¬p〕→¬q
  ∴¬q

例如：

  当且仅当某甲故意实施了非法伤害他人身体的行为，某甲才犯故意伤害罪，
  某甲没有故意实施非法伤害他人身体的行为，
  所以，某甲的行为不构成故意伤害罪。

(3)肯定后件式。肯定后件式就是前提中肯定充分必要条件命题的后件，结论肯定其前件的推理形式。其一般逻辑形式为：

  p⟷q
  q
  或〔(p⟷q)∧q〕→p
  ∴p

例如：

  当且仅当某甲故意实施了非法伤害他人身体的行为，某甲才犯故意伤害罪，
  某甲犯故意伤害罪，
  所以，某甲故意实施了非法伤害他人身体的行为。

(4)否定后件式。否定后件式就是前提中否定充分必要条件命题的后件,结论否定其前件的推理形式。其一般逻辑形式为:

$p \longleftrightarrow q$
$\neg q$
或$[(p \longleftrightarrow q) \wedge \neg q] \rightarrow \neg p$
$\therefore \neg p$

例如:

当且仅当某甲故意实施了非法伤害他人身体的行为,某甲才犯故意伤害罪,

<u>某甲没有犯故意伤害罪,</u>
所以,某甲没有故意实施非法伤害他人身体的行为。

在司法工作中,条件推理的运用极为普遍,有些法律条文实际上就是条件命题,因此,在适用这些法律条文处理具体案件时,在以这些法律条文为根据进行法庭辩论或司法判决时,就要运用条件推理。在诉讼证明中,经常使用充分条件推理的肯定前件式以证明其诉讼主张,运用其否定后件式以反驳对方的诉讼主张。

例如:

建筑物或者其他设施以及建筑物上的搁置物、悬挂物发生倒塌、脱落、坠落造成他人损害的,它的所有人或者管理人应当承担民事责任,但是能够证明自己没有过错的除外(《民法通则》第一百二十六条)。

<u>受害人受到的损害是建筑物上的悬挂物发生脱落造成的,并且他们的所有人或者管理人不能证明自己没有过错;</u>
所以,它的所有人或者管理人应当承担民事责任。

四、反三段论推理

反三段论推理即前提和结论均为充分条件命题,而充分条件命题的前件是联言命题,且根据充分条件命题和联言命题的逻辑性质由前提必然推出结论的推理。

例如:

<u>如果张某有作案时间且有作案动机,那么张某是作案嫌疑人,</u>
所以,如果排除了张某的作案嫌疑,而且知道他有作案动机,那么他没有作案时间。

其结构式为:

$(p \wedge q) \rightarrow r$
$\therefore (\neg r \wedge q) \rightarrow \neg p$

或:$[(p \wedge q) \rightarrow r] \rightarrow [(\neg r \wedge q) \rightarrow \neg p]$

再如:

如果赵某客观上造成了他人损害并且主观上有过错,则赵某应承担民事责任,

所以,如果赵某不应承担民事责任而客观上造成了他人损害,则他主观上没有过错。

其结构式为:

$(p \land q) \to r$
$\therefore (\neg r \land p) \to \neg q$

或:$[(p \land q) \to r] \to [(\neg r \land p) \to \neg q]$

反三段论推理常常用于这种场合:如果几个条件联合起来构成某一情况的充分条件,那么当该情况不出现时,便可推出几个条件中至少有一个条件尚未具备。凡是做这样的推理时,我们就是应用了反三段论推理。

五、二难推理

二难推理是由两个条件命题和一个选言命题作为前提构成的推理。由于它在论辩中能置敌于左右为难的境地,故称二难推理。例如:

神学家们宣称,上帝无所不知、无所不能,我们这个世界就是由这个全知全能的上帝创造出来的。为此,有人提出:上帝能否创造一块连他自己也举不起来的石头?对这一问题的回答就使神学家们陷入两难境地。

如果上帝能够创造一块连他自己也举不起来的石头,那么上帝不是全能的(因为有一块石头他举不起来);

如果上帝不能创造一块连他自己也举不起来的石头,那么上帝也不是全能的(因为有一块石头他创造不出来);

或者上帝能创造出来这块石头,或者上帝不能创造出来这块石头;

总而言之,上帝不是全能的。

上例就是二难推理。它由两个条件命题和一个选言命题所组成。

二难推理有以下四种形式。

(一)简单构成式

二难推理简单构成式是:前提中的选言命题肯定两个条件命题的前件,结论肯定其后件,因两个条件命题的后件相同,所以结论是一个简单命题。如前面所举例子就是简单的构成式。

其结构式为:

$p \to q$
$r \to q$
$p \lor r$
$\therefore q$

或:〔(p→q)∧(r→q)∧(p∨r)〕→q

(二)复杂构成式

二难推理复杂构成式是:前提中的选言命题肯定两个条件命题的前件,结论肯定其后件,因两个条件命题的后件不同,所以结论是一个复合命题。例如:

如果你打人的行为触犯了法律,那么你要受到法律的制裁;
如果你打人的行为没有触犯法律,那么你要受到社会舆论的谴责;
你打人的行为或者触犯了法律,或者没有触犯法律;
所以,你或者受到法律的制裁,或者受到社会舆论的谴责。

其结构式为:

p→r
q→s
p∨q
∴r∨s

或:〔(p→r)∧(q→s)∧(p∨q)〕→(r∨s)

(三)简单破坏式

二难推理简单破坏式是:前提中的选言命题否定两个条件命题的后件,结论否定其前件,因两个条件命题的前件相同,所以结论是一个简单命题。例如:

如果张三是杀人犯,那么他有作案时间;
如果张三是杀人犯,那么他有作案动机;
张三或者没有作案时间,或者没有作案动机;
所以,张三不是杀人犯。

其结构式为:

p→q
p→r
¬q∨¬r
∴¬p

或:〔(p→q)∧(p→r)∧(¬q∨¬r)〕→¬p

(四)复杂破坏式

二难推理复杂破坏式是:前提中的选言命题否定两个条件命题的后件,结论否定其前件,因两个条件命题的前件不同,所以结论是一个复合命题。例如:

如果某司法人员工作认真,那么他能主动搜集较多材料;
如果某司法人员业务熟练,那么他能充分利用这些材料;
某司法人员或者不能主动搜集较多材料,或者不能充分利用这些材料;
所以,某司法人员或者工作不够认真,或者业务不够熟练。

其结构式为:

$$p \rightarrow r$$
$$q \rightarrow s$$
$$\underline{\neg r \vee \neg s}$$
$$\therefore \neg p \vee \neg q$$

或：$[(p \rightarrow r) \wedge (q \rightarrow s) \wedge (\neg r \vee \neg s)] \rightarrow (\neg p \vee \neg q)$

二难推理在司法工作中被广泛使用，特别是在法庭论辩中，二难推理更有其特殊的作用。

日常思维实际中，人们进行二难推理对前提的顺序安排并无特殊要求。选言前提可前可后，条件前提可分开也可合并一起综述，并且二难推理常用省略式表达，其结论一般说来都是显而易见的。

二难推理作为一种论辩方法的确强而有力。因而传统上也有所谓破斥二难推理的方法。但这些方法都不是关于其推理形式，而是针对其实质内容的驳斥。二难推理有一些比喻的形象性称谓，如"双刀法""双角法"，基于后一种叫法，就有所谓"逃角法""锯角法""抵角法"三种破斥方法。

"逃角法"就是指出一个二难推理的选言前提未穷尽事物的可能性，因而难加成立。作为选言前提的两个支命题，除非二者是矛盾关系，否则它们就有可能是假的。例如：

如果生病不吃药就会好，那么吃药是多余的；
如果生病吃药也不会好，那么吃药是无用的；
<u>一个人生病或不吃药就会好或吃药也不会好；</u>
所以，吃药不是多余的就是无用的。

对上述推理我们可指出它的选言前提遗漏了一种可能性，即"生病吃药病会好"。运用逃角法不足以说明原二难推理的结论为假，而只是表明该推理本身并未对结论的有效推出给出充足的理由。

如果选言前提穷尽了事物的可能性，则逃角法就是不适用的了。这时我们可以选择"锯角法"，即指出条件前提至少有一个不成立。例如：

如果课堂上老师讲的是我已经知道的，则它没有扩充我的知识；
如果老师讲的是我不知道的，那么我就理解不到；
<u>课堂上老师讲的是我已知道的或是我不知道的；</u>
所以，学生没必要去听老师讲课。

对此二难推理，我们可指出它的每一个条件前提都未必成立。特别是第二个条件前提，如果老师讲的是学生不知道的，由此得不出，老师所讲的就一定是理解不了的。

第三种破斥方法是"抵角法"，即使用基本相同的素材，但构造出一个与原二难推理结论相反的推论。例如，一个悲观主义者说：

如果结婚则有家室之累，

如果不结婚则寂寞难耐；

或结婚或不结婚；

所以，或有家室之累或寂寞难耐。

针对上述推论，乐观主义者可反驳如下：

如果结婚则不会寂寞难耐；

如果不结婚，则无家室之累；

或者结婚，或者不结婚；

所以，或者不会寂寞难耐或者无家室之累。

基本概念

复合命题　联言命题　选言命题　充分条件命题　必要条件命题　充分必要条件命题　负命题　负命题的等值命题　真值表

练习题

一、分析下列语句的逻辑形式。

1. 如果一个人的行为没有社会危害性，或者情节显著轻微危害不大的，则不认为是犯罪。

2. 行为在客观上虽然造成了损害结果，但不是出于故意或者过失，而是由于不能抗拒或者不能预见的原因所引起的，不是犯罪。

3. 在犯罪过程中，自动放弃犯罪或者自动有效地防止犯罪结果发生的，是犯罪中止。

4. 被判处有期徒刑以上刑罚的犯罪分子，刑罚执行完毕或者赦免以后，在5年以内再犯应当判处有期徒刑以上刑罚之罪的，是累犯，应当从重处罚，但是过失犯罪除外。

5. 明知自己的行为会发生危害社会的结果，并且希望或者放任这种结果发生，因而构成犯罪的，是故意犯罪，应当负刑事责任。

6. 对犯罪分子决定刑罚的时候，应当根据犯罪的事实、犯罪的性质、情节和对社会的危害程度，依照本法的有关规定判处。

7. 精神病人在不能辨认或者不能控制自己行为的时候造成危害结果，经法定程序鉴定的，不负刑事责任，但是应当责令他的家属或者监护人严加看管和医疗。

8. 因不可抗力不能履行合同或者造成他人损害的，不承担民事责任，法律另有规定的除外。

9. 如果他是凶手，那么，他不会不在现场；如果他在现场，那么，他不可能同时又出现在剧院。

10. 如果某甲的证词是真实的,则案件发生时该被告在作案现场;如果某甲的证词是真实的,则案件发生时该被告不在作案现场。

二、指出下列命题各属何种复合命题,试以括号内字母代表其支命题,用适当的联结词将它们符号化。

> **例题**:如果罗马是意大利的首都,并且巴黎是法国的首都,那么,华盛顿不是意大利和法国的首都。
> (L:罗马是意大利首都;B:巴黎是法国首都;H:华盛顿是意大利首都;F:华盛顿是法国首都)
> **解答**:(L∧B)→(¬H∧¬F)

1. 并非逻辑学是有阶级性的(L)
2. 华盛顿是美国的首都而巴黎是法国的首都。(H,M)
3. 纽约是美国的首都,罗马是法国的首都,这些说法都是不对的。(N,R)
4. 或者罗马是法国的首都或者罗马是意大利的首都。(F,I)
5. 如果罗马是法国的首都,那么罗马不是意大利的首都。(F,I)
6. 只有罗马不是法国的首都,罗马才是意大利的首都。(E,F)
7. 罗马是法国的首都当且仅当罗马不是意大利的首都。(F,I)
8. 或者罗马是法国的首都或者罗马是意大利的首都,并且如果罗马不是法国的首都又不是美国的首都,那么罗马就是意大利的首都。(F,I,U)

三、假定符号"$\dot\vee$"表示不相容的折取,试用"¬""∨""∧"给出它的定义并构造出它的真值表。能否运用其它联结词来定义"$\dot\vee$"?如果能的话,试给出不同的定义。

四、根据"¬""∧""∨"的真值表定义,给出下列命题的真值。

> **例题**:¬李白是《长恨歌》的作者∧(李白是《琵琶行》的作者∨白居易是《琵琶行》的作者)
> **解答**:若以T表示真命题;F表示假命题。则上述命题为:
> ¬F∧(F∨T)
> T∧(F∨T)　根据"¬"的定义
> T∧T　根据"∨"的定义
> T　根据"∧"的定义

1. 李白是《琵琶行》的作者∨白居易是《琵琶行》的作者
2. ¬(李白是《琵琶行》的作者∧杜甫是《琵琶行》的作者)
3. ¬李白是《琵琶行》的作者∧¬杜甫是《琵琶行》的作者
4. ¬李白是《琵琶行》的作者∨¬白居易是《琵琶行》的作者
5. (李白是《长恨歌》的作者∧白居易是《琵琶行》的作者)∨(李白是《长恨歌》的作者∧¬白居易是《琵琶行》的作者)
6. 李白是《长恨歌》的作者∧¬(杜甫是《琵琶行》的作者∨白居易是《琵琶行》

的作者)

7.杜甫是《长恨歌》的作者∨(¬白居易是《长恨歌》的作者∨李白是《长恨歌》的作者)

8.¬[(¬李白是《长恨歌》的作者∧白居易是《琵琶行》的作者)∨¬(¬白居易是《琵琶行》的作者∧杜甫是《长恨歌》的作者)]

五、如果 A、B 都是真命题,F、G 都是假命题,给出下述命题的真值。

> 例题:(¬A∨¬F)∧(B∨G)
> 解答:(假∨真)∧(真∨假)(根据"¬"定义)
> 真∧真(根据"∨"定义)
> 真(根据"∧"定义)

1. ¬F∨A
2. ¬B∨G
3. (A∧F)∨(B∧G)
4. ¬(A∧F)∨(B∧G)
5. (A∨F)∧(B∨G)
6. ¬(A∧F)∨¬(B∧G)
7. ¬(A∨B)∧¬(F∧¬G)
8. ¬[(A∧B)∨¬(B∧A)]
9. A→B
10. (A→B)→F
11. [(F→A)→B]→G
12. [A→(F∧G)]→[(A→F)∨(A→G)]

六、如果已知 A、B 为真,C、D 为假,E、F 真值未定,则下述哪些命题的真值可以确定。

> 例题:[(A∨F)∧(¬C∧F)]→B
> 解答:根据"→"定义,只要后件真,则整个命题为真,而不管前件真值如何。由于 B 为真命题,且是整个蕴涵式的后件,因而整个命题的真值必定为真。

1. A∨E
2. C∧F
3. E∨¬E
4. F∧¬F
5. E∧(¬E∨A)
6. (E∨F)∧¬(F∨E)
7. (¬A∨E)∧(¬E∨B)
8. [E∨(F∧A)]∧[(E∨F)∧(E∨A)]

9. E→A

10. (E∧C)→B

11. ¬(A∧E)→(¬A∨¬E)

12. [E→(A∨C)]→[(E→A)→C]

七、指出下面各个推理的种类和推理的形式。

> **例题：** 如果甲赢了这场官司,则因找不到被执行人,所以甲难以得到赔偿;如果甲输了这场官司,则根据法院判决甲亦难以得到赔偿。所以,这场官司无论甲赢或输,都难以得到赔偿。
>
> **解答：** 这是一个二难推理简单构成式,其形式如下。
>
> p→q
> ¬p→q
> p∨¬p
> ∴ q

1. 北京既是我国的政治中心又是我国的文化中心,所以,北京是我国的文化中心。

2. 我们要建设社会主义的物质文明,我们要建设社会主义的精神文明,所以,我们既要建设社会主义的物质文明又要建设社会主义的精神文明。

3. 张华或是篮球队员或是足球队员,张华不是篮球队员,所以,他是个足球队员。

4. 或者是张华没有去过上海,或者是李丽没去过上海,张华去过上海,所以,李丽没去过上海。

5. 如果甲看到乙和丙头上戴的是红帽子,那么甲就会知道自己头上戴的帽子的颜色,但是甲不知道自己头上戴的是什么颜色的帽子,所以,并非乙和丙头上戴的都是红帽子。

6. 如果这辆汽车能行驶,那么它油箱里有油,现在这辆汽车正在行驶,所以,它油箱里肯定有油。

7. 如果这辆汽车油箱里没有油,那么它不能行驶,这辆汽车能行驶,所以,它油箱里面有油。

8. 如果甲队胜了乙队,那么甲队就是冠军,如果甲队是冠军,那么乙队只能是名列第二。所以,如果甲队胜了乙队,那么,乙队只能名列第二。

八、指出下边无效推理的种类和谬误,并运用逻辑类比方法加以反驳。

> **例题：** 如果姚明加入了NBA,则姚明是优秀篮球运动员。
> 姚明是优秀篮球运动员。
> 所以,姚明加入了NBA。
>
> **解答：** 可逻辑类比构造反例如下。
> 如果姚明是乔丹,则姚明是优秀篮球运动员。
> 姚明是优秀篮球运动员。
> 所以,姚明是乔丹。

1. 如果莎士比亚写了《哈姆雷特》,则莎士比亚是伟大作家;莎士比亚是伟大作家,所以他写了《哈姆雷特》。

2. 如果一个数能被9整除,则他能被3整除;20不能被9整除,所以,20也不能被3整除。

3. 巴金或是作家,或是音乐家;巴金是作家,所以,巴金不是音乐家。

九、给出下述二难推理的形式,指出哪一个可被反驳,并说明怎样反驳。

例题:
学而不思则罔,
思而不学则殆,
学而不思或思而不学,
所以,罔或殆。

解答:
这一二难推理为复杂构成式,其形式为:
$p \rightarrow q$
$r \rightarrow s$
$p \vee r$
$\therefore q \vee s$

可运用"逃角法",即指出其选言前提未穷尽对之加以反驳,如,为学之道还有学且思的情况。

---

1. 如果天气热则人难受,如果天气冷则人也难受,天气或热或冷,因之人总是难受。

2. 如果一个演绎推理的结论超出前提的断定范围,那么它是非有效的;如果一个演绎推理的结论没有超出前提的断定范围,那么它没有给我们提供什么新的知识。一个演绎推理或者其结论超出前提的断定范围或者是没有超出,所以它或者是非有效的或者是没有给我们提供什么新的知识。

3. 据说一位雅典的母亲为了试图劝说他的儿子不要介入政界,而给出了如下的一个推论:如果你所说的是正义的,那么人们将会憎恨你;如果你所说的不是正义的,那么上帝将会憎恨你,而你所说的必定是二者中的一种,所以你总会遭到憎恨。她儿子的回答是给出一个相反的二难推理。试给出儿子的推理。

第五章

模态命题及其推理

■ 知识结构图

模态逻辑 { 模态命题概述 { 模态命题的概念 / 模态命题间的种类 }, 真势模态命题 { 真势模态命题的含义及种类 / 真势模态命题的方阵图及其推理 }, 道义模态命题 { 道义模态命题的含义及种类 / 道义模态命题的方阵图及其推理 } }

■ 本章导读

模态命题与非模态命题的主要区别是其真值由它们所包含的模态词的性质所决定的。本章介绍了两种基本类型的模态命题：真势模态命题和道义模态命题，以及根据各自的模态方阵所进行的简单推论。

第一节 模态命题

一、模态命题的概念

模态命题是指包含有各种模态词的命题。模态词"modality"，词源是拉丁文"modus"，原意为"方式""样式"等。通常，对命题不仅区别其真假，还可区别其真假的方式。如真命题就有必然真的和偶然真的。像"2+2=4是必然的"就是必然真;而"甲偶然战胜了乙"就是偶然真。诸如"必然","偶然"等这样一些词我们称之为模态词。一个命题包含不包含模态词会与它的真值相关。如"明天有雨"这一命题是真是假,就看明天事实上是否下雨。明天事实上下雨了,它就为真,明天事实上整天无雨,则它就为假。但是,考虑下面的命题:

    明天可能下雨。

  这一命题的真假就不能简单地视明天事实上是否下雨而定,还要看"可能"一词在其中所起的作用。譬如,即使明天事实上无雨,但只要存在有明天下雨的可能性,我们说这句话仍然为真。显然,模态命题的真假不完全由其支命题的真值所决定。一个命题A假时,"可能A"也可能真,A真时,"必然A"未必真。

  由于模态词可以影响和决定模态命题的真值,因而就引起逻辑学家对其专门的研究,相关的逻辑理论则称为**模态逻辑**。

  模态逻辑有着悠久的历史,最早可追溯到古希腊时期的亚里士多德。亚氏不仅是直言三段论的创立者,而且也是历史上对模态逻辑进行过系统研究的第一位逻辑学家。他在其《工具论》一书中,对模态逻辑讨论的篇幅大过了对非模态逻辑的讨论,这些内容至今仍是逻辑研究的宝贵财富。现代模态逻辑则始于1912年美国逻辑学家露易士(C. I. Lewis)"严格蕴涵"概念的提出。露易士认为,古典逻辑中的"p→q"是实质蕴涵,它根本不能表达自然语言中假言命题(如果p,则q)前后件之间的内在联系。因为,按照古典逻辑的解释,"p→q"(p实质蕴涵q)的定义是"¬p∨q"。而这里的"∨"是不要求p和q之间有意义上的联系。根据这种定义将会出现"凯撒不死"蕴涵"月亮是绿奶酪做的";而"巴黎在法国"却为"伦敦不在英国"所蕴涵等怪论。为了纠正实质蕴涵的缺点,露易士提出了"严格蕴涵"的概念,并把它定义为:

    p严格蕴涵q当且仅当不可能是p真而q假。

  露易士的"严格蕴涵"定义中包含了模态词。因而是一模态命题。据此,露易士建立了多个模态命题逻辑系统,从而为模态逻辑的新发展奠定了基础。今天,模态逻辑已成为现代逻辑成熟的一个分支学科和重要组成部分。

二、模态命题的种类

(一)主观模态命题和客观模态命题

  主观模态命题是用于表示人们对事物情况认识的不同确定程度的命题。例如:

    我可能把书本忘在教室里啦。

  其中,"可能"表达了认识上的一种不确定,无把握性,是人们主观心理的一种反映。

客观模态命题是用于表示事物情况本身发展性质的命题。例如：

  共产主义必然胜利。

它断定了共产主义在社会发展中具有最终会取得胜利的客观必然性。

（二）"话的"模态和"物的"模态

"话的"模态，即命题的模态。它把一个模态词作为表达一个命题的谓词。例如：

  "2+2=4"是必然的。

这里，"必然"一词用于刻画该命题，是整个命题的性质。

"物的"模态，即事物的模态。它把模态词作为命题中主词或谓词中的一部分，用以刻画它们指称对象的性质。例如：

  苏格拉底可能在跑。

这里的"可能"属于物。

显然，这种分类在文法上是有区别的。"话的"模态是模态词用于修饰句子，而"物的"模态是模态词用于修饰一些动词、形容词。但二者在意义上的区别则是难以划清的，有时，一个模态命题究竟是"话的"还是"物的"也是不明确的。

（三）广义模态命题和狭义模态命题

广义模态命题是指包含有各种各样模态词的模态命题。具体来说，有：

（1）真势模态命题。即包含"必然"，"可能"的这些模态词的命题，前面所举的例子都是真势模态命题。

（2）规范（道义）模态命题。即包含"应当""允许""禁止"这些规范词的模态命题。

（3）认知模态命题。即包含"知道""相信"这些认知词的模态命题。

（4）时态命题。即包含"曾经""正在""将要"这些时态（或时间）词的模态命题。

狭义模态命题仅指包含有"必然""可能"这种模态词的模态命题，以下我们所用"模态命题"一词，除非特别指出，仅在狭义使用。

第二节 真势模态命题

一、真势模态命题的定义、种类

真势模态命题就是断定事物可能性或必然性的命题。依据不同标准可有如下分类。

(一) 必然命题和可能命题

根据其包含的模态词的不同可分为必然命题和可能命题。

1. 必然命题

它是断定事物情况必然性的命题,可分为肯定必然命题和否定必然命题。

(1) 肯定必然命题,它是断定事物情况必然存在的命题。例如:

  犯罪嫌疑人必然都有作案时间。

肯定必然命题的逻辑公式为:必然 p,或者 □p。其中,"□"是表示"必然"模态概念的符号。

(2) 否定必然命题,它是判定事物情况必然不存在的命题,例如:

  盗窃罪必然不是过失犯罪。

否定必然命题的逻辑公式为:必然不 p,或者 □¬p。

2. 可能命题

就是断定事物可能性的命题。也可分为肯定可能命题和否定可能命题。

(1) 肯定可能命题,就是断定事物可能存在的命题。例如:

  吸烟可能导致肺癌。

肯定可能命题的公式是:可能 p,或 ◇p。其中,"◇"是表示"可能"模态概念的符号。

(2) 否定可能模态命题,就是断定事物情况可能不存在的命题。例如:

  火星上可能没有生命。

否定可能命题的公式是:可能不 p,或 ◇¬p。

(二) 简单模态命题和复合模态命题

根据模态命题构成情况的不同可分为简单模态命题和复合模态命题。

(1) 简单模态命题。就是只包含有一个模态词,并且其组成命题是一简单命题的模态命题。前面我们所给出的都是简单模态命题。

(2) 复合模态命题。就是包含有不止一个模态词,或其组成命题是一复合命题的模态命题。例如:

  "如果天下雨,则地湿"它是必然的。

它的命题的形式为:□(p→q)。再如:

  如果天必然下雨,则地必定会湿。

它的命题形式为:□p→□q。又如:

  如果某甲必然到过作案现场,则某甲可能是犯罪嫌疑人。

它的命题形式为:□p→◇q。

由于复合模态命题形式繁多,我们不可能把它们全部给出,只能挑出一些较基本和常见的加以说明。

二、真势模态命题间的逻辑方阵图及其推理

(一)简单模态命题间的逻辑关系

必然p,必然不p,可能p,可能不p四种模态命题如同前面所讲的A、E、I、O四种直言命题一样在真假联系上也存在有如图22所示的逻辑关系。

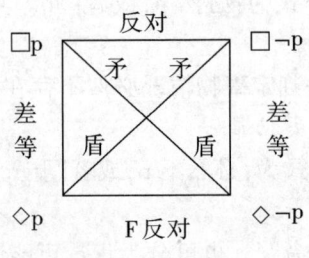

图22 关系图

即:"□p"与"□¬p"是反对关系,二者不能同真,可以同假。"◇p"与"◇¬p"是下反对关系,二者不能同假,可以同真。"□p"与"◇¬p","□¬p"与"◇p"皆为矛盾关系,它们既不能同真,也不能同假,二者真假相反。而"□p"与"◇p","□¬p"与"◇¬p"都为差等关系,即前者真,后者必真,后者假,前者必假,其他情况下真假不确定。

根据图中的矛盾关系就可有下述的等值式:

¬◇¬p↔□p

¬□¬p↔◇p

由此说明,模态词"必然"与"可能"是可相互定义的。另外,我们还可给出逻辑"偶然"的定义。假定符号"△"是"偶然"的翻译,则"△"的定义为:

△p↔◇p∧◇¬p

即"p"为偶然,而且仅当可能p也可能不p。

通常,人们称"□p"(如"明天必然有雨")为必然命题,"◇p"(如"明天可能有雨")为或然命题。而称"p"(如"明天有雨")为实然命题。它们间关系可用图23表示。

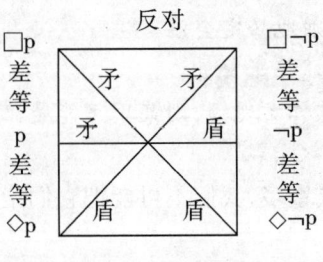

图23 逻辑图

由此,我们就有下述的蕴涵式:

□p→p （即"凡是必然的都会是事实的"）

p→◇p （即"凡是事实的都是有可能的"）

□p→◇p （即"凡是必然的都是有可能的"）

显然,这些公式所表述的与人们的直观是相吻合的。

(二)复合模态命题间的逻辑关系

首先考虑下面的一个公式:

□(p→q)→(□p→□p)

即:"如果 p,则 q 是必然的,则当 p 是必然的时,q 就是必然的。"譬如,"如果一个人是罪犯,则他有作案时间这是必然的,那么,当一个人必定是罪犯时,则他必定也会有作案时间"。但是,要注意区别这样两种情况,一是"如果 p,那么必然 q",这里模态词"必然"只和"q"相结合,它是物的模态;二是"必然如果 p 则 q",这里模态词"必然"属整个蕴涵式的,它是命题的模态。因为,一个命题通常不蕴涵它自身的必然性,即通常我们不认为"p→□p"是一有效式。但每一命题都必然蕴涵它自身。即"□(p→p)"是一个有效式。

当"必然"与析取结合时,我们必须要区别整个析取式的必然,即"□(p∨q)",和其中析取肢的必然,即□p∨□q。因为我们有着"□(p∨¬p)"这一有效式,但□p∨□¬p 却未必是有效的。如,p 是偶然的时候。但是,我们可有着下述蕴涵式:

(□p∨□q)→□(p∨q)

但是,当"必然"与合取结合时,我们有着下述等值式:

□(p∧q)↔□p∧□q

例如:"张三和李四都是罪犯是必然的"等值"张三必然是罪犯并且李四也必然是罪犯"。

当模态词"可能"与合取结合,也要区分整个合取式的可能,即◇(p∧q)与合取肢的可能,即◇p∧◇q。因为,我们可有"◇p∧◇¬p"(当"p"是偶然命题时)却不能有"◇(p∧¬p)"。因为"p∧¬p"作为一种逻辑矛盾,在任何情况下都是不可能的。因此,我们只能有下述较弱的蕴涵式:

◇(p∧q)→(◇p∧◇q)

但,"可能"与析取结合时,我们就有下述等值式:

◇(p∨q)↔◇p∨◇q

例如,"原告打赢官司或者被告打赢官司这是可能的"等值于"原告可能打赢官司或者被告可能打赢官司"。

需要指出的是,根据模态命题间的逻辑关系,我有可进行相应的模态推理。例如"蕴涵关系"成立的,则我们有了蕴涵式的前件,就可推出后件。"等值关系"成立的,其前后件可以互推。"矛盾关系成立的,我们可以一个模命题的真,推另一命题为假,或从一个假,推出另一个真等。因而,下面有关模态推理的知识我们就不再多介绍了。

第三节 道义模态命题

一、道义模态命题的含义

(一)道义模态命题的含义

规范命题就是包含有规范词"应当"("必须"),"允许"("可以""准予")和"禁止"("不准""不得")等规范词的命题。通常,人们可运用这些规范词来确定一些行为规范。例如,我国《宪法》第五条第四款规定:"一切国家机关和武装力量、各政党和各社会团体、各企业事业组织都必须遵守宪法和法律。"这里使用"必须"一词规定了相关的义务。

尽管不同国家、不同人们制定的规范是不同的,但是对规范词的使用却有共同的地方。譬如,没有一个人,或团体认为"应当的"同时又是"不允许的";或者"禁止的"却又是"允许的"。这就为逻辑学对规范概念的研究提供了可能性。

规范逻辑的研究始于 20 世纪初,但直到 1951 年芬兰逻辑学家冯·奈特(Von Wright)发表了《规范逻辑》一文才使得规范逻辑获得极大的进步。此后大多数的讨论都直接或间接源于冯·奈特的工作。

冯·奈特观察到,规范词"应当"与"允许"和"模态词""必然"与"可能"存在着一种有意义的类比。如同必然与可能一样,应当与允许也是相互联系的。一个命题是必然的当且仅当它的否定是不可能,与此类似,一种事态(或行为)p 是应当的,而且仅当¬p 是不允许的。据此,不但可揭示出规范命题相互间的关系,而且还可建立相应的逻辑系统。但把规范逻辑看作只是模态逻辑的一个分支,在今天已被证明是错的。因为规范命题有着专门的含义和指称,人们已经认到对它合理的研究必须深入分析到其中的"行为""时间"等因素。

(二)规范命题的种类

与模态命题相类似,我们可有下述不同规范命题。

1. 必须命题

就是包含有"必须"("应当","有义务"等)规范词的命题,它也可分为肯定的和否定的。

(1)肯定必须命题。例如:

公民应当纳税。

它的逻辑公式为:应当 p 或者 Op。
(2)否定必须命题。例如:
　　一切法律,行政法规和地方性法规应当不同宪法相抵触。
它的逻辑公式为:应当不 p 或者 O¬p。

2. 允许命题

就是包含有"允许"("可以","有权利","有……的自由"等规范词的命题。它也有肯定与否定之分。

(1)肯定允许命题。例如:
　　国家为了公共利益需要,可以依照法律规定对土地实行征用。
肯定允许命题的公式为:允许 p 或者 Pp。
(2)否定允许命题。例如:
　　子女可以不随父姓。
否定允许命题的公式为允许¬p 或者 P¬p。

3. 禁止命题

就是包含有"禁止"("不得","不许"等)规范词的命题。它们通用来设置不得触犯的一些禁令。例如:
　　禁止非法侵入他人住宅。
禁止命题的公式为禁止 p 或者 Fp。

二、规范命题间的逻辑关系及其推理

上述规范命题也有着如图 24 所示的关系。

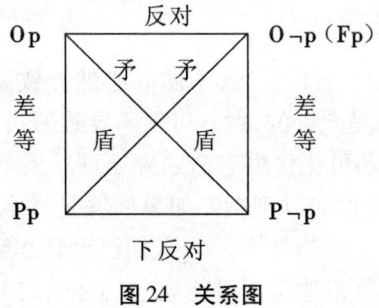

图24　关系图

根据这个方阵可有下述论断:
(1)Op→Pp(即,一种行为是必须的,则它是允许的)。
(2)¬Pp→¬Op(即,一种行为是不允许的,则它是不应当的)。
(3)¬(Op∧Fp)(即,任一行为不能同时既是必须的又是禁止的)。
(4)Pp∧P¬p(即,对任一行为来说,或者做了它是允许的或不做它是允许的)。

(5) Fp→¬Pp(即,一种行为是禁止的,就是不允许的)。
(6) Pp→¬Fp(即,一种行为是允许的,就是不禁止的)。
(7) ¬Fp→Pp(即,一种行为不是禁止的,就是允许的)。
(8) ¬Op→P¬p(即,一种为不是必须做的,就是可以不做的)。

但是,应然命题(Op),或然命题(Pp)和实然命题(p)之间无类似模态命题的关系。如:

Op→p(即凡是应当的,都是事实的)

这一公式在规范逻辑中不能成立。因为,肯定了它就会否定规范的价值和意义,会导致规范逻辑的坍塌。再如:

p→Pp

这一点也不能成立。有人称之为"既成事实原则"。承认了它,就要承认"如果杀了人,即杀人是允许的"这一荒谬论断。

需要指出的是,规范命题涉及的是行为,而不是事物的属性,并且这种命题的使用又与人们的心理有关。因而,我们可以说:"地球应当不再被污染。"因为它表达了人们保护和改善人类生活环境的愿望。但是如果说:"地球应当绕太阳转。"却是难以理解和无意义的。因为客观规律不会因人们的主观愿望而改变。

历史上,也有对规范词作其他解释的,1956 年,安德森(A. R. Anderson)指出,道义逻辑在研究规范概念时,若考虑到它们在实际的规范系统(如法律系统)中的特性是大有裨益的。显然,"惩罚"或"刑罚"是一重要概念。通过引入一个新的符号"S",它的含义为"受到制裁"或"受到惩罚",则可有下述定义:

Op = df □(¬p→S)
Pp = df ◇(p∧¬S)
Fp = df □(p→S)

上述定义说,是义务的,当且仅当,不做 p 必然导致惩罚;p 是禁止的,当且仅当,做 p 必然导致惩罚;p 是允许的,做 p 可以不导致惩罚。这样,就可用模态词来解释规范词,从而规范命题可化作模态命题来处理。但是,由此带来的问题是,规范概念是否都可用模态概念加以刻画?如果回答是肯定的,则规范逻辑只是(真势)模态逻辑的一个子系统。当然,今天,人们已经认识到并加以证明了,这种完全的"化归"是不可能的,规范概念不可能通过"必然","可能"等这样一些模态词充分揭示其意义。

特别是,在规范词和模态词相联通的逻辑系统中,还应承认下述公式的有效性:

Op→◇p

该公式是说,应该 p 蕴涵(或推出)能够 p,更明确些说,凡是应该做的都是能够做的。这与康德(I. Kant)的伦理学观念相联系,因此被称为"康德原则"。显然,这一原则在直觉上是有问题的。譬如,p 如果是一个人根本无能力去做的;则 p 是否为该人应该做的就成问题了。

道义逻辑出现以后,之所以长期引起人们的兴趣,还在于道义逻辑中处处出现着"悖论"。这里所说的悖论是指虽然违反人们直觉,但又可以成为道义逻辑的有效公式。

一个最著名的悖论关系到选言的义务和许可。它是由丹麦哲学家罗斯(Alf Ross)提出的,因之称为"罗斯悖论"。罗斯曾指出,下述公式应是无效的:

$$Op \rightarrow O(p \vee q)$$

因为,我们从"你应该寄去这封信"推不出"你应该寄走这封信或烧掉它"。但该公式在道义逻辑系统中却可成为一个定理。一个相类似的悖论性定理为:

$$Pp \rightarrow P(p \vee q)$$

有的逻辑学家认为,以前道义逻辑系统之所以有悖论,主要在于"义务","允许"这些规范概念的使用都是有条件的。1964 年,冯·奈特把规范概念条件化后,提出了一种新的规范逻辑理论。冯·奈特运用了下述公式:

$$O(A/B)$$

表示:在 B 条件之下应当 A。于是义务(应当)条件化了,称为条件性义务。并且在此基础上,又可给出条件性允许 P(A/B),条件性禁止 F(A/B)等概念。从而可建立一种新的规范逻辑。尽管有些悖论在冯·奈特所提出的这种规范逻辑理论中还未能被真正克服,但他的研究为规范逻辑开辟了一个新的方向。

如何评价和发展规范逻辑?

对此,阿奎斯特(L. Aqvist)曾指出:道义逻辑当前的情况,恰如冯·奈特的所言,对道义逻辑所指明的内容人们仍有着极广泛和浓厚的兴趣。因而不得不有一个新的专门的逻辑学科来研究它。另一方面,由于以下原因,它也仍有应发展的分歧存在:

(1)它的开问题(即回答不止一个问题——引者注)的数量是非常大的。

(2)对这一园地的基本素材仍有更好的争论和不同看法,如,关于对其基本原则的解释和有效性问题。

(3)对道义逻辑虽曾在那些真正的或潜在的规范系统的运用上寄于很大的期望,特别是在道德和法律领域,但现今很难说得到了满意的反应。而只是在细微和有限程度上得以运用。[①]

阿奎斯特进一步指出:假定我们对某个真正的法律系统进行"逻辑的分析"和"理性的重构",譬如对所存在的任何一个商法或刑法的某一相关部分进行这种分

---

① D. Gabbay, F. Guentner: *Handbook of Philosophical Logil Volume* Ⅱ, D. Reidel Publishing Company,1984,p609.

析,那么,你就看出,显然,当前的道义逻辑系统即使是对该法律体系最简单的规则的形式也几乎总是不适宜的。之所以如此,其主要原因是:这些系统的语言只是命题逻辑的,而缺少量化的表达,更为糟糕的是,它们缺少恰当的"时间"因素的对策,这使得它们从法律角度来看是特别无用的。[①] 美国逻辑学家切莱士(B. F. Chellas)也曾指出:对标准道义逻辑及其他关于义务的论述,有两点的批评,一是对它分析的恰当性提出怀疑,二是怀疑它的正确性。对恰当性的怀疑涉及条件义务的表达式。切莱士指出,下述表达条件义务的公式都是不成功的:

$A \to OB$

$O(A \to B)$

$\Box(A \to OB)$

涉及标准道义逻辑正确性的批评有两方面。

一方面,据 O—必然化规则,若 A 是一定理则 OA 也是,因而道义逻辑受约束于这样的观点,即义务总是存在的,不管它们可能是多么地平凡。但我们有理由这样来假定,存在着其中根本没有什么是义务的一些可能世界(当然,它们总该不会是我们自己的世界)。

另一方面,更为严重的是定理:

$\neg(OA \land O \neg A)$

的正确性。道义逻辑是否由此将为相冲突的义务 OA 和 $O \neg A$ 是不是总不相容做出裁决,这是实质性的争论。事实上,可以证明,这种冲突的可能性是某些义务概念的主要特点。[②]

芬兰著名逻辑学家 R. 希尔庇恩(R. Hilpinen)也指出:①规范概念一般用于人类的行为,它们属实践的论述,因而行为概念的逻辑应该形成规范概念逻辑研究的基本部分;②已经表明,与"自然"的必然性不同,一个义务可以同其他义务相冲突,而这种规范冲突的解决是道德论述的重要部分;③如果道义语句被用于指导和控制人们行为,那么它的本质应是"朝前看"的,由此出现义务概念("应当"概念)和时间模态之间的有趣联系。这使人们想到,道义逻辑的诸多问题可通过研究义务概念的相对性加以解决。

根据以上所说,对道义逻辑可有着如下的总结:①引入量词和时态词发展道义逻辑;②寻找"条件义务"恰当的表达式;③与行为概念的逻辑研究相结合;④消除道义逻辑中与真实的规范系统(法律体系,或道德体系)不相符的公式、原则,建立起有助于分析真实规范系统的道义逻辑。

[①] D. Gabbay, F. Guentner: *Handbook of Philosophical Logil Volume* Ⅱ, D. Reidel Publishing Company, 1984, p609.

[②] B.F. 切莱士:《模态逻辑导论》,郑文辉等译,中山大学出版社 1989 年版,第 251—253 页。

第四节 法律规范的逻辑结构

法律规范是指通过法律条文表现出来的具有严密的内在逻辑结构的特殊行为规则。法律规范总是通过一定的结构表现出来。从不同的角度可以对法律规范的结构进行不同的划分：从法律语言的角度存在法律规范文法结构；从法律体系的角度存在法律规范系统结构；从法律规范的组成要素的关系的角度存在法律规范的逻辑结构[①]。本节主要研究法律规范的逻辑结构。法律规范作为行为的尺度和标准，逻辑上必然具有效力。尽管行为标准被适用和服从具有事实上的概然性，存在例外，但是在规范逻辑世界中不存在例外情形。法律规范的这种有效性依赖于其逻辑结构中每个要素的并存同构和互动协调。

法律规范的逻辑结构指组成法律规范的各要素之间存在的逻辑关系。从法理学角度看，学者们研究法律规范的结构主要有三要素说和两要素说两种观点。三要素说认为，法律规范作为一个完整的法律体系或一个法律文件来看，它都包含了这样三个部分，即假定、处理和制裁。其中，"假定"和"处理"这两部分可合称为"行为模式"，"制裁"部分也称之为"法律后果"；就一个具体的法律规范命题而言，则都可分解为"行为模式"和"法律后果"这两部分。假定部分，就是法律规范中指出的、适用该规范的条件或情况的那一部分。所谓"条件"，又包括承受者应具备的特征和要求做出或不做出某种行为所需具备的条件。处理部分，就是规范命令（允许或禁止）承受者做出什么样的行为的那一部分。制裁部分，就是法律规范中规定的、违反该规范将要承担的法律后果的那一部分。也有学者将法律规范分为两部分：行为模式和法律后果。行为模式指法律制定的关于主体如何行为的标准，主要是指法律规范对主体权利义务关系的规定。从总体上可以分为：授权式行为模式、义务式行为模式、权义复合式行为模式。法律后果是指法律对具有法律意义的行为赋予的某种结果，是指法律规范中规定的、人们在做出符合或者违反规范行为时，会带来什么法律后果的部分。可以分为肯定性法律后果和否定性法律后果。

从逻辑上看，一个完整的法律规范命题，总是包含了这样四个方面的内容[②]：第一，确立规范的接受对象。法律规范可能有不同的接受对象与不同的目标，它可能针对公民、法人，也可以只针对法院（或其他国家机构）。规范的接受对象表明该规范是针对谁发出的指令，是对谁提出的行为要求，或者为法官预先规定了具有

[①] 李振江：《法律逻辑学》，郑州大学出版社 2009 年版，第 257 页。
[②] 魏德士：《法理学》，丁晓春等译，法律出版社 2005 年版，第 61 页。

约束力的评价,法官借助它就可以判案。有一些法律规范既是行为规范(针对公民、法人),又是裁判规范(针对法官)。第二,表明规范接受对象应当或不应当做出的是什么样的行为,法律规范可以积极地影响接受对象的特定行为,并进而在其效力范围内调控特定的过程。许多法律规范清晰地表达了这样的当为内容,当为可以分为要求、禁止、允许和免除(义务),命令要求人们为一定行为,禁止则要求人们不为一定行为。允许赋予积极行为的可能性,而免除(义务)则是权利的放弃。第三,指出要求接受者做出或不做出某种行为时所需具备的情况或条件。即有法定事实构成和法律后果安排,一个完整的法律规范首先要描写法定事实构成,然后赋予该事实构成某个法律后果,例如补偿义务、刑罚等。第四,表明法律的评价标准。通过事实构成与法律后果之间的连接,每个法律规范都将表明:在事实构成所描述的事实行为中什么才是适当的、"正义的"。通过事实构成与法律后果的连接,立法者部分地表达出了他们如何组织社会的设想。这样,任何法律规范都包含了立法者的"利益评价",也就是"价值判断",法律适用就意味着在具体的案件中实现法定的价值判断。

我们把一个完整的法律规范(不是指具体的某一个法律规范命题)的结构,表述为这样一个公式:

如果具有性质 T 的人,并且出现情况 W,那么,必须(禁止或允许)C;违者(或侵犯者)处以 S。[①]

但是,这一结构仅仅是就一个法律规范体系来说的。在一个具体的法律规范命题中,很少如此明确、完整地表示出这四个部分的情况。实际生活中,规范的表述形式常常不是完整的。如果规范中没有明确指出该规范的承受者,就表明该规范的承受者是没有预期特征的承受者。如果规范中没有明确指出履行该规范指令的情况、条件,就表明该规范要求在任何情况下都得履行该规范的指令。上述进一步表明,完整的法律规范的结构与具体的法律规范命题(法律条文)的结构,不是一回事。

逻辑结构能够清楚表明法律规范命题断定了什么,对于复杂的法律规范命题尤其重要。如果用现代逻辑公式表示,首先需要把变项指代的内容写出来,即 p、q、r、s 指代什么,然后再写出完整的式子。借助于这样一些符号,我们就可以结合法律条文的语句含义,把一个由自然语言表述的法条表述为一种完全用符号表示的命题逻辑语言形式。

例如:

有抚养能力和抚养条件的继承人,不尽抚养义务的,分配遗产时,应当不分或少分。……

[①] 雍琦:《法律逻辑学》,法律出版社 2007 年版,第 143 页。

这个法律规范的逻辑结构是(p∧q∧r)→O(s∨t),其中,p:(继承人)有抚养能力;q:(继承人)有抚养条件;r:(继承人)不尽抚养义务;s:不分遗产;t:少分遗产。也可以直接用规范的自然语言表达其逻辑结构:如果继承人有抚养能力并且有抚养条件,并且不尽抚养义务,那么应当不分配遗产或少分配遗产。或者表述为:凡是有抚养能力和抚养条件而不尽抚养义务的继承人都应当不分或少分遗产。

■ 基本概念

模态命题 必然命题 可能命题 模态命题的方阵 复合模态命题间的关系 规范命题 必须命题 允许命题 禁止命题 规范命题的方阵 道义逻辑中的"悖论"

■ 练习题

一、给出下列(狭义)模态命题和规范命题的矛盾命题,并且用符号加以表示。

例题: 人可能不犯错误。

解答: 人必然犯错误。

1. 人可能犯错误。
2. 一切物体必然运动。
3. 金属可能不是固体。
4. 贪污罪不可能是过失犯罪。
5. 共产党人应当实事求是。
6. 允许转让土地使用权。
7. 未满十四周岁的人犯罪不应当负刑事责任。
8. 禁止非法持有枪支弹药。

二、试分析下列法律规范命题的逻辑结构。

例题: 一方被宣告失踪,另一方提出离婚诉讼的,应准予离婚。(我国《婚姻法》第三十二条第四款)

解答: 如果(配偶一方被宣告失踪并且配偶另一方提出离婚诉讼的),那么应当准予离婚。

其结构为:(p∧q)→□r

1. 民事应当遵循自愿、公平、等价有偿、诚实信用的原则。(我国《民法通则》第四条)

2. 无民事行为能力人、限制民事行为能力人的监护人是他的法定代理人。(我国《民法通则》第十四条)

3. 被宣告失踪的人重新出现或者确知他的下落,经本人或者利害关系人申请,人民法院应当撤销对他的失踪宣告。(我国《民法通则》第二十二条)

4. 没有代理权、超越代理权或者代理权终止后的行为,只有经过被代理人的追认,被代理人才承担民事责任。(我国《民法通则》第六十六条)

5. 禁止重婚。(我国《婚姻法》第三条第二款)

6. 结婚必须男女双方完全自愿。(我国《婚姻法》第五条部分内容)

7. 子女可以随父姓,可以随母姓。(我国《婚姻法》第二十二条)

8. 夫妻有相互抚养的义务。(《婚姻法》第二十条)

夫妻有相互继承遗产的权利。(《婚姻法》第二十四条)

9. 被继承人的子女先于被继承人死亡的,由被继承人的子女的晚辈直系血亲代位继承。(我国《继承法》第十一条部分内容)

10. 有抚养能力和抚养条件的继承人,不尽抚养义务的,分配遗产时,应当不分或者少分。(我国《继承法》第十三条第四款)

11. 凡在中华人民共和国领域内犯罪的除法律有特别规定的以外,都适用本法。(我国《刑法》第六第第一款)

凡在中华人民共和国船舶或者航空器内犯罪的,也适用本法。(我国《刑法》第六条第二款)

12. 精神病人在不能辨认或者不能控制自己行为的时候造成危害结果,经法定程序鉴定确认的,不负刑事责任。(我国《刑法》第十八条第一款)

醉酒的人犯罪,应当负刑事责任。(我国《刑法》第十八条第四款)

13. 如果被教唆的人没有犯被教唆的罪,对于教唆犯,可以从轻或者减轻处罚。(我国《刑法》第二十九条第二款)

14. 犯罪后自首又有重大立功表现的,应当减轻或者免除处罚。(我国《刑法》第六十八条第二款)

第六章

现代逻辑方法

知识结构图

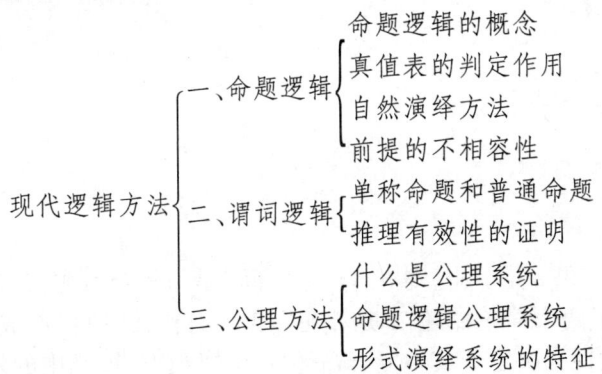

本章导读

本章介绍了现代逻辑的一些基础知识。介绍了真值表判定方法、命题逻辑和谓词逻辑的自然演绎方法。运用这些方法可证明相关推理的有效性。其中,真值表方法和命题逻辑自然演绎方法应重点掌握。

第一节　命题逻辑

一、命题逻辑的概念

命题逻辑研究确定命题推理形式的有效性的方法。在命题逻辑中，人们研究逻辑的形式结构时，只把命题分析到简单命题和若干联结词为止。人们把简单命题看作不再分析的整体，即不再分析其内部成分（诸如量词、谓词等），而所分析的联结词只用以把简单命题组成复合命题。由此，命题逻辑所讨论的推理，其有效性只依赖于简单命题相互连接的方式或方法，即复合命题的形式结构。或者说，只依赖于复合命题中所使用的联结词的逻辑性质。这样的推理称为命题推理。而相应的推理形式则为命题推理形式。譬如，以下是一个命题推理的例子：

如果 a 是罪犯，即 a 有作案时间，
a 是个罪犯，
所以 a 有作案时间。

这个推理所具有的一般形式为：

如果 p，那么 q。
p，
所以 q。

在这一推理中，只有"如果 a 是罪犯，则 a 有作案时间"是一复合命题，它是由联结词"如果，那么"联接了两个简单命题"a 是罪犯"和"a 有作案时间"而成的。这一推理有效的，它的有效性只决定于其中复合命题的形式结构。即其中的复合命题有着"如果 p，则 q"的形式，而与组成复合命题的简单命题的形式结构无关。

命题逻辑由此限制，虽然不被看作现代逻辑的一个独立分支，但却是其中重要的组成部分。并且，命题逻辑也是其他现代逻辑分支的基础。

二、真值表的判定作用

在命题逻辑中，真值表是一种完全的方法。即，它可用以判定任一真值函项复合命题的真值，又可用以确定一些推理的结论，最后，还可用于判定任一命题推理的有效性。其中，第一种作用我们已在前面进行了介绍。下面我们看后两种作用。

（一）推理结论的确定

先看一个例子。

对某凶杀案的三个嫌疑者 a、b、c 来说，下列事实确凿：

(1) a、b、c 中至少一人有罪。

(2) 若 a 有罪,则 b 或 c 有罪。

(3) 或 c 有罪,则 a 或 b 有罪。

(4) 若 b 有罪,则无同案者。

(5) a、c 中至少一人无罪。

问:a、b、c 三人中谁有罪,谁无罪?

运用真值表方法确定结论,其步骤如下:

第一,先把推理给符合化。

假定,A: a 有罪;B: b 有罪;C: c 有罪,则该推理可符号化为:

(1) $A \lor B \lor C$。

(2) $A \to (B \lor C)$。

(3) $C \to (A \lor B)$。

(4) $B \to (\neg A \land \neg C)$。

(5) $\neg A \lor \neg C$。

第二,列出前提中所包含的所有简单命题的真假可能组合情况。其计算方法是,若前提所包含的简单命题是 n 个,则它们的所有真假可能组合情况为 2^n 个。相对上例,由于它的前提所包含的简单命题共三个,即、A、B、C 则它们的真假可能组合情况就有 $2^3=8$ 种。若 A 真时仍记为 A,A 假时记为 $\neg A$,(B,C 情况相同)。则该八种情况如下:

ABC   AB$\neg$C   A$\neg$BC   A$\neg$B$\neg$C

$\neg$ABC $\neg$AB$\neg$C $\neg$A$\neg$BC $\neg$A$\neg$B$\neg$C

第三,根据该推理的前提,即假定该推理的前提都为真,运用真值表,排除上述真假可能组合情况不能成立的情况:

据前提(1)可排除 $\neg$A$\neg$B$\neg$C。

据前提(2)可排除 A$\neg$B$\neg$C。

据前提(3)可排除 $\neg$A$\neg$BC。

据前提(4)可排除 ABC,AB$\neg$C,$\neg$ABC。

据前提(5)可排除 (ABC),A$\neg$BC。

这样,未被排除的只剩下,$\neg$AB$\neg$C 这种情况,由此可得知其结论为:a 无罪,b 有罪,而 c 无罪。

(二)推理有效性的判定

说一个推理是有效的,就是说如果该推理的前提都是真的,那么结论就不可能是假的。譬如,以下是一有效的推理:

(1) 如果《红楼梦》是由曹雪芹写的,那么曹雪芹是位伟大的小说家。

《红楼梦》是由曹雪芹写的。

所以,曹雪芹是位伟大的小说家。

(1)之所以为有效的推理,是由于如果它的前提都是真的,结论就不可能为假。事实上,(1)的前提和结论都是真的。

然而,以下却是一个非有效的推理。

(2)如果《红楼梦》是曹雪芹写的,那么曹雪芹是位伟大的小说家。

  曹雪芹是位伟大的小说家。

  所以,《红楼梦》是曹雪芹写的。

因为,尽管(2)的前提都是真的,结论也是真的,然而,它的前提的真,并未对结论的真提供足够的保证,换言之,其结论的真不能从前提的真必然推导出来。

通常,说明一个推理是非有效,我们可采取"逻辑类比"的方法。譬如,在说明(2)是一个非有效的推理时,我们首先可给出以下另一个推理:

(3)如果《水浒传》是曹雪芹写的,那么曹雪芹是位伟大的小说家。

  曹雪芹是位伟大的小说家。

  所以,《水浒传》是曹雪芹写的。

这里,显然(3)是一个前提都真而结论却为假的推理。一个推理,如果前提都真,结论却为假则该推理是不正确的。因为它从真前提出发,推来推去却得出一个假结论。显然错在推论上。然后我们指出,由于(2)和(3)有着相同的推论方式,即推理形式一样,因而(2)也是不正确的,由此,便可说明(2)的非有效性。这种方法说明,对任何两个推理来说。不管它们内容上怎样的不同,只要它们有着完全相同的形式,那么它们要么都是有效的,要么都是非有效的。由此可见,推理的有效性或非有效性都是由推理形式所决定的。

如果,令 p、q 表示任意两个命题,那么上述(1)的形式则是:

(4) $p \rightarrow q$

  p

  ∴ q

(2)和(3)共同的形式则为:

(5) $p \rightarrow q$

  q

  ∴ p

(1)有效是由于(4)是有效的推理形式,(2)和(3)都是非有效的是由于(5)是一非有效的推理形式。那么,说一个推理形式有效或非有效这意味着什么?并且我们又如何去确定一个推理形式究竟是否有效呢?

首先,由(4)和(5)可知:一个推理形式就是任何一种只包含有命题变项的符号序列,使得当人们用命题来一致地替换其中的命题变项时,即用相同的命题对一变项的每一出现都进行替换,结果便得到该形式的一个替换的实例。譬如,如果用"《红楼梦》是曹雪芹写的"和"曹雪芹是一位伟大的小说家"分别替换(4)和(5)中的 p 和 q,结果就会有着上述推理(2)和(3)。(1)仍为(4)的一个替换的实例。因而,给出一个推理形式的替换实例也就是对该推理形式提供一个解释。现在,我们可以把一个有效推理形式定义为:一个推理形式是有效的且当仅当它的所有解释都是有效的推理。显然,有效推理形式就是其任意的一个替换实例都不会是有着真前提和假结论的推理。而任一个推理形式不是有效的就是非有效的。因而一个非有效推理形式就是它至少有一个解释是非有效推理。由此,如果一个推理形式,其至少有一个替换实例是前提都真而结论为假的推理,那么该推理形式就是非有效的。

那么,根据以上所说,对一个推理形式,如果我们能够证明它没有解释为非有效的推理,便可确定该形式是有效的,如果能证明它至少有一个解释为非有效的推理,我们便可确定该形式为非有效的。对非有效的推理形式,尽管可通过给出反例的方法来说明其非有效性,然而有时因为技术或经验上的原因,这也并不总是可行的。而对有效的推理形式,要想把它所有替换实例都列举出来并且一一确定它们都是有效推理这几乎是不可能的,因为任一推理形式的替换实例都是无限多的。那么,用什么方法能确定一推理形式是有效的或非有效的呢?

从逻辑上看,作为一推理形式的替换实例的所有推理,虽然具体内容上可以是千差万别的,但由于这些推理中的前提和结论都是或真或假的命题,因而我们需要考虑的只是它们的真值。而这里所讨论的推理又是只包含有简单命题和由真值函项联结词所组成的复合命题。因而,对一推理形式来说,如果我们考查了其中的命题变项都会被有什么样真值的命题所替换,或者说,我们考察了这些替换命题的所有可能的不同真值指派,那么我们就可考察了该形式有着不同真值的前提和结论的所有可能替换实例。据此,真值表可为确定一命题推理形式是否有效提供一种一般的方法。

譬如,以(4)和(5)为例。由于它们仅有着 p 和 q 这样两个不同的命题变项,那么它们的所有替换实例是:或者替换 p 和 q 的都是真命题,或者 p 是真命题而 q 是假的,或者 p 是假的而 q 是真命题,而最后,p 和 q 都是假命题。其中 p→q 的真值可根据"→"的定义给出。所有这些情况都可概括在下面的真值表中(表18):

表18 真值表

p	q	p→q
T	T	T
T	F	F
F	T	T
F	F	T

对于(4)来说,由于 p 和 p→q 是前提,而 q 是结论,根据上表可知,(4)的所有替换实例没有前提都真而结论为假的情况,换言之(4)的所有解释都是有效推理。因为(4)的前提 p 和 p→q 都真时,仅在第一行所给出。而这时其结论 q 也是 T。

因为，由此可确定(4)是一有效的推理形式。然而对(5)来说，由于 q 和 p→q 是其两个前提，而 p 是结论，其中第三行表明，这时它的两个前提可以都真而结论为假，换言之，该行说明(5)至少有一个替换实例是非有效推理。由此确定(5)是一非有效的推理形式。

上述例子表明，运用真值表方法检验推理形式时，一个推理形式是有效的当且仅当为该推理形式所构造的真值表中不存在有这样的一行：在其前提下面都是 T 而结论下面却有一个 F，否则，该推理形式是非有效的。

前面说过，一个推理是有效的就是说它的前提都真而结论为假这是不可能的。而根据实质蕴涵的定义，一蕴涵式仅在前件真而后件假时才为假，不然就是真的，这样，直观上就告诉我们，在推理的有效性与实质蕴涵之间可建立必然的联系。由于命题推理都是真值函项有效的。即它们的有效性只与推理的前提和结论中使用了什么真值函项联接词有关，或者说，是这些联接词的一个函项。因而，借助于重言式的概念，我们可把整个命题推理的理论表述为下述规则：一命题推理为有效的当且仅当其相应的蕴涵式——以各前提的合取为前件，以结论为后件——是个重言式。譬如：

$$p \rightarrow r$$
$$q \rightarrow r$$
$$\underline{p \lor q}$$
$$\therefore r$$

这一推理形式是有效的当且仅当下述蕴涵式是重言式：

$[(p \rightarrow r) \land (q \rightarrow r) \land (p \lor q)] \rightarrow r$

根据表 19 可判定该蕴涵式是否为重言式：

表 19　判定依据

P	q	r	p→r	q→r	p∨q	((p→r∧(q→r)∧(p∨q))→r
T	T	T	T	T	T	T
T	T	F	F	F	T	T
T	F	T	T	T	T	T
T	F	F	F	T	T	T
F	T	T	T	T	T	T
F	T	F	T	F	T	T
F	F	T	T	T	F	T
F	F	F	T	T	F	T

从表 19 的最后一列可看出，由于该蕴涵式下面一列都为"T"，所以它是一重言式。因而上述推理形式，即传统上所谓的二难推理简单构成式是一有效推理

形式。

如上所述,在命题逻辑中真值表方法可用于检验任一命题形式的有效性(因而它也能用于检验任一命题推理的有效性)。但是,如果一命题形式中所包含的不同变项过多,或公式过长,这时所构造的真值表就需要较多的行与列。譬如,当一推理形式中有四个不同的命题变项,所构造的真值表就要有 2^4,或 16 横行,如果多于四个的话,真值表就会变得繁复不堪,稍不小心就会出差错,下面所介绍的是一种简化的真值表方法。

(三)真值表简化方法

前面曾指出,一推理形式是有效的,当且仅当其相应的蕴涵式是一重言式。因而,为说明一推理形式是有效的,我们只要证明其相应的蕴涵式必定是永真的就可以了。而任何一个蕴涵式只有当它的前件真,后件假时才是假的,因而对一有效推理形式来说,为了说明其相应的蕴涵式是永真的,只需证明该蕴涵式中的变项不论取什么样的值都不会存在有这样的赋值,使得其前件为真,而后件为假。为此,我们证明,只有当我们的赋值是不一致的,即对有的命题变项同时赋予 T 和 F,才能使得该蕴涵式前件为真而后件为假,换言之,如果使该蕴涵式前件真而后件假时,命题变项的赋值必然导致矛盾。所以这种方法又叫作归谬赋值方法。譬如,为说明以下推理形式是有效的:

  p→q
  r→s
  p∨r
 ∴ q∨s

我们只需证明以下蕴涵式为一重言式:

  [(p→q)∧(r→s)∧(p∨r)]→(q∨s)

为此,我们只需证明经以下赋值是不可能的:

  [(p→q)∧(r→s)∧(p∨r)]→(q∨s)
       T   F

因为,假定存在有这样的赋值,由于后件(p∨s)为 F,则 q 和 s 都应为 F,由于前件(p→q)∧(r→s)∧(p∨r)为 T,则(p→q)和(r→s)以及(p∨r)都必须为 T。可是,如果(p→q)为 T,由于 q 已为 F,则 p 也只能为 F,其次,如果(r→s)为 T,由于 s 已为 F,则 r 也只能为 F,最后,如果(p∨r)为 T,则 p 和 r 必须有一个为 T,但如上所述,p 和 r 都已为 F。因而,如果(p∨r)为 T,必会出现不一致的赋值:或者 p 同时既为 T 又为 F,或者 r 同时既为 T 又为 F,但这都是不可能的,因而,最初的假定赋值,即前件为 T,后件为 F 是不存在的,由此说明该蕴涵式是重言式。这样,通过真值表简化方法,我们证明了上述推理形式即传统上的二难推理复杂构成式是有效的。

需要注意的是,使用这种方法在贯彻最初的假定赋值时,其间我们会遇到这样的情况,有时我们的赋值是被迫的,是必然的,有时我们赋值是可选择的。譬如,如果一个析取被赋值于F,则它的每一析取肢都必须被赋于F,如果一个合取被赋值于T,则它的所有合取肢都应为T,这儿,我们是被迫进行赋值的。然而,如果把T赋值给一个析取,或者把F赋值给一个合取,这时,哪个析取肢被赋于T,或哪个合取肢被赋于F则是有选择的,这时没有确定的方法可循,我们只能尝试着来,但是,如果一个推理形式是有效的,无论进行怎样赋值,结果必定会有不一致的地方。

最后,还需指出,真值表简化方法亦可用以证明一推理形式是非有效的。如果把最初的假定赋值,即假定其相应的蕴涵式前件为T,后件为F能够贯彻到底,而且不出现赋值不一致的情况,这就足以证明该推理形式为非有效的。

以上说明,命题逻辑是可判定的,即我们可用一种能行的方法(机械的方法),经有限步骤循序判定任一真值函项复合命题的真值,从而亦可判定任一命题推理的有效性。这样,命题逻辑可用一句话概括:一命题推理形式是有效的当且仅当其相应的蕴涵式是一重言式。

至此,命题逻辑可说基本上完成。但理论上不能到此为止,理由如下。

(1)用真值表方法,对一包含 n 个命题(变项)的推理,其真值表需列出 2^n 行,若 $n>4$,则所列表会繁复不堪。

(2)依靠真值表方法虽可检验任一命题逻辑的真理(有效公式),但却不能系统地把这些逻辑真理整理在一起构成一个知识整体,因此,我们虽可有一份真理的清单,但却无一个完整的知识。

(3)真值表方法对命题逻辑虽是足够的,但却不能成为一种普遍的,可拓宽的方法。因而还需一种严格形式方法的考察,从而对整个命题逻辑,以至整个基础逻辑都有着更清晰的理解。这种方法就是演绎方法。

演绎方法有两种,一是古则有之的公理化系统,二是近期发展起来的自然演绎系统。二者的区别仅在于,公理系统既要有公理又有规则,而自然演绎系统则仅有规则而无需公理。

三、自然演绎方法

先看一个推理实例:
  或者甲是罪犯或者乙是罪犯。
  如果乙是罪犯,则丙也是罪犯。
  丙不是罪犯。
  所以,甲是罪犯。
首先,我们可将这一推理符号化为:
  $A \vee B$
  $B \rightarrow C$
  $\neg C$
  $\therefore A$

第六章 现代逻辑方法

然后,相对那些不知道或者不熟悉真值表方法的人们,他们多半会这样来考虑推理的有效性:由于从 B→C 和 ¬C 可推出 ¬B,而从 ¬B 和 A∨B 又可得到 A,因而该推理是有效的。显然,他们考虑是如何从该推理的前提演绎出它的结论。现在我们所介绍的正是这种方法,由于这种方法相对真值表方法来说,更接近人们的日常思维,特别是数学推理,所以称为自然演绎方法。

任何一种演绎都有着一定的推导规则。譬如上例中,人们在演绎时就把某些基本的推理形式作为推导规则来使用。如从 B→C 和 ¬C 得到 ¬B 时,就假定了假言推理的否定后件式作为一条推导规则。为了更精确也更简便地揭示出上述演绎的整个过程,我们可以这样来安排,首先把该演绎中所有的前提以及从前提中所推导出的命题排为一列,并且依次编上数码,然后在右边,对作为前提的那些行以"p"标明,而对导出行则给出根据,在根据中要写明所依赖的先前那些命题的行数及所使用的规则。而最后一行则是结论。相对上例,则有:

1. A∨B   p
2. B→C   p
3. ¬C   p
4. ¬B   2、3,否定后件
5. A   1、4,选言三段论

这样来安排一个演绎时,便是对一给推理的有效性构造出一个形式证明。因而,我们把一给定推理的有效性的形式证明定义为一个命题的序列,其中每一行或者是该推理的前提,或者是根据某些基本的推理形式(即推导规则)从先前的某些命题推导出来的,而该序列的最后一个命题是推理的结论。

前面,我们曾提到某些基本的有效推理形式在形式证明中可作为推导规则来使用。那么为什么说它们是一些"基本的有效推理形式"呢?因为有好多有效的推理乃是以一种特殊的情况作为其替换实例而出现,譬如,相对肯定前件式:

p→q
p
∴q

以下推理则是它的一个替换实例:

(A∧B)→C
A∧B
∴C

而下述的是它的又一个替换实例:

A→(B∨C)
A
∴B∨C

显然,在前一个实例中,人们是用(A∧B)替换了 p,而后一个则是用(B∨C)

替换了 q。因而,说"基本的有效推理形式"就是说它们的任一替换实例也都是有效的推理的形式。

由于命题推理都具有这样的性质,即它们都是真值函项地有效的,或者说,一个有效的命题推理都是前提真值函项地蕴涵着该结论的推理。因而,命题推理的规则也都就是真值函项有效规则。当其中之一被用于一个或一些给定的命题时,所推出的命题应被原给定的命题真值函项地蕴涵。为了保证这一点,做为推导规则的那些"基本的有效推理形式"也都应是真值函项地有效。因而,它们中每一个的有效性都可为真值表方法所确定。

下面给出有效性的形式证明所需要的九个推理规则,以及它们名称的缩写。

真值函项推导规则

1. 肯定前件(M.P.):从 p→q 和 p 可推出 q
2. 否定后件(M.T.):从 p→q 和 ¬q 可推出 ¬p
3. 假言三段论(H.S.):从 p→q 和 q→r 可推出 p→r
4. 选言三段论(D.S.):从 p∨q 和 ¬p 可推出 q
5. 简化(Simp):从 p∧q 可推出 p;从 p∧q 可推出 q
6. 合取(Conj):从 p 和 q 可推出 p∧q
7. 附加(Add):从 p 可推出 p∨q
8. 二难推理(C.D.):从 p→q,r→s 和 p∨r 可推出 q∨s
9. 吸收(Abs)从 p→q 推出 p→p∧q

显然,这些规则所依据的那些基本的有效推理形式,其每一个的有效性都可用真值表方法加以验证,并且有些是我们已经验证了的。

为了熟悉这些规则,下面我们再结合一个例子看一下某些规则的运用:

如果继续下雨,河水就会上涨,如果河水上涨,那么桥梁就会被冲塌,如果继续下雨会引起桥梁冲塌,那么对这个城镇来说只有这一条道路是不够的。或者对这个城镇来说只有这一条道路是足够的,或者工程师们在公路规划上出了错误。因而工程师们在公路规划上出了错误。

符号化这个推理则为:

A→B
B→C
(A→C)→¬D
D∨E
∴ E

现在,我们可对该推理构造一个形式证明如下:

1. A→B   p
2. B→C   p
3. (A→C)→¬D   p

4. D∨E   p
5. A→C   1、2，H.S.
6. ¬D   3、5，M.P.
7. E   4、6，D.S.

由此表明，上一推理是有效的。

有许多推理仅使用前面的八条推导规则是不能证明其有效性的，譬如，一个简单的例子为：

A→¬¬B
∴ A→B

这样，为了对这些显然有效的推理构造出形式证明，就需要增加一些规则。

对任何一个真值函项复合命题来说，如果它的某一个组合命题被另一个与该组合命题有着相同真值的命题所替换，那么，整个复合命题的真值仍保持不变。由于我们所讨论的复合命题都是真值函项复合，因而我们可增加一种新的推导规则，它允许我们在推导中对任一个命题，都可用与该命题的任一组成命题逻辑等值的任一其它命题来进行替换。这一规则称为置换规则。根据这一规则，由于 p↔¬¬p 因而通过置换，我们可从 A→¬¬B 推出下述的任何一个。

A→B，¬¬A→¬¬B，¬¬(A→¬¬B)，或 A→¬¬¬¬B

显然，新的置换规则是由一些重言的或逻辑等值的命题形式加以确定的。下面我们通过列举出确定每一规则的逻辑等值式，给出在形式证明中所使用的等值置换规则：

等值置换规则

1. 双重否定(D.N.)：¬¬p↔p
2. 德·摩根律(DeM.)：¬(p∧q)↔(¬p∨¬q)
   ¬(p∨q)↔(¬p∧¬q)
3. 交换律(Com)：(p∨q)↔(q∨p)
   (p∧q)↔(q∧p)
4. 结合律(Assoe)：[p∨(q∨r)]↔[(p∨q)∨r]]
   [p∨(q∨r)]↔[(p∨q)∨r]
5. 分配律(Dist)：[p∧(q∨r)]↔[(p∧q)∨(p∧r)]
   [p∨(q∧r)]↔[(p∨q)∧(p∨r)]
6. 假言易位(Trans)：(p→q)↔(¬q→¬p)
7. 实质蕴涵(Tmpl)：(p→q)↔(¬p∨q)
8. 实质等值(Equiv)：(p↔q)↔[(p→q)∧(q→p)]
   (p↔q)↔[(p∧q)∨(¬p∧¬q)]
9. 移出(Exp)：[(p∧q)→r]↔[p→(q→r)]
10. 重言(Tant)：p↔(p∨p)
    p↔(p∧p)

需要指出的是，等值置换规则与前八条推导规则有一个重要的差别。使用前八条规则时,在证明中我们只能把它们应用于整个的一个命题,而不能把它们用于一个复杂命题的某一部分命题,譬如,下述情况都是对 Simp. 的错误的使用。

(1)……   (2)……
m   (A∧B)→C   m   (A∧B)→C
m+1   A   由 m 据 Simp   m+1   B   由 m 据 Simp
……   ……

但是后二条规则,即等值置换规则就不同了,它们在证明中不但可用于一整个的命题,也可用于一命题的部分命题。譬如,以下都有着对 Exp 的正确运用。

1.(A∧B)→(C∨D)   1.[(A∧B)→C]→C
2.A→[B→(C∨D)] 1,Exp   2.[A→(B→C)]→C,1,Exp

下面的一个例子,说明了如何把一些规则结合起来使用对一推理的有效性给出证明。

如果上帝是完美的,那么上帝是至善的。如果上帝是至善的并且又是世界的创造者,那么世界上就不存在有罪恶,但是世界上存在有罪恶这是无可否认的事实。并且通常总是断言是上帝创造了世界。所以,或者上帝不是完美的或者上帝不是至善的。

把这一推理符号化则为:

A→B
(B∧C)→¬D
D
C
∴¬A∨¬B

其形式证明如下:

1. A→B   P
2. (B∧C)→¬D   P
3. D   P
4. C   P
5. ¬¬D   3,D.N.
6. ¬(B∧C)   2,5,M.T.
7. ¬B∨¬C   6,De M.
8. ¬¬C   4,D.N.
9. ¬B   7,8,D.S.
10. ¬A∨¬B   1,9,M.T.

现在,我们引入一条新的推理规则,即条件证明规则,它不但能使结论为条件命题的演绎更为便利,而且能用于上述规则所不能证明的有效推理。

条件证明规则:如果一推理结论为条件命题,记为 A→B,其所有前提以 P 表示,则,如我们把结论的前件 A 作为一个新的附加前提和原有前提 P 一同能推出 B,那么就可单独从 P 推出 A→B。这一规则可表示如下:

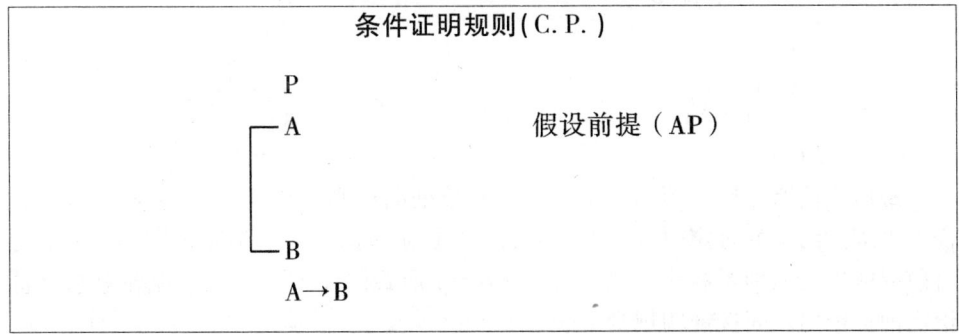

其中从假设前提 A 开始并把 B 和 A→B 分开的画线表明,只有从 A 开始并截止到 B 的那些行才是依赖于假设前提的,或者说是在 A 的假设范围之内。而 A→B 则在假设之外,这使它只依赖于 P。或者说,它是仅从 P 推出的。因此,在该证明中,A 作为附加前提最后已被排除在证明之外,或者说已被消去。以下推理运用前面的十八条规则都不能证明其有效性,但运用条件证明规则却相当便利:

A→B
∴ A→(A∧B)

其证明如下:

1. A→B   P
  ⎡ 2. A   AP(假设前提)
  ⎣ 3. B   1,2,M.P.
4. A∧B   2,3,Conj
5. A→(A∧B)   2—4,C.P

需要说明的是:第一,如果需要,我们可在一个证明中引入任意数量的假设前提,只要它们每一个最终都被消去。这样,推理的结论仍仅依赖于原给定前提。第二,我们还可扩充条件证明规则的运用,把它用于结论不纯粹是一条件命题的证明之中。以下是两次运用条件证明规则的例子:

A→(B→C) ∴ B→(A→C)

1. A→(B→C)   P
  ⎡ 2. B   AP
  ⎢⎡ 3. A   AP
  ⎢⎢ 4. B→C   1、3,M.P.
  ⎢⎣ 5. C   2、4,C.P.
  ⎣ 6. A→C   3—5,C.P.
7. B→(A→C)   2—6,C.P.

而下面则是条件证明规则运用于结论不是条件命题的证明:

$A \to B$,$(A \to (A \land B)) \to C$,$\therefore C$

1. $A \to B$		P
2. $(A \to (A \land B)) \to C$		P
⌐ 3. A		AP
4. B		1、3,M.P.
└ 5. $A \land B$		3、4,Con
6. $A \to (A \land B)$		3—5C.P.
7. C		2、6,M.P.

最后我们所需要介绍的一个规则是间接证明规则。该规则告诉我们,如果把任一推理的结论的否定引入一个证明,使之作为一个附加的前提,并且若由它和原有前提能推出一种矛盾——任一有着 $p \land \neg p$ 形式的命题,那么,该结论就可从原给定前提推出。间接证明规则可表示如下:

间接证明规则(RAA)	
P	
⌐ ¬A	AP
矛盾	
└ A	

其中,P 是一推理原给定前提,¬A 是对该推理的结论 A 进行否定而增加的一个假设前提。

间接证明规则可用于结论不是一条件命题,并且运用前述十九条规则一时又难以进行证明的推理。譬如,对下述有效推理:

$A \to (B \land C)$

$(B \lor D) \to E$

$D \lor A$

$\therefore E$

可运用间接证明规则构造证明如下:

1. $A \to (B \land C)$		P
2. $(B \lor D) \to E$		P
3. $D \lor A$		P
⌐ 4. $\neg E$		AP
5. $\neg(B \lor D)$		2、4,M.T.
6. $\neg B \land \neg D$		5,DeM.
7. $\neg D$		Simp
8. A		3、7,D.S.
9. $(B \land C)$		1、8,M.T
10. B		9,Simp
11. $\neg B$		6,Simp
└ 12. $B \land \neg B$		10、11,Conj
13. E		4—12,RAA

前述十八条规则加上条件证明(及间接证明)规则,我们就有了一组完全的规则,即借助它们我们可构造一个完全的演绎系统。这就是说,任一用真值表方法证明为有效的推理,用上述演绎方法也可以证明。任一命题推理的有效性都可用真值方法验证,因此任一命题推理的有效性也都可用自然演绎的方法加以证明。

四、前提的不相容性

如前所述,运用真值表方法判定一推理有效性时,如果为其所构造的真值表证明,该推理相应的蕴涵并非是一重言式。这就说明其推理形式并非是一有效式。即,它会有着前提都真而结论为假的情况。因此,如果其推理形式有效,其相应的蕴涵式必定是永真式。但是,考察下一推理:

  或者甲是罪犯,或者乙是罪犯,
  如果甲是罪犯,则丙也是罪犯,
  乙和丙无一人会是罪犯,
  因此,丁必定是罪犯。

其推理形式为:

  $p \vee q$
  $p \rightarrow r$
  $\neg q \wedge \neg r$
  $\therefore S$

这一推理显然异常怪诞,因为所给前提根本不涉及丁,而其后却推出丁是罪犯。可是,如果用真值表检验的话,它没有前提都为真,而理论却为假的情况,相应的蕴涵式也是一重言式,可人们断不会认为这是一个有效的推理,因结论与前提毫不相干。原因何在?

其实通过检查其真值表可发表,该推理之所以没有前提都真而结论为假的情况,原因在于该推理根本就不存在前提都为真这种情况。换言之,其前提是简单有着矛盾或不相容性。再看一简单例子

  甲是罪犯,
  甲不是罪犯,
  所以乙必定是罪犯。

其形式为:

  p
  $\neg p$
  $\therefore q$

用真值表检验该推论相应的蕴涵或是一永真式,并且也可为其构造一个形式证明如下:

1. p
2. ¬p
3. p∨q；附加
4. q　2、3；选言三段论

其实,对所有前提不相容的推理都可为之构造一个形式证明。这说明,前提的一致性无矛盾性,也是保证推理有效,从而从真前提得到真结论的必要条件。因为一个前提不相容的推理即前提不可能都真的推理,无论如何都不能确立其结论的真实性。

第二节　谓词逻辑

一、单称命题和普通命题

日常思维中,大量有效的推理用命题逻辑中所介绍的方法是难以说明其有效性的。譬如:

所有诗人都是文学家。

艾青是诗人。

所以,艾青是文学家。

这一推理显然是有效的。但是,如果从命题逻辑的角度看,这个推理的形式只能被分析为:

p
q
∴r

显然,在命题逻辑中它不是一个有效的推理形式。这就说明,命题逻辑不能表达上述推理的形式,当然更不能证明它的有效性。

这里的问题在于,上述推理的有效性并不依赖于简单命题的联结方式,或者说不依赖于其中复合命题的形式结构。因为该推理中根本不包含复合命题。它的有效性依赖于推理中所包含的简单命题的内部结构。因而,要检验这一类推理的有效性就需要新的方法。

谓词逻辑研究确定推理有效性的方法。谓词逻辑除了研究命题联结词外,还要对简单命题的内部结构进行分析,即分析简单命题所包含的个体词(如"艾青")、谓词(如"诗人""文学家"),特别是对"所有的"和"有的"这样一些量词的逻辑性能进行分析。因而这种逻辑理论亦称为量词逻辑或量词理论。

谓词逻辑所研究的推理,其有效性不但与联结词有关,还依赖于简单命题的内部结构,即其中量词与各种词项的联结方式或方法。已经证明,日常思维中几乎所有的推理,其有效性都可在谓词逻辑中得到反映。这表明,谓词逻辑是比命题逻辑的研究范围更加广泛的逻辑理论。限于本书的性质,本章对谓词逻辑的讨论只是导论性的。我们给出把日常命题翻译为谓词公式的一般方法,简单地说明谓词推理有效性的概念,并且初步介绍谓词逻辑的推理规则。

(一)单称命题

在上面所给出的推理中,包含有"艾青是诗人"这一命题,传统逻辑称之为单称命题。它断定了某一特定个体具有某种性质。但是,单称命题还可断定某两个或更多的特定个体之间具有某种关系。譬如:

2小于3。

开封在郑州与商丘之间。

传统逻辑关于主、谓项的分析对这类命题就是不相适应的。因为,与其把前一命题分析为"2"是具有"小于3"的性质,不如说是该命题断定了"2"和"3"之间具有"小于"这种关系。

在谓词逻辑中,人们把用以反映某些特定个体的概念称为个体词,而把反映某一个体所具有的性质或若干个体之间所具有的关系的概念称为谓词。譬如,以上例子中,"艾青";"2""3";"开封""郑州""商丘"则都是个体词。显然,它们通常由语法上的专有名词表达。而"诗人""小于""……在……与……之间"则都是谓词。

谓词有一元谓词,二元谓词,三元谓词,以至 n 元谓词之分。表示一个个体有什么性质的谓词称为一元谓词。表示两个个体之间有着什么关系的谓词称为二元谓词。如"大于"就是一个二元谓词。而表示三个个体有什么关系的谓词则称为三元谓词。如"…位于……与……之间"就是一个三元谓词。一般地,表示 n 个个体之间具有什么关系的谓词则称为 n 元谓词。本章主要论述的是一元谓词。

一元谓词用以表示一个个体的性质,语法上表达性质的词通常是形容词。如"红的","美丽"等。但从逻辑上看,不仅是形容词,而且名词和动词都可用以表达性质。当然,为了便于解释,有时可以作如下的变通:

"艾青是诗人"可分析为"艾青是写诗的"。

"地球在运转"可分析为"地球是在运转的"。

然而,这些变通在逻辑上是不重要的,甚至是不必要的。因为,从逻辑上看来,变通后的命题是等同的。

为了把单称命题符合化,我们引入两种不同的符号:我们用小写英文字母 a,b,c 等指称个体,它们称作个体常项,其中每一个都可以用来指称某一特定语境中的某一特定个体。我们用大写字母 F,G,H 等指称性质,它们称作谓词常项,其中每一个都可以用来表示某一个体所具有的某种特定性质。按照惯例,在符号化一个单称命题时,则把谓词符号写在个体符号的左边。譬如"艾青是诗人"可被符号化为:Fa。其中,F是诗人;a是艾青。

我们又引入了一种新的符号,即x,它称作个体变项。个体变项只是代表了一个空位,它标明在其所处的位置上我们可用符号a、b、c(即个体常项)来填写。显然,Fx只不过是"x是诗人"的一种缩记。因而它是既不真又不假的。这样的表达式称作命题函项。所谓命题函项就是至少含有一个个体变项的表达式,使得当人们用个体常项对其中的个体变项——进行了替换后,便得到一个单称命题。而所得的这一命题便称作该命题函项的一个替换实例。通常,这种替换过程亦称作对命题函项进行例示。譬如,通过对Fx进行例示可有上述的:Fa、Fb和Fc。它们分别都是Fx的一个替换实例。显然,一个命题函项的替换实例都是有真有假的。譬如,Fa和Fb都是Fx真的替换实例,而Fc则是其假的替换实例。

以上我们所讨论的都是一些单称肯定命题。如果否定了一个单称肯定命题,即断定了一个单称否定命题。譬如就有:"拿破仑不是诗人"被符号化为¬Fc。

显然,¬Fc只不过是¬Fx的一个替换实例,并且是其一个真的替换实例。在谓词逻辑中,通常把"艾青是诗人""地球在运转"等这样一些单称(肯定)命题称作原子命题,相应地把Fa,Fc等这样一些表达式则称为原子公式。

(二) 普通命题

考虑以下两个命题:

每一事物都是运动的。

有事物是运动的。

上述两个命题都不包含命题联结词,因此,它们都不是复合命题。但是它们又都不是单称命题,因为它们中每一个都不含有指称某一特定个体的词。诸如上述这样的命题称作普通命题。

普通命题也都是或真或假的命题。亦即它们都有真值。如上述两个命题的真值都为真。这就表明,普通命题并不是一种命题函项。应该怎样分析这类命题以及怎样将它们符合号化呢?

对于第一个命题,我们可在不改变其意义的情况下重述如下:

对任何一个事物来说,它都是运动的。

在这一命题中,语词"它"是用以指代其先行词"事物"的,亦即它们有着相同的指称。要把这一命题符号化,首先可用个体变项x去替代其中的"它"和它的先行词,结果就有:

对任一x来说,x是运动的。

其次,我们采用前面介绍的方法,以字母G表示谓词"是运动的",就有:

对任一x来说,Gx

最后,我们把短语"对任一x来说"符号化为∀x,∀x称作全称量词。这样,第一个命题就可被完全符号化为:

∀xGx

如前所述,在∀xGx这一表达式中,Gx(读作"x是运动的")是一命题函项。它没有真值。但是∀xGx却是包含了这一命题函项的一个命题。这表明,如果把一个命题函项加以量化,就可以获得一个命题。而把一命题函项加以量化的方式之一是在该命题函项前添加一个全称量词。

对于第二个命题,我们也可把它重述为:

  至少存在一个事物,它是运动的。

按照上述的方法,我们又可把它表示为:

  至少存在一个x,x是运动的。

同样的,它又可进一步表示为:

  至少存在一个x,Gx。

最后,对短语"至少存在一个x"我们用符号∃x来表示,∃x称作存在量词。这样,第二个命题就可被完全符号化为:

  ∃xGx

同样,∃xGx也是包含了命题函项Gx的一个命题。由此可见,在一命题函项前添加一个存在量词,是把一个命题函项加以量化,从而获得一个命题的又一种方式。

(三)量词的变换

在全称量词∀x和存在量词∃x之间存在着一定的逻辑联系,即它们是可相互定义的。因此,按照一定的方式,其中任何一个都可变换为另一个。为说明这一点,首先考虑如下命题:

  所有事物都不是静止的。

用"H"表示谓词"是静止的"这一命题就可符号化为:

  ∀x¬Hx

命题"有事物是静止的"则可符号化为:

  ∃xHx

显然,由于∀x¬Hx("所有事物都不是静止的。")是对∃xHx("有事物是静止的")的否定,二者是矛盾关系,因此,否定其中任何一个就逻辑等值于另一个。因而就有:

  ¬∀x¬Hx↔∃xHx

  ∀x¬Hx↔¬∃xHx

其次,由于命题∀xGx("所有事物都是运动的")是对命题∃x¬Gx("有事物不是运动的")的否定,因而,否定其中任何一个必然逻辑等值于另一个。亦即:

  ¬∀xGx↔∃x¬Gx

  ∀xGx↔¬∃x¬Gx

更一般说来,如果令希腊字母φ代表任一谓词,全称量词和存在量词的关系可表示如下:

∀xφx↔¬∃x¬φx

∃xφx↔¬∀x¬φx

∀x¬φx↔¬∃xφx

∃x¬φx↔¬∀xφx

上述逻辑等值式表明：结合否定号的使用，任一全称量词或存在量词的出现都可代之以一个相反的量词。变换时所遵循的原则是：

（1）S 如果原量词前、后均无否定号，则变换量词后，前、后都要添加否定号。

（2）如果原量词前、后均有否定号，则变换量词后，否定号都要消去。

（3）如果原量词仅在其前面有否定号，则变换量词后，否定号后移。

（4）如果原量词仅在其后面有否定号，则变换量词后，否定号前移。

上述原则，通常亦称为量词变换（或否定）规则。

（四）传统直言命题的分析

考虑下面的传统直言命题：

所有人都会思维。

所有人都不会思维。

有人会思维。

有人不会思维。

对前两个全称命题可依次重述为：

对任一 x 来说，如果 x 是人，则 x 会思维。

对任一 x 来说，如果 x 是人，则 x 不会思维。

用 P 表示谓词"是人"；M 表示谓词"会思维"并且使用全称量词∀x 和联结词"→，上述两个全称命题就符号化为：

∀x(Px→Mx)

∀x(Px→¬Mx)

下面讨论后两个特称命题。按照以上的方式，它们首先可依次被重述为：

至少存在一个 x，x 是人且 x 会思维。

至少存在一个 x，x 是人且 x 不会思维。

然后，就有：

∃x(Px∧Mx)

∃x(Px∧¬Mx)

何以传统直言命题中的特称命题只能用合取号"∧"而不能用蕴涵号"→"加以符号化呢？这是因为，如果把特称命题用"→"符号化，譬如，如果把"有人会思维"符号化为∃x(Px→Mx)，那么由前面内容可知，(Px→Mx)意即(¬Px∨Mx)，因此，∃x(Px→Mx)意即∃x(¬Px∨Mx)。而这样以来，"有人会思维"就被分析为"至少存在一个事物，它或者不是人或者会思维"。可是，后者所断定的与前者所断定的相差甚远。因为，后者是一断定非常弱的命题，只要有一个非人的事物（譬如一块石头或一张桌子)存在,这个命题就是真的。显然,把"有人会思维"分析为这样一个命题就完全走样了。

需要指出的是:经过这种翻译,传统逻辑中所讲的 A,E,I,O 之间的(方阵)关系,只有 A 和 O,E 和 I 之间的关系成立,即只有矛盾关系成立,其它关系均不成立。根据以上分析,对 A 和 O(或 E 和 I)如果否定其中一个就必然等值于另一个。对此,我们可证明如下。譬如,否定 $\exists x(\varphi x \wedge \neg \psi x)$ 就有:

$\neg \exists x(\varphi x \wedge \neg \psi x)$

根据量词变换规则,就有:

$\forall x \neg (\varphi x \wedge \neg \psi x)$

再据命题逻辑中的置换规则,对 $\neg(\varphi x \wedge \neg \psi x)$ 运用德·摩根律,就有:

$\forall x(\neg \varphi x \vee \neg \neg \psi x)$

最后,根据置换规则中的实质蕴涵律及双重否定律,就有

$\forall x(\varphi x \rightarrow \psi x)$

因而,以下逻辑等值式成立:

$\neg \forall x(\varphi x \rightarrow \psi x) \leftrightarrow \exists x(\varphi x \wedge \neg \psi x)$

$\neg \forall x(\varphi x \rightarrow \neg \psi x) \leftrightarrow \exists x(\varphi x \wedge \psi x)$

$\neg \exists x(\varphi x \wedge \psi x) \leftrightarrow \forall x(\varphi x \rightarrow \neg \psi x)$

下面,我们通过一些例子,进一步对日常思维中经常出现的其他一些非传统直言命题的普通命题,给出它们的谓词翻译。

例一:任一自然数或是偶数或是奇数。

译为:$\forall x(Nx \rightarrow (Ex \vee Qx))$(其中,Nx:x 是自然数;Ex:x 是偶数;Ox:x 是奇数)。

例二:有的整数是偶数或奇数。

译为:$\exists x(Zx \wedge (Ex \vee Ox))$(其中:Zx:x 是整数;Ex:x 是偶数;Ox:x 是奇数)。

例三:所有诗人或小说家都是文学家。

译为:$\forall x((Px \vee Nx) \rightarrow Lx)$(其中,Px:x 是诗人;Nx:x 是小说家;Lx:x 是文学家)。

例四:所有诗人和小说家都是文学家。

译为:$\forall x((Px \vee Nx) \rightarrow Lx)$(其中,Px:x 是诗人;Nx:x 是小说家;Lx:x 是文学家)。

注意:例四和例三的翻译一样。例四不能译为:$\forall x(Px \rightarrow Lx) \wedge \forall x(Nx \rightarrow Lx)$。

因为,这一翻译后的命题意为"任一既是诗人又是小说家的人都是文学家"。显然和例四所说不同。当然,例四也可译为:$\forall x((Px \rightarrow Lx) \wedge (Nx \rightarrow Lx))$。

但这样一来,其结果就不是一个普通命题而是一个复合命题。

例五:只有用于交换的劳动产品才是商品。

译为：$\forall x(Wx\rightarrow(Gx\wedge Fx))$（其中，Wx：x 是商品；Gx：x 是用以交换的；Fx：x 是劳动产品）。

(五)普通命题的真值函项展开

为了准确地把握普通命题的含义,我们可采取真值函项展开的方法。为此我们首先要引入"域"这个概念。

什么是域？所谓域就是对命题函项使用量词构成普通命题时,其中个体变项所涉及的所有个体的集合,因此域也叫个体域。对任一普通命题的讨论,通常我们都是予先假定了它们的个体域的。譬如,当命题"所有人都是有理智的"被译为：$\forall x(Px\rightarrow Mx)$（其中,Px：x 是人；Mx：x 是有理智的),我们就是以宇宙间的一切事物作为个体域的。当然,在给定的情况下,也可把个体域限制到某一较小的特定事物类上。譬如,如果我们给定"人"为个体域,上述命题则被译为：$\forall xMx$（其中，Mx：x 是有理智的)。

通常,在不加说明的情况下,我们总是以宇宙间的一切事物为域的。而对该域中的每一个体,我们用个体常项 a,b,c,…来命名或指代它们。另外,逻辑上的基本假设是：域中至少存在有一个个体。

根据以上所说可知,如果域中恰好只有一个个体,譬如说是 a,那么：

$\forall x\varphi x$ 就等同于说 φa（其中 φ 为任一谓词)

$\exists x\varphi x$ 就等同于说 φa

因而,这时就有：

$\forall x\varphi x\leftrightarrow\exists x\varphi x\leftrightarrow\varphi a$

如果域中个体正好有两个,譬如是 a 和 b,那么：

$\forall x\varphi x$ 就等同于说 φa 且 φb

因而就有：

$\forall x\varphi x\leftrightarrow\varphi a\wedge\varphi b$

$\exists_x\varphi x\leftrightarrow\varphi a\vee\varphi b$

显然,对于任何一个数 k,如果域中个体恰好有 k 个,譬如说为 a,b,c,…,k,就有：

$\forall x\varphi x\leftrightarrow\varphi a\wedge\varphi b\wedge\varphi c\wedge\cdots\wedge\varphi k$

$\exists x\varphi x\leftrightarrow\varphi a\vee\varphi b\vee\varphi c\vee\cdots\vee\varphi k$

因而,一般说来,对于有穷的个体域来说,一个全称量化的普通命题可等值地展开为一定数量的单称命题的合取。而一个存在量化的普通命题可等值地展开为一定数量的单称命题的析取。这样,每一普通命题就都逻辑地等值于一些单称命题的真值函项复合。由此就可用真值表检验方法来确定它们的真值。

需要指出的是,普通命题的真值函项展开只有在个体域有穷时方能进行。如果个体域是无穷的,那么全称命题的展开

$\forall x\varphi x\leftrightarrow\varphi a\wedge\varphi b\wedge\varphi c\wedge\cdots\wedge\varphi k\wedge\cdots$

是一个无穷的合取,而存在命题的展开

$$\exists x\varphi x \leftrightarrow \varphi a \vee \varphi b \vee \varphi c \vee \cdots \vee \varphi k \vee \cdots$$

是一个无穷的析取。但是,无穷合取或无穷析取都不是命题逻辑所允许的命题。可见,当个体域无穷时,全称或存在量化的普通命题不能转换为一个真值函项复合。

二、推理有效性的证明

谓词逻辑的演绎方法仍然仅由推理规则组成。它包括了命题逻辑一章所介绍的所有二十条推理规则,并在此基础上又增加了四个有关量词的规则。下面我们结合具体的推理引入这些新的规则。

（一）全称例示规则

首先,考虑本章一开始所给出的一个推理:

所有诗人都是文学家。

艾青是诗人,

所以,艾青是文学家。

根据前面所介绍的方法,它可被符号化为:

$\forall x(Px \rightarrow Lx)$

Pe

∴ Le

显然,推理中的第一个前提是个普通命题,它是通过对命题函项（$Px \rightarrow Lx$）进行全称量化而得到的。如前所述,一个全称量化的命题函项为真当且仅当该命题函项的所有替换实例都是真。因而,从第一个前提为真,可推出命题函项（$Px \rightarrow Lx$）的任一替换实例都是真,亦即可推出 $Pa \rightarrow La, Pb \rightarrow Lb, Pc \rightarrow Lc, \cdots$,特别是可有 $Pe \rightarrow Le$。由此,结合第二个前提 P_e,根据肯定前件规则,即可推出结论。

现在,我们就可增加这样一条规则,即:从对一命题函项的全称量化可推出该命题函项的任一替换实例。这一新的推理规则称为全称例示规则,缩记为"UI"。如果以 φx 表示由变项 x 所形成的任一命题函项,希腊字母 α 替换 x 的每一出现所得到的一个替换实例,这一规则可表示为:

UI: $\forall x \varphi x$

∴ $\varphi \alpha$

由于这一规则允许我们消去全称量词 $\forall x$ 词,所以,亦称为全称消去规则。

根据全称例示规则,对上述推理的有效性可构造出如下证明:

1. $\forall x(Pxx \rightarrow Lx)$
2. Pe   P
3. Pe→Le   1, UI

4. Le   2、3,M.P.(肯定前件)

(二)存在概括规则

考虑第二节一开始所给出的一个推理:

    2既是偶数又是质数。

    所以,有的偶数是质数。

它被符号化为:

    $Ea \land Ca$

    ∴ $\exists x(Ex \land Cx)$

显然,该推理的前提($Ea \land Ca$)是结论中被存在量化的命题函项($Ea \land Ca$)的一个替换实例。由前可知,一存在量化的命题函项为真,当且仅当它至少有一个替换实例为真。因此,可增加如下一条新的规则:任一命题函项的存在量化都可有效地从它的一个替换实例推出。这一规则称作存在概括规则,缩记为 EG,它可表示如下:

    EG: φa

    ∴ $\exists x \varphi x$ (其中 a 是任一个体符号)

由于这一规则允许我们引入存在量词($\exists x$),因而亦称为存在引入规则。

运用存在概括规则可对上一推理证明如下:

    1. $Ea \land Ca$

    2. $\exists x(Ex \land Cx)$

(三)全称概括规则

考虑下述推理:

    所有金属都是导电体;

    铁都是金属;

    所以,铁都是导电体。

它可被符号化为:

    $\forall x(Jx \to Dx)$

    $\forall x(Tx \to Jx)$

    ∴ $\forall x(Tx \to Dx)$

现在我们引入一个新的符号,小写希腊字母"β",代表从"a,b,c,d,……"中任意选取的一个个体符号。这样,表达式 $\varphi \beta$ 就是命题函项 φx 的一个替换实例。它断定:任意选取一个个体都具有性质 φ。显然,由于对所有个体来说为真的,则对任意一个个体来说也必定为真,因此,根据 UI 可从 $\forall x \varphi x$ 有效地推出 β。显然,这里逆推也是同样有效的。因为对任意一个个体来说为真的,对所有个体来说也必定为真。据此,我们又可增加一个新的规则:如果一命题函项的替换实例中的相关个体是任意选取的一个,则从这一替换实例可有效地推出该命题函项的全称量化。

第六章　现代逻辑方法　169

这一规则称作全称概括规则,缩记为 UG,它可表示如下:

UG：φβ　（其中,β 指任任意选取的一个个体,且 φβ 不在任一包含了特殊符号"β"的假设范围之内）

∴ ∀xφx

由于这一规则允许我们引入全称量词(∀x),因而亦称为全称引入规则。

根据 UG,就可对上述推理构造出如下证明：

1. ∀x(Jx→Dx)
2. ∀x(Tx→Jx)
3. Jy→Dy
4. Ty→Jy
5. Ty→Dy　H.S.(假言三段论)
6. ∀x(Tx→Dx)

为了确保 UG 规则的正确运用,使之不能用于非有效的推理,规则中所给出的两个限制是必不可少的。对此,我们可通过以下两个显然是非有效的推理加以说明。

例一：北京是个大城市,

所以,每一事物都是大城市。

这一推理明显是错误的。但是如果我们忽视运用 UG 规则时的第一个限制,就会给出如下的证明：

1. Cb　P
2. ∀xCx　UG(错误的)

这里的错误在于:该前提中的个体符号 b,由于有着特定的指称(即指代"北京")因此,它并非一个任意选取的特殊的"β",所以,不能对之使用 UG 规则。

如前所述,签于命题逻辑的二十条推理规则也都纳入谓词逻辑之中,如若证明中使用了 RCP(条件证明规则)或 RAA(间接证明规则)就会出现假设前提及其作用范围。而这就牵涉 UG 的第二个限制。

例二：并非任一事物都是能食用的,

所以,每一事物都不是能食用的。

这一推理的非有效性是显然的。然而,如果不注意 UG 的第二个限制,也会对之给出如下的证明：

1. ¬∀xSx　　　　　　　　　　P
2. Sa　　　　　　　　　　　　AP(假设)
3. ∀x¬Sx　　　　　　　　　　2,UG(错误的)
4. Sa→∀xSx　　　　　　　　2—3,RCP
5. ¬Sa　　　　　　　　　　　1、4,M.T.(否定后件)
6. ∀x¬Sx　　　　　　　　　　5,UG

这里的错误在于:当第 3 行对第 2 行使用 UG 时,φβ(这里就是 Sa)是在包含

了 β(即 a)的假设范围之内的,因而是不正确的。需要注意的是,我们把每一假设自身也都看作是在其假设范围之内的。但是,一旦假设前提被消去,则"β"就不再受此限制。譬如,上述证明中第 6 行对第 5 行运用 UG 就是正确的。再如,考虑以下推理:

　　任一事物或处于相对静止,或处于机械运动。
　　摩擦的事物都不是处于相对静止的,
　　所以,摩擦的事物都是处于机械运动的。

这一推理是显然有效的,其有效性可证明如下:

　　1. $\forall x(Bx \vee Cx)$　　　　　　　　　P
　　2. $\forall x(Ax \to \neg Bx)$　　　　　　　P
　　3. Aa　　　　　　　　　　　　　　AP(假设)
　　4. $Aa \to \neg Ba$　　　　　　　　　2,UI
　　5. $\neg Ba$　　　　　　　　　　　　3、4,M.P.(肯定前件)
　　6. $Ba \vee Ca$　　　　　　　　　　1,UI
　　7. Ca　　　　　　　　　　　　　5、6,D.S.(选言三段论)
　　8. $Aa \to Ca$　　　　　　　　　　3—7,RCP
　　9. $\forall x(Ax \to Cx)$　　　　　　　　8,UG

其中,尽管个体符号 a 在假设范围内出现,但是由于第 8 行 RCP 的运用已把假设前提消去,所以第 9 行 UG 的使用是正确的。

(四)存在例示规则

最后介绍的一个规则与证明下述推理的有效性有关:

　　所有罪犯都要受到法律的制裁。
　　有的人是罪犯。
　　所以,有的人要受到法律的制裁。

这一推理可符号化为:

　　$\forall x(Zx \to Lx)$
　　$\exists x(Px \wedge Zx)$
　　$\therefore \exists x(P_x \wedge L_x)$

由前述可知,一命题函项的存在量化为真,当且仅当它至少有一个替换实例为真。不管 φ 代表一种什么性质,由于 $\exists x\varphi x$ 总是断定了至少存在一个个体,它具有性质 φ。因此,从 $\exists x\varphi x$ 就可以推出有那么一个个体,它具有性质 φ。当然,这一个体不能象前述'β'那样是任意选取的。(否则,就意味着 $\forall x\varphi x$)。因此,这一个体既不能在这一推导的先前任何一处出现,也不能在结论中出现(否则,这就意味着这一个体是已知的某个特定个体)。对这一推出的那么一个个体,我们可用推导中尚未使用的个体常项,如 w 来表示,亦即假定 w 就是被该存在量化命题所定的那么一个个体。这样,从 $\exists x\varphi x$ 我们就可推出 φw。由此,我们给出最后的一个量词规则:从一命题函项的存在量化,可有效地推出它的对某一个体来说为真的替换实例,该个体不能在这一推导的先前任何一处或结论中出现。这一规则称作存在例示规则,缩记为 EI。它可表示如下:

$$EI: \exists x\varphi x$$
$$\therefore \varphi\alpha$$(其中,α 是不在这一推导的先前任何一处或结论中出现的个体常项)

由于这一规则允许我们消去存在量词($\exists x$),所以亦称为存在消去规则。根据这一规则,就可以对上述推理的有效性证明如下:

1. $\forall x(Zx \to Lx)$
2. $\exists x(Px \land Zx)$
3. $Pa \land Za$ 2, EI
4. $Za \to La$ 1, UI
5. Za 3, Simp(简化)
6. La 4. 5, M.P.(肯定前件)
7. Pa 3. Simp.
8. $Pa \land La$ 6, 7, Conj(合取)
9. $\exists x(Px \land Lx)$ 8, EG

运用 EI 时,有关该规则的限制也是必不可少的。

例一:有事物是圆的,

有事物是不圆的,

所以有事物既是圆的又是不圆的。

如果无 EI 的限制,就会对这一明显错误的推理进行如下的"证明":

1. $\exists xRx$ P
2. $\exists x\neg Rx$ P
3. Ra 1. EI
4. $\neg Ra$ 2. EI(错误的)
5. $Ra \land \neg Ra$ 3,4,Conj(合取)
6. $\exists x(Rx \land \neg Rx)$ 5, EG

这里的错误在于:虽然第 3 行通过对第 1 行使用 EI 得出 Ra 时,a 不在这一推导的先前任何一处出现,但第 4 行对第 2 行再次使用 EI 时,因为这时 a 已在第 3 行出现,它已用以指称(具有"圆"这一性质的)某一特定个体。因此,第 4 行 EI 的使用是错误的。

例二:有人是漂亮的

所以,孔子是漂亮的。

这一推理显然是非有效的。但是如果忽视了 EI 的第二个限制,也可以对它进

行如下的"证明":

    1. $\exists x(Px \land Bx)$
    2. $Pa \land Ba$, EI(错误的)
    3. Ba 2, Simp(简化)

这里的错误在于:当第2行对第1行运用EI时由于所使用的个体常项"a"最后在结论中出现,而a在结论中出现,就意味着a被判定为是具有性质B的一个具体的个体。但是,从"$(\exists x)\varphi x$"只能推出某一个不确定个体具有φ性质,不能推出一个具体的确定的个体具有φ性质。因此这一个体不能在结论中出现。所以第2行EI的使用是错误的。

显然,在一个证明中,如果EI和UI都要被用于对同一个个体常项进行例示时,则我们总是应首先使用EI。

需要指出,对某些包含量词的有效推理,需运用条件证明时,不但可以作出任一有限范围的假设,并且可以作出多于一个的有限范围的推论。例如:

    任一有理数或是整数或是分数。
    所有自然数都不是分数。
    所以,所有自然数都是整数。

这一推理的有效性可证明如下:

    1. $\forall x(Qx \rightarrow (Zx \lor Dx))$ P
    2. $\exists x(Qx \rightarrow (Nx \rightarrow \neg Dx))$ P
    3. Qy AP(假设)
    4. Ny AP(假设)
    5. $Qy \rightarrow (Zy \lor Dy)$ 1, UI
    6. $Qy \rightarrow (Ny \rightarrow \neg Dy)$ 2, UI
    7. $Ny \rightarrow \neg Dy$ 3, 6 M.P.(肯定前件)
    8. $\neg Dy$ 4、7, M.P.
    9. $Zy \lor Dy$ 3、5, M.P.
    10. $Dy \lor Zy$ 9. Com(交换)
    11. Zy 8、10, D.S.(选言三段论)
    12. $Ny \rightarrow Zy$ 4—11, RCP
    13. $Qy \rightarrow (Ny \rightarrow Zy)$ 3—12, RCP
    14. $\forall x(Qx \rightarrow (Nx \rightarrow Zx))$ 13, UG.

最后,还需指出,上述四个量词规则如果用于更复杂的(如包含了两个个体变项的)推理的有效性时,特别是用于证明包含关系谓词(即多元谓词)推理的有效性时,我们必须对它们再增添一些新的限制。但是,这已超出本书的讨论范围。对于日常的只包含一个变项的谓词推理以及第三章所介绍的三段论推理,在证明其有效性时,上述已给出的限制已经足够了。

第三节 公理方法

一、什么是公理系统

如果对任一科学知识进行逻辑考察,那么首先就可看出,任何一门科学知识都由一些概念和命题组成,并若再进一步进行分析,就可看到,在概念之间存在着一种关系——可定义性,即用另外一些概念可给某些概念下定义。固然,定义在具体学科知识中有着不同特点,但是其基本作用仍是为了确定语词的含义和用法。通过定义还可揭示概念间的相互联系,从而把该门科学知识的概念系统地结合为一个整体。命题之间也存在一种关系——可推演性,即一些命题可从另外某些命题推出。可推演性不但揭示了命题之间的联系,并且通过推演的方法也可把一门科学知识的规律性陈述系统地结合为一个整体。由此所形成的一种概念和命题的网络,才能构成了一门科学知识系统。可见,定义和演绎对任何一门科学知识来说都是必不可少的工具。

对一门理想的科学来说,我们期待它所有的命题都应由其他一些命题推出从而得到证明。而它所有的概念也都应给出定义。但是,如果仅用概念来定义概念,仅用命题来推演命题,那么,倘若想在一个知识系统内给该系统所有的概念下定义、这必定会导致无穷的定义序列或者循环定义;同样,要证明所有的命题,其证明过程也必定或者是无穷的证明或者是循环论证。因此,就定义来说,某些用以定义其他概念的概念,其含义必须是予先假定的,或事先为人所熟知的。就推演来说,某些借以推导其他命题的命题,其真实性也应当是先前经过验证的。

这样,在构成一门科学的知识系统内,不是所有的命题都可得到证明,也不是所有的概念都可得到定义。因此,科学的理想不是其中每一命题可以导出其所有命题,由为数最少的概念可定义其余所有概念。这种理想的知识系统被看成是一个演绎系统。

从纯数学或逻辑的观点看,一个演绎系统可看作一种广泛而复杂的论证,它的前提是公理,它的结论是推出的全部定理的合取。

说一演绎系统的任一命题是该系统的一个公理,如果在该系统中它是被假定而不是被证明的。因而,公理就是一系统中所假定但不予证明的命题。但这种假定并非纯粹的假定,或不确定的假定,而应该是令人信服的细心建立起来的假定。传统上要求公理须是不证自明的东西,现代则不做这种要求,只要求公理是在该系统内不予证明,因此,确定公理为真的证明必定是该系统之外,或超系统的证明。

说一命题是一系统的定理,如果它是从该系统的公理演绎出来的。在演绎系统中,定理必须是严格地从所给公理推演出来,即,除公理之外,定理的推演不得再借助其他的前提假设。否则,不论定理本身是否正确,都不能达到系统化的目的。

现代逻辑系统是形式演绎系统,它们也由推导规则和公理及定理组成,但在形式系统中,它们的不加定义的初始概念都是一些任意的符号,而对这符号的解释是超系统的,因而,现代逻辑亦称符号逻辑。

无论是逻辑学或其他学科,当我们想为之构造一公理系统时,最基本的装置是:

(1)要有一套专门的词汇。这些词汇的组合可用以表达该学科主题。

(2)要有一些规则以确定词汇的组合哪些是合适的,可接受的,哪些是不合适的,应排除的。从形式观点看,这些规则是有关符号有意义地形成表达式的规则。

(3)要有一些公理。在非逻辑系统中,其公理是关于该学科主题的综合命题。这些命题之所以被选做公理是由于它们可生成定理。从形式观点看,公理即一系统中所假定的不予证明的有效公式。

(4)要有一些推导规则。运用这些规则可从公理推导出定理。形式上称它们为变形规则。

(5)要有一些定理。它们都是有关该学科真理性,规律性陈述。在逻辑系统中,其定理都是该系统的有效公式(或逻辑真理)

(6)有时还可给出某些定义,通过定义可引入一些新的符号。从逻辑上看,定义在演绎系统中纯粹是为了方便。

二、命题逻辑公理系统

下面我们给出命题逻辑的一个公理系统 PC。

(一)词汇表

(1)联结词:¬,→。

(2)命题变项:$p,q,r,\cdots\cdots$。

(3)左括号"(",右括号")"。

(二)形成规则

(1)任一命题变项是一合式公式。

(2)若 α,β 是合式公式,则?$\alpha,\alpha\to\beta$ 也是。

(3)只有按(1)、(2)所形成的公式为合式公式。

(三)公理模式

即任一有着与下述公式形式结构相同的公式都为该系统的公理。

A1. $\alpha\to(\beta\to\alpha)$

A2. $[\alpha\to(\beta\to r)]\to[(\alpha\to\beta)\to(\alpha\to r)]$

A3. $[(\neg\alpha\to\neg\beta)\to(\neg\alpha\to\beta)]\to\alpha$

(四)变形规则

分离规则:从 α 和 $\alpha\to\beta$ 可推出 β。

(五)定义

(1) $\alpha\vee\beta=df\neg\alpha\to\beta$。

(2) $\alpha\wedge\beta=df\neg(\neg\alpha\vee\neg\beta)$。

(3) $\alpha\leftrightarrow\beta=df(\alpha\to\beta)\wedge(\beta\to\alpha)$。

(六)定理

T1. $\alpha\to\alpha$(同一律)

T2. $(\beta-r)\to(\alpha\to\beta)\to(\alpha\to r)$

T3. $\neg\neg\alpha\to\alpha$

T4. $\alpha\to\neg\neg\alpha$

T5. $(\alpha\to\neg\alpha)\to\neg\alpha$

T6. $(\alpha\to\beta)\to(B\to r)\to(\alpha\to r)$

以下是 T1 的证明:

1. $\{\alpha\to((\alpha\to\alpha)\to\alpha))\to[(\alpha\to(\alpha\to\alpha)]\to(\alpha\to\alpha)\}$ A_2
2. $\alpha\to[(\alpha\to\alpha)\to\alpha]$ A_1
3. $[\alpha\to(\alpha\to\alpha)]\to(\alpha\to\alpha)$ 1、2,分离
4. $\alpha\to(\alpha\to\alpha)$ A_1
5. $\alpha\to\alpha$ 3、4,分离

关于谓词逻辑的公理系统可在 PC 系统基础,再增加一些有关谓词推理的公理即可得到,对此,我们不再多做介绍。

三、形式演绎系统的特征

一般说来,人们在构造一个形式演泽系统时,通常总有一个最初的原型。即以某一特定题材内容为基础加以抽象,概括而成的。一旦一个形式系统被构造出来,自然而然所产生的一个问题是,该系统能否表达我们所要表达的有关题材内容的所有命题。如果能,就说这一形式系统"在表达上是完全的",否则,就是"表达上不完全的"。但是,表达完全是对形式系统的基本要示。其实,对任一形式系统都有着"真"(一致性),"善"(完全性),"美"(独立性)的不同要求。

(一)形式演绎系统一致性问题

古典意义下的一致,即在没有语义、语法时,对命题逻辑的一般性要求。对一形式系统的任意两个公式 A 和¬A(即一个是另一个的否定或矛盾)来说,它们能否在该系统中都成立,或者说都可作为定理得到证明?如果一个系统不

包含这样的公式,使得该公式及其否定都可在该系统中得到证明,则称这一系统是一致的(consistent),否则,就是不一致的。这就是对形式系统为"真"的要求。一致性也是任一演绎系统所必须具备的基本特征。这是因为:第一,由于 A 和¬A 是一种矛盾。如果一个系统存在有矛盾(即 A 和¬A 在其中都可得到证明),那么该系统就是无价值的。因为这样的系统不可成为系统化的知识。知识只能由真命题表达,但 A 和¬A 却不可能都真。第二,从逻辑上看,由于从矛盾出发可推出任意的结论,即下述推论总是有效的:

  A
  ¬A
  ∴ B

因此,若一系统包含有矛盾,则由该系统可推导出任意命题。显然,这样的系统所提供的东西是不能令人信服的。

前述一致性的定义称为"古典的"定义。演绎系统的一致性还可以下述方式给出:

  一致性语义定义:一公理系统是一致的当且仅当该系统一切可证公式都是真的。这种一致性又称为公理系统的可靠性。

  一致性语法定义:一公理系统是一致的当且仅当并非任一合式公式在该系统都是可证的。换言之,至少有一公式在该系统内不可证。因为,若任一公式在该系统内都可证,则 A 和非 A 在该系统内也都可证,这样,该系统就是不一致的。

命题逻辑在上述三种意义下都是一致的。即命题逻辑的可证公式都是真的(语义一致),并且并非任一公式在命题逻辑中都可证(语法一致),及对任一公式 A,A 和¬A 不都是命题逻辑的定理(古典一致)。

(二)形式演绎系统的完全性问题

一公理系统能否包括我们所想要的一切公式,更确切地说,能否包括一定范围的一切真命题,这就是公理系统的完全性问题。如果一公理系统在某种解释下全部为真的公式在该系统中都是可证的,或都是定理,则称该系统是完全的,否则就是不完全的。通常把这种定义称为完全性的语义定义(完备性)。而这正是对演绎系统所谓"善"(完善)的要求。可把一致性的要求和完全性的要求进行对比:

  一致性——可证的都是真的。
  完全性——真的都是可证的。

完全性也有着其他的定义:

  完全性语法定义:若把任一不可证公式作为其公理或定理,则该系统就是不一致的。

  完全性古典定义:一系统是完全的,当且仅当对任一合式公式 A,或者 A 可证,或者¬A 可证。(一般的完全性)

命题逻辑在语义和语法意义上都是完全的,但在古典意义下却是不完全的。因为,譬如,"p→q"和¬(p→q)在该系统中就都不是可证公式。

关于完全性问题有两点需要说明:其一,完全性是以一致性为基础的,因为对一个不一致的系统来说,由于任一公式在其中都可证,所以不一致的系统总是"完全的"。换言之,不一致的系统根本不存在是否完全的问题。因而,一致性是完全性的先决条件。其二,完全性作为演绎系统的一个重要特征,固然是人们努力追求的目标,但是,一个不完全的系统仍然可以是十分重要和有价值的。譬如,如果从欧氏几何中去掉平行公理,由于该公理及其否定都不能从其余的公理推出,因而,去掉它之后,就得到一个不完全的演绎系统。而研究没有平行公理的欧氏几何系统,却使人们发现空间所具有的性质,也可发现欧氏几何和非欧氏几何的共同特点。

(三)形式演绎系统独立性问题

独立性说的是公理设计没有多余的,并且是足够的。

独立性既不可推演性。若一公式不能从一类公式推出,则称该公式对这类公式是独立的。对一演绎系统来说,一般要求其公理都应是独立的。即该系统的任一公理都不能作为定理从其余的公理推出。

前面说过,一个不一致的系统不但在逻辑上有缺陷,而且是毫无价值的。但一个有着某公理是不独立的系统在逻辑上并没有什么大的缺陷。然而这不免使人感到该系统相对所必需的东西来说有着更多的假定,因而是多余的,不美的。所以也是应加避免的。

前面我们所介绍的命题逻辑公理系统,其公理都是独立的。

■基本概念

命题逻辑　真值表判定方法　真值表归谬法　自然演绎方法　形式证明　推导规则　置换规则　谓词逻辑　个体词　谓词　一元谓词　个体常项　个体变项　命题函项　替换实例　普通命题　全称量词　存在量词　量词变换规则　个体域　全称例示规则　存在概括规则　全称概括规则　存在例示规则　公理系统　公理　定理　形式演绎系统的一致性　形式演绎系统的完全性　形式演绎系统的独立性

练习题

一、用真值表方法证明下面推理形式的有效或非有效性。

例题：
p∨q
¬p
∴ q

解答：
对上一推理形式可给出真值表如下：
((p∨q)∧¬p)→q
真真真 假假 真真
真真假 假假 真假
假真真 真真 真真
假假假 假真 真假
①④② ⑤③ ⑥

1. p∧q
∴ p

2. p→q
¬q
∴ ¬p

3. p→q
∴ ¬q→¬p

4. p→q
∴ q→p

5. p→(q→r)
p→q
∴ p→r

6. p→q
r→s
¬q∨¬s
∴ ¬p∨¬r

第六章 现代逻辑方法

二、用真值表简化方法证明上面一题中的每一推理形式是否有效。

例题:

p∨q

¬p

∴q

解答:

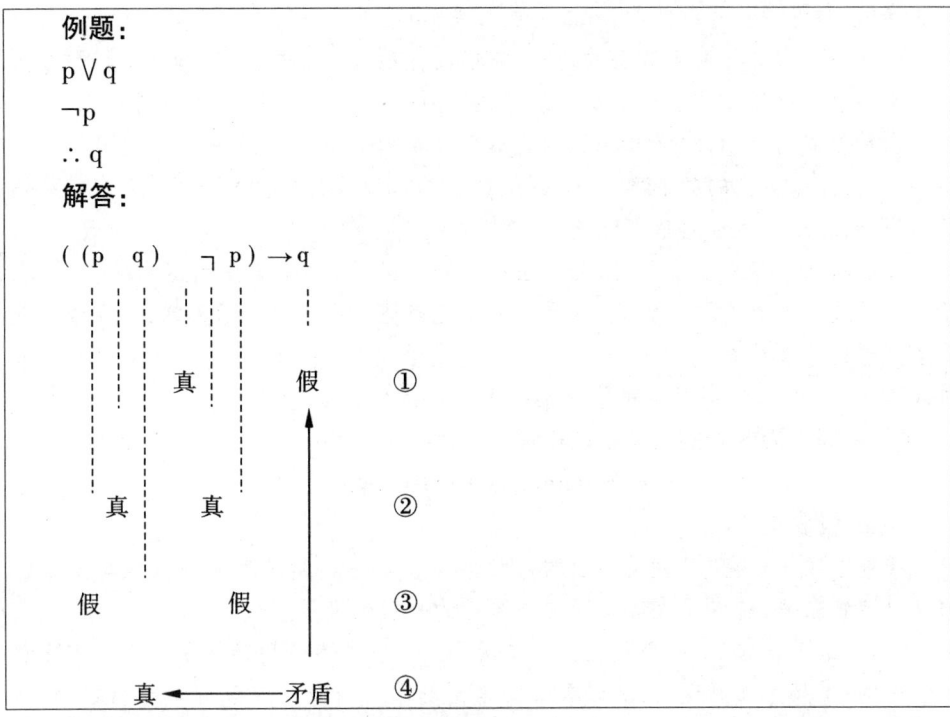

由上述简化真值表证明该推理形式有效。

三、运用给定的符号,把下面的推理符号化,并对推理的有效性构造一个形式证明。

例题:

如果石蕊纸变红,那么该溶液是酸性的。因此,如果石蕊纸变红,那么,或者说溶液是酸性的,或者有什么地方弄错了。

(A:石蕊纸变红;B:溶液是酸性的;C:有什么地方弄错了)

解答:

该推理经符号化,为:

A→B

∴A→(B∨C)

其形式证明如下

1. A→B   P∴A→(B∨C)
2. ¬A∨B   1. 实质蕴涵律
3. (¬A∨B)∨C   2. 附加律
4. ¬A∨(B∨C)   3. 结合律
5. A→(B∨C)   4. 实质蕴涵律

1.如果红队或蓝队胜了,那么白队不能进入决赛,红队胜了,所以白队不能进入决赛(p:红队胜;q:蓝队胜;r:白队进入决赛)

2.如果我们的法律是健全的,并且它们的每项条文都是极其严格和精确的,那么就不再有人钻法律的空子。如果法律的每项条文都是极其严格和精确的,则不再有人钻法律的空子,那么社会上的犯罪率就会降低。我们的法律是极其严格和精确的,因此社会上的犯罪率会降低(p:我们的法律极其严格和精确;q:有人钻法律的空子;r:社会上的犯罪率会降低)。

3.如果某甲犯有盗窃罪,则会依法按盗窃罪处罚;如果某甲还犯有杀人罪,则还会依法按杀人罪处罚。因此,如果某甲既犯有盗窃罪又犯有杀人罪,则会依法既按盗窃罪处罚又按杀人罪处罚。(p:某甲犯有盗窃罪,q:对某甲依法按盗窃罪处罚;r:某甲犯杀人罪,s:对某甲依法按杀人罪处罚。)

四、考虑下面的案例及其中的辩词①

Musgrove 诉 Pandelis 案

案由:侵权案

案情事实:一辆油箱装满了油的机动车停在车库。油箱起火并且汽车发动机的点火装置未关,造成了火势蔓延并给原告的财产带来了损失。

辩词:依据普通法,一个人在三种情况下对于其所有的财产所引发的火灾是负有责任的:①只身逃离现场;②如果火灾是由其本人疏忽或有意的行为引起的;③依据 Rylands 诉 Fletcher 中的原则。问题在于遵循 Rylands 诉 Fletcher 的原则,则油箱装满汽油的机动车被放入车库究竟是不是危险事由。我和 Lush 的意见一致,认为依照此原则,这辆机动车的停放是危险事由。被告将车子停入车库或在被告许可前提下由他人将车子停入了车库。被告对由此引发的火灾负有责任,不受法律保护。

辩词的逻辑结构:如果被告只身从火灾现场逃离(p)或者火灾由本人疏忽或有意的行为引起(q)或者 R 诉 F 原则适用(r),那么被告对由其所有物引发的火灾负有责任(s)。如果被告行为是危险事由(t)那么适用 R 诉 F 原则。如果被告将机动车停入或造成了机动车事实上停入车库(u),那么被告的行为是危险事由,被告将机动车停入了或者造成了车辆的事实上停入。因此,被告负有责任。

试回答:

(一)对案例中的辩词,使用指定的符号把它符号化,然后为构造一个形式证明。

(二)用真值表简化方法检验该辩词,证明下述问题:

1.可靠性证明:看其推理形式是否为永假式,如果不是永假式,则结论就是有

---

① 该例子取材于 Ilmar Tammelo: Modern Logic in the Service of Law, Springer-Verlag, 1978.

可靠性。

2. 有效性证明:看其推理形式是否一永真式,如果是一永真式,则为有效推理。

五、对下面每一命题,依据指定的符号,使用量词和命题函项的概念译为谓词公式。

> **例题:**苹果和桃好吃并且有营养。
> (Ax:x 是苹果;Bx:x 是桃;Cx:x 好吃;Dx:x 有营养)
> **解答:**显然,上述命题的准确的含义是:如果任一东西是苹果或者桃子,那么它就是既好吃又有营养的。因此,它可被符号化为:
> $\forall x[(Ax \lor Bx) \rightarrow (Cx \land Dx)]$。

1. 人都是哺乳动物。(Ax:x 是人;Bx:x 是哺乳动物)
2. 鸟都不是哺乳动物。(Cx:x 是鸟;Bx:是哺乳的物)
3. 世界上至上有一座山峰是未被攀登的。(Sx:x 是座山峰;Ux:x 是未被攀登的)
4. 只有实践才是检验真理的标准。(Gx:x 是检验真理的标准;Px:x 是实践)
5. 苹果和橘子都是水果。(Dx:x 是苹果;Ex:x 是橘子;Fx:x 是水果)
6. 一件东西是珍贵的,当且仅当它是价格昂贵或者极有纪念意义。(Ux:x 是珍贵的;Wx:x 是价格昂贵;Zx:x 极有纪念意义)
7. 并非所有身处逆境的人都是成材的(Hx:x 是人;Nx:x 是身处逆境的;Ix:x 是成材的。)

六、考察下面的案例。

Brom 诉 Morgar 案

案由:侵权

案情事实:

一位丈夫和他的妻子共同受雇于一家公司。该丈夫无意中伤害了他的妻子,其妻将雇主诉之法院要求赔偿。

辩词(被告律师所做的):连带责任和过错责任是两种不同的责任错误。如果仅产生连带责任时,一个前提条件是,行为当事人——本案中即那位丈夫,必须对其行为负有责任,即行为人必须不是过失伤害了他的妻子。法律中并没有规定丈夫不得在过失情况下给妻子造成伤害。即使丈夫伤害了妻子的头部,妻子也不可能依据法律告他侵权。不否认,妻子可以告丈夫猛然暴力袭击。如果没有法律所限制的行为发生,就没有所谓的"侵权"。"侵权"是指行为上的过错,该丈夫对妻子的伤害不构成行为上的过错,因此,依照法律,雇主不负有任何责任。

辩词的逻辑结构:对任何一个 x 来说,如果 x 侵权,那么 x 有行为过错。并非该丈夫有行为过错。如果并非丈夫有责任,那么并非雇主有责任。并非雇主负有责任。

这里还有一隐含的前提,即:某人负有责任当且仅当他侵权。

用下面给它的符号把该论证符号化:

T:……侵权

W:……有行为过错

L:……负有责任

u:该名丈夫

e:该雇主

试用自然演绎的方法为该推理的有效性构造一个形式证明。

第七章

思维的基本规律

知识结构图

```
                  ┌ 同一律的基本内容和要求
            同一律 ┤ 违反同一律要求所犯的逻辑错误
                  └ 同一律在法律工作中的运用

                  ┌ 矛盾律的基本内容和要求
            矛盾律 ┤ 违反矛盾律要求所犯的逻辑错误
                  │ 正确理解和运用矛盾律
                  └ 矛盾律在司法工作中的运用
逻辑学的基本规律 ┤
                  ┌ 排中律的基本内容和逻辑要求
            排中律 ┤ 违反排中律要求所犯的逻辑错误
                  │ 正确理解排中律
                  └ 排中律在司法实践中的作用

                    ┌ 充足理由律的内容和逻辑要求
            充足理由律 ┤ 违反充足理由律所犯的逻辑错误
                    └ 充足理由律在司法实践中的作用
```

本章导读

逻辑基本规律是关于思维的逻辑形式的规律,包括同一律、矛盾律、排中律和充足理由律,它对概念、判断、推理等各种思维形式都有约束力,对各种逻辑形式的正确运用具有普遍性的指导意义,是保证人们的思维具有确定性、一贯性、明确性和论证性的必要条件,是正确思维的起码要求。如果违反逻辑基本规律,思维就会出现混乱,人们就不能正确地认识事物和准确地表达思想。在立法和司法工作中,自始至终都要遵守逻辑基本规律,要坚持"以事实为根据,以法律为准绳"的法的适用原则,就必须遵守逻辑基本规律。

第一节 同一律

一、同一律的基本内容和要求

同一律的基本内容是:在同一思维过程中,任一思想都必须与其自身保持同一。

逻辑所说的"同一思维过程",是指同一时间、同一关系、同一思维对象三个方面的"三同一"思维过程。其中所谓"同一时间"是指,思维对象正处在量变阶段,尚未发生质变之前的一段时间;所谓"同一关系"是指,思维对象的同一方面、角度、场合等。另外,还必须明确,同一律要求的同一是每一个思想的同一,并不是语词形式的同一。表达同一概念的不同语词可以指称同一对象。

同一律的公式为:A 是 A。

这个公式中的"A"表示任一思想,它可以是概念,也可以是判断。"A 是 A"意思是:在"三同一"思维过程中,"A"与"A"自身同一。

同一律的要求体现在两个方面:同一律是要求人们的思维保持确定性的规律。它要求在同一思维过程中,也就是说,在同一时间、同一关系下,对同一思维对象所做出的反映形式——概念或判断必须保持自身的同一。

(一)概念必须保持其自身的同一

任何一个概念必须是确定的,都有其确定的内涵和外延。也就是说,一个概念反映了对象的什么本质属性就反映了什么样的本质属性,指称了哪些对象就指称了哪些对象,不能随意增加或减少其内涵,也不能随意缩小或扩大其外延。所以,概念的内涵和外延一经明确规定之后,必须保持其一致性。如刑法上的"犯罪嫌疑人""刑事被告人""罪犯"概念,这三个概念是刑事诉讼不同阶段的不同称谓,按照法律规定都有确定的内涵和外延,不能混淆。

(二)判断必须保持其自身的同一

任何一个判断都要有其确定的、同一的含义。也就是说判断所断定的内容要保持确定性和同一性,前后保持一致,即对同一事物情况的断定是确定的,即肯定就是肯定,否定就是否定。一个判断断定了什么思想便断定了什么思想,不能用另外的不同的判断来代替。例如:

李某自进入监狱以来,认真遵守监规监纪,也积极改造思想,在劳动中能吃苦耐劳,取得了较好的成绩。所以,他被评为改造积极分子。

　　不难看出,在这个判断中,"李某被评为改造积极分子"保持了自身的同一性,即它所断定的内容是确定的。

二、违反同一律的要求所犯的逻辑错误

　　在使用概念、判断进行推理论正的过程中,如果违反了同一律的要求,就要犯偷换概念或混淆概念,偷换论题或转移论题的逻辑错误。

(一)偷换概念或混淆概念

　　所谓偷换概念或混淆概念是指在同一思维过程中,故意或无意地违反同一律的要求,将内涵和外延不同的概念当成同一个概念来使用所犯的逻辑错误。具体表现为:同一个语词前后表达的是不同的概念,或者将两个完全不同的概念当成同一个概念来使用。

　　偷换概念的表现形式通常是利用同一个语词在不同语言环境里表达不同的内容,从而把不同的概念说成是相同的。例如:

　　　　达尔文的《物种起源》问世以后,遭到宗教界人士的恶毒攻击。他们认为:该书关于"人起源于人猿"的论断亵渎神灵,有损人的尊严,甚至质问达尔文他的祖父母是否也是由猴子变化而来。

　　在这里,同一语词"人"所表达的是两个不同的概念。达尔文认为"人起源于类人猿"中的"人"是指人类整体,是集合概念;而宗教界人士所说的"人"是指人的个体,是非集合概念。宗教界人士把两个不同的概念混为一谈,犯了偷换概念的逻辑错误。

　　混淆概念这种逻辑错误主要是由于思想模糊、认识不清或缺乏逻辑素养,以致于错误地把两个不同概念看成是相同的。混淆概念的错误常常在词义相近或一词多义的情况下发生。例如:

　　　　某案被告人的辩护人在法庭辩护中说道:"被告人在犯罪前(在军队服役期间)有过立功表现。按我国《刑法》第六十八条规定,有重大立功表现的可以减轻或者免除处罚,希望法庭在量刑时考虑这一点。"

　　这是一个无效的三段论,在这个三段论中两次用了"立功表现"这个概念,而它的内涵与外延不是同一的,第一个"立功表现"是指被告以前的其他立功行为,第二个"立功表现"指的在是本案中,而两处"立功表现"没有保持同一的内容。此案辩护人错误地把两者混为一谈,扩大了刑法规定的"立功表现"的适用范围,违反了同一律,犯了混淆概念的错误。

　　在司法实践中,有人把"劳改"与"劳教"、"刑事拘留"与"行政拘留"、"从轻处罚"与"减轻处罚"混同起来,没有弄清楚其真正含义是什么,而当作同一概念来使

用,这也是混淆概念的表现。

(二)偷换论题或转移论题

所谓偷换论题或转移论题是指在同一思维过程中,思维主体在使用判断进行推理或论证的时候,有意或无意地用另一个判断代替原来已经使用过的判断,把两个不同的判断当成了同一个判断来对待,即没确保持判断的同一。例如:

甲:你收受了多少金额的贿赂?
乙:500万元人民币。
甲:你知道这是一种犯罪吗?
乙:其他官员也受贿。

乙最后一句话转移了论题。甲问他的是"贿赂是不是一种犯罪",他应该回答是或不是。但乙没有回答,而是用"其他官员也受贿"这个判断去转移甲的论题。即使证明了"其他官员也受贿"这个判断是真实的,也不能证明乙的受贿不是一种犯罪,因为,这是完全不同的两个判断。这种答非所问,犯了"偷换论题或转移论题"的逻辑错误。

为正确理解同一律,应注意以下几点。

(1)不能把同一律与形而上学混为一谈,把同一律要求概念、判断在思维中要保持自身同一,断言为世界上的事物是绝对的、永恒的同一,显然是荒谬的。对同一律的正确理解是:它不是世界观而是普通逻辑中的思维规律,它只在思维领域里起作用,并不在客观物质世界起作用,它不否认客观事物的发展变化,它以承认客观事物的发展变化为其存在的前提。

(2)要恰当地掌握同一律的适用范围。同一律要求人们的思维要有确定性,是有条件的,即必须是同一时间,同一关系下对同一对象而言。时间变了,反映事物的概念/判断发生变化并不违反同一律。我们说,"某人是讲师";过了几年后,我们又说,"某人是教授",因为他晋升了职称。虽然对同一对象所做的两个判断内容不同一,但并不违反同一律。

(3)从不同方面反映同一事物,形成的概念或判断不同,也不违反同一律。例如,鲁迅先生在《纪念刘和珍君》中说:"刘和珍君是我的学生。她不是苟活到现在的我的学生,是为中国而死的中国青年。"对同一对象,鲁迅先生做出了两种不同的判断:"刘和珍君是我的学生""刘和珍君不是我的学生"。前者,鲁迅先生是从当初给刘和珍讲过课而言,后者则是从精神境界而言。因而不是违反同一律的。

三、同一律在法律工作中的运用

同一律在法律活动中的作用就在于保证法律思维的确定性,因此,在法律工作中,不论是立法还是司法工作,都要遵守同一律,保持所使用概念、判断的确定性,有助于法律的准确表述,有助于法律的正确使用。如果违反了同一律的要求就不能进行正确的法律思维,就不能正确表达法律思想。

例如,考虑下面的案例:

    被告人姜某,某日晚8点左右,乘电影院进出场人多拥挤之机将老年妇女陈某右耳上的一只金耳环拽走,陈某右耳被撕裂。

  本案中,有的人认为姜某猛力将一老年妇女陈某右耳上的一只金耳环拽走,致使陈某右耳被撕裂的行为应视为暴力行为,本案应定抢劫罪。但是,也有人认为:被害人陈某所受的伤,并不是被告人姜某故意地通过撕裂耳朵的方法来夺取被害人的金耳环,而是无意中给陈某造成的伤害。也就是说,因用力过猛致受害人伤害的,行为人仅有夺取财物的故意,对受害人的伤害则是夺取财物过程中无意造成的。

  显然,本案分析中,第一种观点混淆了抢夺罪和抢劫罪的界限。而区别抢夺罪和抢劫罪,关键是正确理解抢劫罪中的"暴力"和本案行为人致害所用"猛力"是否一致。"暴力"是法定的抢劫罪的重要手段。一般来讲,抢劫罪的暴力的内涵就是行为人对被害人实施人身伤害的一种打击,即犯罪分子侵犯他人的人身自由权、健康权直至生命权的强暴行为。其外延包括从身体强制、捆绑、殴打、伤害直至杀害的一系列表现形式。这种暴力的施加对象是他人的人身。而抢夺行为并不是故意以暴力侵犯他人人身的方法作为取财的手段,行为人的"力"是施加于财物上的,以使财物脱离被害人的控制而控制在自己手中。通过以上分析,我们不难得出结论:抢夺财物中因用力过猛而无意造成被害人伤害的应按抢夺罪从重处罚而不应定抢劫罪。

  抢夺罪和抢劫罪具有严格的内涵和外延,两者不能混淆。只有这样,才能在诉讼中保持这两种罪名概念的自身同一。

  总之,同一律在司法活动中起着重要的作用。遵守同一律的要求是办好案件、不枉不纵的必要条件。违反了同一律就会造成错案,冤枉无辜或者放纵了罪犯。因此,司法人员必须遵守同一律。

第二节 矛盾律

一、矛盾律的基本内容和要求

  矛盾律的基本内容和要求:在同一思维过程中,两个互相否定(互相矛盾或者互相反对)的思想不能同真,其中必有一假。它反映了正确的思维必须具有的不矛盾性,所以,有些学者称之为不矛盾律。

  矛盾律的公式为:"A 不是非 A",或并非(A 并且非 A),即$\neg(A \wedge \neg A)$。

公式中的"A"表示任何一个思想(概念或判断),"非 A"表示与 A 具有矛盾或者反对的思想。该公式表示在同一思维过程中思维形式不能既是 A 又是非 A,同一观点既肯定又否定,前后矛盾。也就是说,在同一思维过程中,如果"A"真,则"非 A"假,如果"非 A"真,则"A"假。这是因为在同一时间里,一个事物是 A,就不可能是非 A。一个事物在某一方面具有某种属性,就不可能同时又不具有某种属性。矛盾律正是这一客观情况的反映。

矛盾律要求我们:在同一思维过程中,对互相矛盾或者互相反对的思维形式不能同时是真,必须有一假。具体体现在两个方面。

(1)在概念方面,矛盾律要求在同一思维过程中,不能用表示"A"和"非 A"两种思想的概念来指称同一个对象。例如,对某人的某行为而言,不能同时用具有矛盾关系的概念"合法行为"与"不合法行为"去表示。一个人的行为不可能同时既是"合法行为"又是"不合法行为"。

(2)在判断方面,矛盾律要求在同一思维过程中,不能用表示"A"和"非 A"两种思想的判断来断定同一个事物的属性。即不能同时肯定两个互相矛盾或互相反对的判断都是真的,必须确认其中一个是假的。例如,下面的判断组之间就不能同时为真,其中必有一假:

①"某个 S 是 P"与"某个 S 不是 P"之间,即同素材的单称肯定判断与单称否定判断之间不能同真,其中必有一假。例如:

A:这个监狱的在押犯王某是盗窃犯。 (SAP)

非 A:这个监狱的在押犯王某不是盗窃犯。(SEP)

这两个判断之间具有矛盾关系,A 与非 A 二者不能同真,至少一假。

②"所有 S 是 P"与"所有 S 不是 P"之间,即同素材的全称肯定判断与全称否定之间不能同真。例如:

A:所有刑事被告都是罪犯。(SAP)

非 A:所有刑事被告都不是罪犯。(SEP)

同样,这两个判断具有反对关系,A 与非 A 二者不能同真,其中必有一个是假的。

矛盾律的基本内容和要求表明,包含有逻辑矛盾的思想必然有一个是假的,因此,正确的思维、严密的论证和科学的理论,都必须是无矛盾性的,要求在同一思维过程中,思维(概念或判断)要前后一致,不能出尔反尔、自相矛盾。

矛盾律和同一律一样,也是关于思维的确定性的规律。二者的主要区别是保障思维确定性的侧重点不同。同一律以肯定的形式从正面规定"A 是 A",即在同一思维过程中,任何思想必须自身同一,以保证思维的确定性;而不矛盾律则以否定的形式从反面规定"A 不是非 A",即在同一思维过程中,任何思想不得自相矛盾,从思维的一贯性方面来保证思维的确定性。因此,在这一意义上来说,矛盾律是同一律的进一步展开。

二、违反矛盾律的逻辑错误

矛盾律要求人们在运用概念、判断进行推理的过程中,都必须遵守矛盾律,如果违反了矛盾律的要求,就会犯"自相矛盾"的逻辑错误。人们通常说的"前言不搭后语""不能自圆其说""出尔反尔""自己打自己的嘴巴"等就是指违反矛盾律的逻辑错误。具体表现在:对关于两个具有矛盾关系或反对关系的概念、判断同时予以肯定,造成概念自毁或判断逻辑矛盾。

所谓概念自毁,是指用两个相互矛盾或相互反对的概念组合成一个实质上不能成立的新概念,用以指称同一思维对象。例如:"被释放的在押犯。"不难看出,该例本身包含着逻辑矛盾,如果思维对象是"被释放的"人,就当然不是"在押犯"。

所谓判断逻辑矛盾,是指在同一思维过程中,对两个相互矛盾或相互反对的判断同时加以肯定,同时确认为真。契诃夫的小说《变色龙》中警官奥楚蔑洛夫,当他听说咬人的小狗是将军家时,他说"这是条名贵的狗";当有人说这条狗不是将军家时,他又说"这是条野狗"。警官奥楚蔑洛夫在同一时间对同一条狗的断定出现自相矛盾的逻辑错误。

在语言的使用上,有时自相矛盾也会蕴涵在一个语句中。例如有人问:"当一种不可抗拒的力遇到一个什么也不能使它运动的物体时,会发生什么情况?"显然,由于该问题中包含有矛盾,因而使得人们无从作答。

三、正确理解和运用矛盾律

正确理解和运用矛盾律,必须注意以下几个问题。

(一)矛盾律要求排除的矛盾,是思维中出现的逻辑矛盾

我们在理解矛盾律时,需要注意的是,矛盾律所说的矛盾,是指思维的矛盾,对于正确的思维而言,必须消除这种逻辑矛盾,它不要求我们否认客观事物自身存在的矛盾,也不是指人们的思想不能反映客观事物的矛盾。譬如,在刑事诉讼中,刑事诉讼程序与实体之间的矛盾,罪与非罪、此罪与彼罪、犯罪主观与犯罪客观、刑事诉讼证据与非刑事诉讼证据,每个诉讼活动环节都充满和包含了矛盾。司法人员如果正确地、如实地反映了这些矛盾,那么思维是正确的,遵守了矛盾律,否则,思维是不正确的,违反了矛盾律。也就是说,思维中出现了逻辑矛盾。

(二)矛盾律只是在同一思维过程中才起作用

矛盾律必须在对象、时间、关系三者相同的条件下才适用,其中任何一个方面不同,就不能用矛盾律来要求。譬如,侦查人员在审查嫌疑人时可断定"某甲是此案的嫌疑人",但是经过进一步侦查排除了某甲,又断定"某甲不是此案的嫌疑

人"。尽管前后是两个互相矛盾的判断,但是,对同一对象在不同时间做出相反的断定,并不违反矛盾律。

(三)矛盾律本身不能解决真或假的问题

根据矛盾律可知:两个相互否定思想至少一假,并且如果已知某一思想为真,则其否定必定为假。因而矛盾律向人们指出:假的错误的思想在哪儿?在相互否定思想之中。例如:

①所有的人都是自私的。

②有的人不是自私的。

上述①与②是一组矛盾关系判断,其思想都是互相排斥的。根据矛盾律可知,二者不能都真,必有一假。但是,其中孰真孰假仅靠矛盾律是无法确定的。

四、矛盾律在司法工作中的运用

矛盾律的主要作用是保持思维的一致性、不矛盾性。尤其是在司法工作中人们必须遵守矛盾律,排除思维的矛盾,在法律思维或者法律论证过程中保持前后一致,这是科学地表达立法意图、准确地适用法律,从而提高办案质量的思维保证之一。

在立法方面必须符合矛盾律的要求。法律与法律之间,条文与条文之间,都不应有逻辑矛盾,否则就会使人们无所适从,甚至还会被违法分子钻空子。

在刑事侦查过程中,矛盾律的作用也非常重要。如在侦查初期,侦查人员往往根据已经掌握的为数不多的犯罪事实和线索做出种种推测性的论断,即假设。当假设和侦查过程中确认的事实相矛盾时,那就得遵守矛盾律的规则,修正或提出新的假设,否则,就会出现冤假错案。如著名的1998年湖北余祥林案中,当时的办案人员给余祥林定罪的主要证据之一"1994年4月11日,吕冲村发现了一具高度腐烂的无名女尸是张在玉",与证人证言"1994年10月,张在玉出现在天门市石河镇姚岭村",是两个相互矛盾的判断,根据矛盾律至少有一个是假的,可惜办案人员没有去调查确认,排除矛盾,最终造成冤假错案。

审判人员在审判工作中对证据是否有矛盾进行审查判断是非常重要的。因为,司法审判中,相互矛盾的证据是不能为法院所采证的,否则就会导致在认定事实上可能有误,因而,审判人员要分析同案犯口供之间、当事人及证人的陈述、不同证人的证言之间、被告人的口供、辩解与被害人的陈述之间有无矛盾,分析这些口供、陈述与物证、书证、鉴定结论、勘验笔录之间有无矛盾,以及物证、书证与勘验笔录之间有无矛盾,等等。例如,对一起抢劫案,在侦查人员的审讯笔录中载明:已确定了只有一人作案,据该嫌疑人说发案时他身穿蓝色上衣。而一目击证人的证言中说,当时作案者身穿黄色上衣。至此,就出现了矛盾。在假设该嫌疑人为作案者的条件下,该嫌疑人所说的话与证人所说的话之间就具有反对关系,概括为判断,可以这么表示:"本案作案人身穿蓝色上衣""本案作案人身穿黄色上衣"。这两个判断的主项是指一个人,故这两个判断实际上是两个单称肯定判断,具有反对关系。根据矛盾律,具有反对关系的判断,不能同时都予以肯定,其中必有一假(根据对当关系,反对判断也可能同假)。

总之,在刑事诉讼中,司法人员要认真了解司法工作的严肃性,自觉遵守矛盾律,做到准确定罪量刑,不枉不纵。

第三节 排中律

一、排中律的内容和逻辑要求

排中律的内容是:在同一思维过程中,两个互相否定(互相矛盾或下反对关系)的思想不能同假,必有一真。

排中律的公式是:"A 或者非 A",或,$A \vee \neg A$。

公式中的"A"表示一种思想,"非 A"表示与"A"相否定的思想。排中律的公式是用选言判断的形式来表示"A"与"非 A"之间的关系的,其中的两个选言肢已穷尽了一切可能,排除了第三者。"A 或者非 A"断定"A"和"非 A"不能同假,必有一真,即或者 A 真,或者非 A 真,二者必居其一,无第三种可能。譬如,在"被告有罪"和"被告无罪"这两个互相矛盾的判断中,司法人员按照排中律,如果否定"被告有罪",则应当肯定"被告无罪",如果否定"被告无罪",则应当肯定"被告有罪",也就是说,被告或者是有罪,或者是无罪,不允许有第三种情形的存在。

排中律的要求是:在同一思维过程中,对两个矛盾关系或下反对关系的思想,不能同时否定,必须肯定至少有一个是真的。排中律反映了法律思维必须具有明确性的特性。也就是,排中律要求人们在同一思维过程中,思考和论证问题的时候,必须明确表态。值得注意的是,这里的"明确表态"并不等于"正确表态"。"明确表态"意思是在表态时观点明确、态度鲜明,不能含糊其词;而"明确表态"是否是"正确表态",这不是仅靠逻辑学所能解决的问题,而必须结合各门具体科学和生活实践才能解决,排中律要求"明确表态",反对"不明确表态"。具体分析,排中律的要求体现在:

第一,在概念方面,任何一个概念总是或者反映了某个对象,或者没有反映这一对象。对任何一个对象而言,它或者属于概念"A"的外延,或者属于"非 A"的外延。不能既不属于"A"的外延,又不属于"非 A"的外延。例如,对我国《刑法》上的概念"犯罪"而言,任何一个犯罪行为,可以用"故意罪"来表示它,也可以用"过失罪"来表示它,除此之外,没有第三种选择的可能。对某一个具体的犯罪行为来说,不能认为它既不是故意犯罪,又不是过失犯罪,否则,就违反排中律。

第二,在判断方面,排中律要求,两个互相矛盾或下反对关系的判断不能同时为假,其中必有一个是真的。若断定了其中一个为假,则必须断定另一个为真。例如:

(1) A:"所有监狱关押的都是罪犯。"(S A P)

非A:"有的监狱关押的不是罪犯。"(SOP)

(2) A:"有些犯罪分子得到了应有的惩罚。"(SIP)

非A:"有些犯罪分子没有得到应有的惩罚。"(SOP)

在上述两组判断中,在第(1)组中,这两个判断之间具有矛盾关系,不能同假,必有一真。在第(2)组中,这两个判断之间具有下反对关系,它们也不能同假,但可以同真,因此,其中至少有一个是真的。对上述两组判断,如果同时都否定了,是违反排中律的。

二、违反排中律要求所犯的逻辑错误

违反排中律所犯的逻辑错误,过去习惯称为"模棱两可"。许多逻辑著作都把这种错误叫做"模棱两不可",简称为"两不可"。"两不可"就是对两者都否定,即在同一思维过程中,对两个具有矛盾关系的概念,以及具有矛盾关系或下反对关系的判断都同时予以否定,也就是断定它们同假。其实质是企图得出第三种思想。"两不可"是思维没有明确性、确定性,是逻辑混乱的一种表现。这是直接违反排中律的。例如:

在一个案件分析会上,警察小张发言道:"要说老李有作案犯罪的动机嘛,我看不能这样说。大家都知道的,老李是有名的老实人。但是,谁又能保证他不会变坏呢?毕竟人心隔肚皮呀!所以,我看也不能认为老李这个老好人就没有作案犯罪的动机。"

究竟老李有没有犯罪作案的动机呢?小张对"有"和"没有"都做了否定,没有从中做出明确的选择,这就犯了"模棱两可"的逻辑错误。

再如:

对某一汽车撞人事件,司机应不应该负刑事责任的问题,在讨论中,大多数人认为司机应负刑事责任,也有少数人认为司机不负刑事责任。

有人提出第三种看法:"既不认为司机应负刑事责任,也不认为司机不负刑事责任。

这个问题要具体分析。如果被害人违反交通规则,那么司机不负刑事责任;如果被害人没有违反交通规则,那么司机应负刑事责任。"第三种观点对"司机应负刑事责任"和"司机不负刑事责任"这样两个互相矛盾的判断,都加以否定。貌似"具体分析",实则转移论题:把"司机是否应负刑事责任"的论题,变成了"被害人是否违反交通规则"的论题了。

三、正确理解排中律

正确理解排中律,要注意以下几个问题。

(一)注意排中律的适用范围

根据排中律可知,两个相互否定的思想不能都假,至少一真。因而排中律告诉人们真的、正确的思想在哪里,也在相互否定的思想之中。但,"A"和"非A"究竟何者为真,仅依靠排中律是无法得知的。反对关系的概念、判断可以同假,二者之间存在第三者,所以,不能适用排中律。譬如:"有罪"与"无罪",是矛盾关系的概念,任何被告不是"有罪"就是"无罪",不存在第三种情况。如果不能证明被告是"有罪"的,就必须认定他是"无罪"的。但是像"起诉"与"不起诉"实质上是反对关系的两个概念,因为这两者之间还有"撤销案件"这种情况存在。因此,检察院在审查起诉时,虽然被告人不具备我国《刑事诉讼法》第一百七十三条第一款和第二款之规定,不能做出"不起诉"的决定,但并不能因此就一定做出"起诉"的决定。所以,如果概念或判断构成反对关系,那么:两者不能同真,可能同假;由一个真可推知另一个必假,由一个假不能推知另一个必真。

(二)"可能推断"不能适用排中律

"可能推断"是反映对象可能具有或可能不具有某种属性的模态性质的判断。它是司法人员主观认识还没有达到十分确定程度时的一种推测性认识的判断。由于在人们的思维过程中对某一个问题尚未深入了解、对某件事实的认识还不清楚时,需要做进一步的调查研究才能做出决定,在此种情形下,思维主体不明确表态是允许的,不能因为这样而认为他违反了排中律。这种情况与两个互相矛盾的思想中必须承认其中有一个为真是不同的。譬如,某甲突然死亡,现场无任何凶杀证据,侦查人员可以做出两个可能判断:

(1)死者可能是自杀。

(2)死者可能不是自杀。

这两个判断既可同真又可同假,即不能从一个真推出另一个必假,也不能从一假推出另一个必真,也就是说不能"二者择一"。

以事实为根据,以法律为准绳,这是我们办案的基本原则。但是,由于司法人员的调查研究还不深入,认识还不明确,做出的可能判断不能作为定案的根据。司法人员只有把全部案情弄清楚,掌握充分证据,才能做出确切的断定。

(三)禁止使用复杂问语

复杂问语是包含着对方根本不能接受或没有承认的,并要求对方做肯定或否定回答的预设的问语。预设是说话人在说话时没有明示但却假定了的一些前提条件或背景知识。例如:"你行凶后去了哪里?"表面看这是一个问句,其中"去了哪里"是问的部分,"你行过凶"实际是隐藏在问题里的预设,是一个暗含的判断。

对复杂问语不能用排中律来要求被问者必须做出一个明确的选择,不能简单地采取肯定或者否定的答复,因为无论做肯定或否定的回答,其结果都得承认问题中预设的断定。如上例,不论被问者是肯定去了什么地方或是否定去了什么地方,实际都承认了其行凶的事实。所以,如果一个复杂问语的预设为假,应直接针对预设本身做出回绝。例如,在党的十三大会议期间的一次记者招待会上,有位外国记者问西藏代表:"你们能否再允许外国记者进入西藏采访?"西藏代表回答:"我们一直是允许的,现在西藏的外国旅游团中就有记者随团采访。"

在司法活动中禁止使用复杂问语诱供、套供,特别是对犯罪嫌疑人、被告人,某些办案人员往往把一个事实上不存在或者把自己的意志和假设强加给对方,迫使对方承认隐含的假设,即承认犯罪。例如:被告并未承认自己是杀人凶手时,审判人员问被告"你杀死被害人是否出于故意?"如果被告做出以下两种回答:

肯定回答:"我杀死被害人是出于故意。"

否定回答:"我杀死被害人不是出于故意。"

那么,必然会得出结论:"你杀死被害人。"

诱供与审讯技术是有区别的。在司法实际工作中,可以利用复杂问语揭露犯罪嫌疑人、被告人的诡辩。例如:

在查办一起拐卖妇女案中,办案人员抓获了一个嫌疑人,但此人咬定这名妇女是自己认识不久的朋友,他不是拐卖她。由于认识不久,他说不知道她的详细情况似乎也说得过去。这时,办案人员灵机一动,忽然问道:"既然是朋友,那你说她脖子上的黑痣是靠近左边耳朵还是靠近右边耳朵呀?"嫌疑人答:"好像是靠近左边耳朵吧。"办案人员说:"不对。"嫌疑人忙改口说:"我记错了,是靠近右边耳朵。"办案人员将被害妇女叫来,结果一看,她脖子上根本没有黑痣。嫌疑人跳进办案人员预设的妇女脖子上有黑痣的陷阱中,哑口无言,只得承认所犯罪行。

(四)排中律与矛盾律的区别

作为逻辑基本规律之一的排中律同其他规律之间有着必然的内在联系,特别是与矛盾律的联系更直接、更密切。可以讲,排中律是矛盾律的进一步扩展。二者的主要区别是:

(1)两条规律的适用范围不同。矛盾律除适用于矛盾概念和判断之外,还适用于具有反对关系的概念和判断。而排中律除适用于矛盾概念和判断之外,还适用于具有下反对关系的判断。

(2)两条规律的内容和要求不同。矛盾律的内容规定:在同一思维过程中,两个相互矛盾或相互反对的思想不能同真,其中至少必有一假;而排中律的内容规定:在同一思维过程中,两个具有矛盾或下反对关系的思想不能同假,其中至少必有一真。矛盾律的要求是:在同一思维过程中,对两个相互矛盾或相互反对的思想不能同时予以肯定,不能同时确认为真;而排中律的要求是:在同一思维过程中,对两个具有矛盾或下反对关系的思想不能同时予以否定,不能同时确认为假。

(3)两条规律的作用和所犯的逻辑错误不同。矛盾律的作用在于保证思想的前后一贯,它所要排除的逻辑错误是"自相矛盾";而排中律的作用在于保证思想的明确性,它所要排除的逻辑错误是"模棱两不可"。

四、排中律在司法实践中的作用

排中律的主要作用在于保证思维的明确性。人们的思维只有具有明确性,才能正确地反映客观事物,才能进行正常的思想交流。像在 A 和非 A 之间游移不定、含糊其辞,同时加以否定人,是不可能正确地反映客观事物的,也是不可能和他人进行正常的思想交流的。

法律工作是一项严肃的工作,必须具有明确性。无论是立法工作或司法工作都必须遵守排中律。例如,刑事侦查是认定犯罪对象、犯罪性质、案件事实及其复杂的工作。一般说,侦查是不可能一下子确定案情的真相,有时必须通过矛盾概念或判断逐步断定。如对一个杀人案,会有故意杀害或过失杀害,根据排中律,如果否定了故意杀害,那么必须肯定过失杀害,反之亦然。这种推理思维的过程是最后破案的必经之途。如果在故意杀人与过失杀人之间硬要弄出来事实上根本不存在的"第三者",从逻辑上讲,就是违反了排中律,这样就会冤枉无辜或放纵犯罪分子。例如:

> 在一起死亡案件的侦查过程中,办案人员对案件性质的认定上观点含糊,对死者是自然死亡与非自然死亡的认识上,缺乏明确的观点。公安机关接到报案后,个别侦查人员根据了解到的初步材料进行分析,认为:"该死者是自然死亡吧,似乎不像。虽然根据调查了解,死者生前身体一直不好,长期生病,但其病情不至于有生命危险。但是,说死者是非自然死亡吧,似乎也不太像。从其尸体情况看,没有致命伤害的痕迹,也没有中毒现象。"

这一分析违反了排中律,犯了"模棱两可"的错误。因为"本案死者是自然死亡"与"本案死者是非自然死亡"之间具有矛盾关系,根据排中律,必须肯定其中一个。但上述分析中对这两种观点都加以否定,没有一个明确的观点,让人不知所云。

第四节 充足理由律

一、充足理由律的内容和逻辑要求

充足理由律的内容是:任一思想被确定为真总是有充足理由的。也就是说,任何一个论断,任何一种观点,要被确认为真,必须要有真实而充分的依据。因此,充足理由律可以表述为:

A 真,因为 B 真,并且 B 能推出 A,或者 $(B \land (B \rightarrow A)) \rightarrow A$。公式的"A"代表其真实性需要加以确定的判断(推断)。"B"表示用来确定"A"为真的判断(可以是一个或一组判断),我们称之为理由。

上述公式表明,一理由能做为一论断的充足论由,应至满足两个条件:第一,理由必须真实。虚假的或者真实性待证的命题不能构成充足理由。第二,理由的推导力要足够。即从理由出发足以推导出其论断。

譬如,某刑事案件认定被告是杀人犯,如果这个认定是正确的,那么,就必须拿出充足的理由,即依法收集并经查实的确实充分的证据去加以论证或说明。公诉人为了论证被告人有杀人的故意,列举了三条理由:①被告早在一个月前就有杀害被害人的动机,并进行长期预谋,为此准备好了杀人的凶器;②被告所用的凶器是一把约一尺长、一寸宽的尖刀,这把刀是足以致人死命的;③被告手持尖刀,疯狂地向被害人的要害部位心脏刺去。他是完全可以预见到,这足以把被害人杀死。

这里,公诉人所要证明的是,被告 A 犯了故意杀人罪,其理由是 B(复合理由),并且能从 B(理由)推出被告 A 的犯罪性质是故意杀人。这里有理有据、有充分说服力的论证,体现了充足理由律的要求,达到了揭露犯罪、证明犯罪的目的。再如,我们要论证"死者是他杀"这个论题是真的,可提出如下理由:①死者致命伤是从背后用刀刺入,这是自杀做不到的;②死者遍体鳞伤,不符合自杀规律;③现场未发现任何凶器,一定是凶手将凶器带走了。这三点理由是真实的,又可从中必然地推出"死者是他杀"这一判断为真。以上这三点理由就成为论题真实的充足理由。

充足理由律表明,一个正确的思想必须具有论证性和说服力。人们在说话、写文章、著书立说时,只有具有论证性,才能使自己的思想有说服力,使人心悦诚服。违反充足理由律,不能为自己的论断提供充足的理由,思想缺乏论证性,甚至会出现"蛮不讲理"、"信口雌黄"的情况,就不具有信服力,达不到充分论证自己观点并让别人认可、接受的目的。

在司法活动中,能作为充足理由的有:

(1)科学中的公理、定义等。即无须证明,其本身为真实的判断。如,作为案犯应有作案的时间,就是不言自明的公理。

(2)用经验方法确定为真的判断。如现场勘查验证所得到的判断。如,办案人员通过验尸推断死者死亡时间等即如此。

(3)利用其他判断证明为真的判断。如,通过经验方法所获得的真实性判断,通过正确有效的必然推理所得到的必然性的结论判断。

(4)有关国家法律等等。在刑事诉讼中,办案人员对一个案件做出正确的断定,应有充足的理由。只有理由充足,才能保证侦查、起诉、审判环节的准确性,也只有理由充足,才能保证稳准狠地打击犯罪,做到不枉不纵。

二、违反充足理由律所犯的逻辑错误

根据充足理由律的要求,违反充足理由律的逻辑错误是:"理由虚假""预期理由""推不出"。

(一)"理由虚假"

在司法活动中表现为"证据虚假"。它是指以已知为假的或者明显是荒谬、虚构的事实为根据或理由来证明论题的一种错误。人们常说的"捏造事实""造谣惑众"等就属于这种错误。这是违反理由必须真实的基本错误。它有两种表现:其一是不自觉地使用了虚假理由;其二是故意使用虚假理由,以假乱真,进行欺骗。无论哪种情况的错误,所提出的"理由"就只能虚假的,而不是充足的。虚假的、无现实根据的理由不能作为充足的理由,不能得出任何正确的论断。司法实践中的"伪证""诬告陷害""援引已经失效或者废止的法律"等也属于"理由虚假"的错误。

(二)"预期理由"

在司法活动中表现为"预期证据"。它是指理由本身的真实性是尚待证明的。它把真实性未经证实的理由当成了真实无疑的理由。我国《刑事诉讼法》第四十八条规定:"证据必须经过查证属实,才能作为定案的根据。"这一原则是我们在定案中运用证据具有真实性的法律保障。所以,在司法实践中,如果证据没有查证属实就作为定案的根据,从逻辑上分析就是犯了预期理由的错误。

值得注意的是,预期理由的"理由"不一定是虚假的,但它是未经过证实的。这种理由的真实性不明显,有时还是一些主观猜测、道听途说或主观想象,这种理由是真假不定的,其真实性还有待于进一步证实,因此,以这样的判断作为理由来进行论证,不能确定论断的真实性。

(三)"推不出"

它是违反"理由必须充分"这一逻辑要求所犯的错误,是指理由与论断之间没有必然的逻辑联系,从理由的真不能推出论断的真。"推不出"的逻辑错误主要有以下几种形式。

1."推理形式错误"

例如:"张某是直接作案者,因为他有作案动机和作案时间。"这里的推理过程是:"直接作案者都有作案时间和作案动机;张某有作案时间和作案动机;所以,张某是直接作案者。"这是一个无效的三段论推理形式,犯了"中项不周延"的逻辑错误。

2."论据不足"

论据虽有,但仍缺少一些必要的论据,或者论据不能成立,或者论据不能支持论题,都属于"论据不足"或"理由不充分"。比如,法院只根据某人的口供及证人看到被告收取了一些钱财就判定被告受人指使杀了人,就犯了此错误。

3."论据与论题不相干"

例如印度电影《流浪者》里面的法官纳贡曼以"父亲是贼"断定"儿子必然是贼"。

三、充足理由律在司法实践中的作用

任何法律的制定,任何案件的裁定和判决,都必须要有既真实又充分的理由。这样才能保证法律思维的论证性和说服力。

我国《刑事诉讼法》第五十三条规定:"只有被告人供述,没有其他证据的,不能认定被告人有罪和处以刑罚;没有被告人供述,证据充分确实的,可以认定被告人有罪和处以刑罚。"可见,在刑事案件的审理过程中,关键是看判决的证据是否充分确实,从逻辑上分析,正确判决都必须有充足的理由。也就是说,人民法院对被告人有罪或者无罪、犯什么罪、适用什么刑罚的判决都应该讲充足理由。只有理由充足,才能使罪犯服法,群众信服。在司法工作中,许多错案的发生就是没有遵守充足理由律造成的。某省某市石某杀人案的审理过程,为我们提供了一个很好的例证:

该市中级人民法院一审判决被告石某死刑。在省高院死刑复核时发现证据不足,将案件发回重审。中院经过重审,判处石某死刑,缓期二年执行。中院将此案移送省高院复核并获批准。后来,在该案复查专案组调查中发现中院的定案根据有大量漏洞和自相矛盾之处:①被告人虽然供认杀人,但是,这是由于刑讯逼供所致;②被告人衣服上的血不是被害人的血。原案卷中也记载有石某衣服上的血迹是其与弟弟打架时沾上其弟和其父的血的证言;③死者的伤痕和从被告人家中搜出的"凶器"不相符,尸检照片上表明尸体上的创口系由双刃刺器形成,而该案认定的凶器却是一把单刃水果刀;④侦查人员提取石某的血衣时发现被扯掉的三枚

纽扣都放在衣袋里,而作案现场地形复杂,案发时正值停电,如果那些纽扣是石某与被害人搏斗时扯掉的,他根本不可能找回失落的纽扣。通过以上分析,我们可以看到证据之间、证据与案件事实之间存在矛盾,案件事实的每一个情节没能用相应的证据予以证实。如果证据出现矛盾,那么就意味着必有虚假的证据,而虚假的证据是不能作为定案根据的,而且从这些证据中推不出判决的结论,即两者之间没有必然的逻辑联系。最后,石某被无罪释放。

这起错案造成的原因是多方面的,但从逻辑上讲,是因为办案人员把虚假的证据当成真实的证据,把同证明对象只有或然联系而无必然联系的事实当成了定案依据。这是充足理由律所不允许的。

通过以上对逻辑规律在司法实践中的作用进行的论述,我们知道,只有遵守这四条逻辑规律,才能做到法律概念明确、判断恰当、推理有逻辑性和论证有说服力,才有标准判定定案是否合乎逻辑。任何正确的判决结论,都要求办案人员必须同时遵守这四条逻辑规律,缺一不可,其中每一条都是必要的。

基本概念

思维的基本规律　同一思维过程　同一律　不矛盾律　排中律　充足理由律

练习题

一、简答题。

1. 同一律的内容和要求是什么？违反它的要求所犯的逻辑错误有哪些？
2. 矛盾律的内容和要求是什么？违反它的要求所犯的逻辑错误是什么？
3. 排中律的内容和要求是什么？违反它的要求所犯的逻辑错误是什么？
4. 排中律与矛盾律的区别是什么？
5. 充足理由律的内容和要求是什么？违反它的要求所犯的逻辑错误有哪些？

二、运用逻辑基本规律,分析下列各题犯了什么逻辑错误

例题： 当有人指责欧蒂德谟说谎时,他辩解道："谁说谎,谁就是说不存在的东西；不存在的东西是无法说的,因此没有人说谎。"

解答： 欧蒂德谟的说法违反了同一律,犯了"偷换概念"的逻辑错误。因为"说谎"和"说不存在的东西"其含义并不完全相同。

1. 某领导听说以后公开审判,还得有人为被告辩护,这位领导说:"什么,被告不是罪犯吗!怎么还要为他辩护?我们要严厉打击犯罪分子,怎么还要袒护他呢?"

2. 如果构成犯罪,就要触犯刑法;王某的行为已经构成犯罪,但是没有触犯刑法。

3. 小刘在此案中是否需要回避?我的意见是:回避吧,会影响办案顺利进行;不回避吧,因为他们有些亲戚关系怕别人怀疑,这两种做法都不可取。

4. 对一群斗殴的人都要关押审讯,只有王某可以放他回家。

5. 电视剧《钻石人生》的最后一节:军城在为思桦辩护时说,嘉才是有意识地杀思桦的,他大喊大叫是因为精神错乱。审判长说:"你既说他精神正常而去杀思桦,又说他大喊大叫是精神错乱,到底嘉才是精神正常还是错乱?"军城语塞。

三、分析并说明下列是用哪条逻辑基本规律揭露问题、解决问题的。

例题: 有一名学生考试成绩很差。老师告诉他:"我已经决定不让你及格了。"学生说:"老师,你真的决定要我不及格吗?"老师问道:"难道你不知道?"学生答道:"老师,我真的不知道,不过让我猜猜看,要是我猜对了,您要让我及格。"老师说:"好吧!你猜!"学生说:"我猜老师是不让我及格的。"老师无言以对,最后只好让学生及格了。为什么?

解答: 这里,学生实际上是给老师设置了一个二难推理陷阱,使得老师不管如何判断学生的猜解,都要让学生及格。(而这种结果和老师初始的决定是矛盾的)。因为,如果学生猜对了,那么老师要让他及格;如果学生猜错了,则"老师不让我(指学生)及格"是假的,因而,老师应让学生及格。因此,这里的结论和老师开始的决定相矛盾,所以老师"无言以对"了。

从前有一个岛国,岛上立着两尊神像,其一称为"真理之神",另一称为"错误之神"。这个岛国有一个奇怪的风俗,凡漂泊到岛上来的外乡人都要作为祭品被杀。但被杀之前允许他任意说一句话,然后由法官来判断这句话是错的,还是对的。假如是错的,就在"错误之神"面前杀死;假如是对的,就在"真理之神"面前杀死,总之难逃一死。有一天,一位聪明的哲人漂流到了小岛上。当他听了这条规定后,想了一下,就说:"我必定要死在'错误之神'面前。"法官无法断定这句话的真假,他被免于一死。

四、综合分析题

例题： 在莎士比亚的《威尼斯商人》里，波西娅有三只匣，金匣、银匣、铅匣。其中一只匣里是波西娅的小像。求婚者必须选一只匣子。如果他能够走运（或者够聪明），选中了盛小像的那一只，他就可以要波西娅嫁给他。每只匣盖上各有一题词一句，便于求婚者做明智的选择。

现在假定波西娅不想根据品德择夫，只想简单地根据智力。她在匣子上配了如下题词：

金	银	铅
小像在这只匣里	小像不在这只匣里	小像不在金匣里

波西娅向求婚者交了底，这三个陈述当中至多有一个真。

求婚者该选哪只匣？"

（摘自[美]雷蒙德·斯穆里安：《这本书叫什么？——奇谲的逻辑谜题》，康宏逵译，上海译文出版社1987年版，第59—60页）

解答： 由三个匣子上的陈述可知，金匣子上的陈述与铅匣子上的陈述为矛盾关系。根据排中律，相互矛盾的命题不能都假至少一真。而波西娅又告知三个陈述中至多一真。因此，真话必在，金匣子或铅匣子陈述之中。而剩下的银匣子上的陈述必定为假。银匣子上的陈述为"小像不在这只匣子里"，又知这句话为假，因此，小像在银匣子里。

1. 一个年轻人对大发明家爱迪生说："我有一个伟大的理想，那就是我想发明一种万能溶液，它可以溶解一切物品。"

爱迪生听罢，惊奇地问："什么！那你想用什么器皿来放置这种万能溶液？它不是可以溶解一切物品吗？"

分析： 为什么这个年轻人被爱迪生问得哑口无言呢？包含了什么样的逻辑错误？

2. 警察抓住了A、B、C、D、E五名犯罪嫌疑人，经讯问，五人做了如下回答：

A：如果不是C干的，那么也不是D干的；

B：是D或E干的；

C：不是我干的；

D：如果不是B干的，那么也不是A干的；

E：不是B干的，而是A干的。

经进一步调查得知，作案者是这五名犯罪嫌疑人中的某一人，并知道其中一人说了假话，而其余四人说了真话，试用基本律分析：谁说了假话？是谁作的案？

第八章

归纳推理

知识结构图

归纳推理
- 归纳推理概述
  - 复合归纳推理
  - 不完全归纳推理
- 枚举归纳推理
  - 简单枚举归纳推理
  - 典型事例归纳推理
  - 科学枚举归纳推理
- 类比推理
  - 类比推理的含义和特征
  - 类比推理的种类
  - 类比推理的可靠性
  - 类比推理的作用
- 探求因果联系的方法
  - 求同法
  - 求异法
  - 求同求异并用法
  - 共变法
  - 剩余法
- 概率与统计归纳的推理法律类比与判例法
  - 概率归纳的推理
  - 统计归纳推理
- 法律类比
  - 法律类比的含义
  - 法律类比的特征
  - 法律类比的形式及结构
  - 法律类比的作用

第八章 归纳推理

本章导读

本章较为全面地介绍归纳推理。从现代意义上说，凡是结论不能以前提必然推出的思维方法，都属于归纳。本章先介绍了枚举归纳这一类模式，由此漫延到类比归纳和传统上求因果联系的归纳法，并进一步介绍了概率与统计现代归纳法。

第一节　归纳推理概述

人类的思维是以人类的认识为基础的。人类认识世界总是以认识个别的、某一具体的事物或现象为起点，随着对某一事物或现象认识的积累，人类的思维会总结出反映这一类事物或现象具有的一般性的结论，这些方式或方法逻辑上称为归纳。

一、归纳推理的概念

传统逻辑学认为，所谓归纳推理，就是从个别性知识的前提推出一般性知识的结论的推理。从认识的根源上讲，归纳推理可以说是人们认识的基础，是人们探求新知识的非常重要的工具。

例如，法国国家科学研究中心声音研究室通过考查，发现该研究室周围园圃里的花长得特别快，各种蔬菜也长得超出其他地方种植的蔬菜长势；有的研究人员用给植物听音乐的办法，培育出2.5千克重的萝卜，足球般大的红薯，30千克重的卷心菜；有位园艺家用平时听音乐的耳机给一只番茄戴起来，让它每天"欣赏"三小时音乐，番茄超过两千克重等等。于是，人们就概括出"植物在音乐的刺激下长得快"这样一个结论。在此，作为前提的知识是一些个别性知识，而作为结论的知识，则是一般性知识。其推导方式概括如下：

　　花卉在音乐刺激下长得快；
　　萝卜在音乐刺激下长得快；
　　红薯在音乐刺激下长得快；
　　卷心菜在音乐刺激下长得快；
　　番茄在音乐刺激下长得快；
　　……
　　花卉、萝卜、卷心菜、番茄……是植物。
　　所以，植物在音乐的刺激下长得快。

通过仔细考查这个实例便可发现，当其前提提供的仅仅是关于植物这类对象中一部分对象的知识。按照传统的观点下例推理也是一种归纳推理。例如，某法院有法官68人,新任院长为了确切掌握全院法官已经达到的文化水平,对68位法官进行了逐一调查。他得知全院法官都达到了大学本科文化水平。于是他就得出了一个结论:"全院所有法官全都达到了大学本科文化水平。"这个结论就是该法院全体法官中每一位的情况作为前提而得出的,这种推理传统称为完全归纳推理。

必须特别指出,无论是以某类中部分对象的知识为前提,还是以某类中全部对象的知识为前提,前提中的知识都必须是有关某类所考察到的部分对象或全部对象的共同点的知识。在以上例子中,前例的前提提供了所考察到的部分植物都有"在音乐刺激下长得快"这一共同点的知识;在后例中,前提提供了该法院全体法官每一位都具有"大学本科文化水平"这一共同点的知识,这对于归纳推理来说,具有至关重要的意义。如果前提中根本没有提供这种有关共同点的知识,那么人们就没有根据去做出一个归纳的结论。如果人们在前提没有提供这种有关共同点的知识情况下,就做出了一个归纳结论,那么这个归纳推理过程就是不符合逻辑的。

二、归纳推理与演绎推理的关系

对于人们的认识来说,归纳推理有着别的推理形式所不可替代的作用。它的显著作用,就在于借助归纳推理,人们可以从个别性知识前提中获得一般性知识,这不仅是对前提中已有知识的概括(上升为一般),而且是对前提中已有知识的外推(扩展为新知识)。

归纳推理与演绎推理不同,演绎推理是前提蕴涵结论的推理,其结论不超出前提的范围,演绎推理的形式有效性足以保证由真实的前提必然推出真实的结论。归纳推理(不包括完全归纳推理)不是前提蕴涵结论的推理,其结论超出前提的范围,归纳推理的形式不能保证由真实前提必然推出真实的结论。

归纳推理与演绎推理的思维基础归根到底是客观的事物。所以,我们应当看到,归纳推理与演绎推理都并非是纯主观的产物,而是有客观基础的。二者的客观基础都是客观事物,由于二者反映方式不同,才形成人们不同的思维形式。

(一)归纳推理与演绎推理是相互依赖的

1. 演绎推理是以归纳推理得出的结论为前提的

因为演绎推理需要从一般性知识的前提中推出个别性知识的结论,然而,演绎推理却不能为自己准备好作为出发点的一般性知识。这种一般性知识往往需要归纳推理从个别性知识中概括出来。

2. 演绎推理又有赖于归纳推理补充

因为,当人们通过演绎推理从一般性知识的前提中推导出许多个别性知识,并且使这些个别性知识在观察、实验等活动中经受检验之后,人们就需要及时运用归纳推理对这一系列个别知识重新进行概括,从而发展、深化人们原有的一般性认识。

3.归纳推理必须以演绎推理作为指导

因为,作为归纳推理前提的个别性知识是需要通过观察、实验来获得的,而人们进行什么样的观察、实验,进行多少次观察、实验,在观察实验中需要搜集哪些材料等,却又需要参照一定的理论并通过演绎推理才能求得解决。

4.归纳推理必须依赖演绎推理检验其可靠性

因为归纳推理的可靠性(完全归纳推理除外)是存在疑问的。归纳推理本身弄不清结论的性质,必须有演绎推理的补充研究才能解决。

5.归纳推理与演绎推理是相互渗透的

这就是说,归纳推理中有演绎推理的因素,演绎推理中有归纳推理的因素。例如,在归纳推理中,就需要运用到分类的知识。如果没有分类的一般知识作指导,我们就不可能将若干个别归结为一类,从而也就不能由前提过渡到结论。这种有关分类的一般性知识所起的指导作用,就是演绎性质的。所以,归纳推理过程中,同时也渗透了演绎推理。又如,运用演绎推理最多的是证明的过程。但是,任何复杂的演绎证明都是富有创造性的反复的探索过程,只有反复地猜想、想象、试探、总结,才能找到由一般性知识的前提过渡到个别性知识的结论的具体途径。而在这里,既需求助于演绎推理,又需求助于归纳推理。由此可见,任何演绎的步骤也同时渗透着归纳的因素。

(三)归纳推理与演绎推理是相互转化的

归纳推理从个别性前提中得出的一般性结论,为演绎推理准备了条件,从而促使归纳推理向演绎推理转化;演绎推理从一般性前提中得出的个别性结论,使归纳推理的范围得以扩大,从而促使演绎推理向归纳推理的转化。

三、完全归纳推理

人们根据前提所包含对象是某类对象的全部还是某类对象的部分进行划分,归纳推理就分为完全归纳推理和不完全归纳推理。完全归纳推理就是以某类中每一个对象都具有(或都不具有)某属性知识为前提,推出整个某类对象都具有(或都不具有)某种属性为结论的一种归纳推理。完全归纳推理的前提提供了某类中每一个对象都具有共同的知识点(没有反例出现),那么由前提推出的结论具有必然性。例如:

氦气是惰性气体,
氖气是惰性气体,
氩气是惰性气体,
氪气是惰性气体,
氙气是惰性气体,

氦气是惰性气体,

氦、氖、氩、氪、氙、氡是化学元素周期表中零族的所有元素,

所以,零族所有元素都是惰性气体。

上述例子运用的就是完全归纳推理。在前提中我们考察了化学元素周期表中零族的每一个元素,结论中对零族的某种属性(属惰性气体)进行了概括,使人们获得了一种一般性知识。

完全归纳推理的公式为:

S_1 是 P,

S_2 是 P,

S_3 是 P,

……

S_n 是 P,

$S_1, S_2, S_3, ……S_n$ 是 S 类中的全部对象。

所以,所有 S 都是 P。

$S_1, ……, S_n$ 分别代表某一对象,S 代表某类对象,P 代表对象的属性。

完全归纳推理在前提中逐一考察了一类事物的全部对象,结论在此基础上进行概括,则结论所断定的范围没有超出前提所断定的范围,因此,如果完全归纳推理的前提都是真实的,则结论必定真实,换言之,其前提蕴涵结论,就此来说,完全归纳推理实质上是一种演绎。

完全归纳推理的结论虽然没有超出前提的范围,但是由于其结论并非是对前提简单的重复,而是有关一整类事物某种属性的概括,因而在认识上,从前提到结论是由个别到一般,是认识的一种飞跃,因而它也可为人们提供新知识。完全归纳推理还可作为一种独立的证明方法。但是,完全归纳推理的应用也有很大的局限性,它只适用于前提所考察的事物类,其包括的对象的数量是有限的,如果,一类事物的对象很多,尤其无穷多时,或者某事物类对象的数量有限,但考察其属性具有破坏性等不适宜全部考察时,完全归纳推理就不能使用了。在科学发展过程中,对象往往是无限多的,所以,完全归纳推理在科学活动中不具有充分的普遍意义。

然而,我们应当看到,随着人类计算机技术的发展,现代统计学领域研究的不断深入,大数据、云计算的广泛应用,完全归纳推理应用越来越广泛,为助推人类认识的发展所起的作用也越来越大。

四、不完全归纳推理

不完全归纳推理就是指,以某类事物中部分对象具有(或不具有)某种属性的知识为前提,推出整个某类都具有(或都不具有)某种属性为结论的一种归纳推理。例如,18 世纪末,法国科学家普鲁斯特(J. Proust)研究了许多物质的重量组

成,发现天然孔雀石所含的碳酸铜和从铜制出来的碳酸铜的重量组成一样:其中含69.4%氧化铜,25%二氧化碳,5.6%水;发现西班牙的朱砂和日本的朱砂的重量组成一样:其中含86.2%汞,13.8%硫;发现秘鲁的氯化银和西伯利亚的氯化银的重量组成一样:其中含75.3%银,24.7%氯;发现各地的食盐的重量组成一样:含39.3%的钠,60.7%氯;发现各地的水的重量组成一样:其中含11.2%氢,88.8%氧;等等。这里所考察的都是自然界中纯净的化合物。于是,他在1799年做出了这样的结论:自然界中一切纯净化合物都有固定的重量组成。这就是著名的定组成定律。很显然,此例在前提中并没有对自然界中所有的纯净化合物的重量组成都逐一进行考察,而只是在了解了自然界中部分纯净化合物都具有固定的重量组成这一共同点后,就直接得出了结论。他在得出结论时,正是运用了不完全归纳推理。这个不完全归纳推理过程可以简略地表示如下:

纯净的碳酸铜有固定的重量组成;

纯净的朱砂有固定的重量组成;

纯净的氯化银有固定的重量组成;

纯净的食盐有固定的重量组成;

纯净的水有固定的重量组成;

碳酸铜、朱砂、氯化银、食盐、水是自然界中纯净化合物的一部分,

所以,自然界中一切纯净的化合物都有固定的重量组成。

不完全归纳推理的公式为:

S_1 是 P,

S_2 是 P,

S_3 是 P,

……

S_n 是 P

$S_1 S_2 S_3 \cdots S_n$ 是 S 类中部分对象。

所以,所有 S 是 P。

我们将完全归纳推理形式与不完全归纳推理形式相比较,就可以明显地看到二者的区别在于前提是不同的,在于二者赖以建立的基础是不同的。完全归纳推理是建立在某类对象中全部对象都具有某种共同点的基础上,而不完全归纳推理则是建立在某类对象中部分对象具有某种共同点的基础上。正是不完全归纳推理的前提只是断定了某类对象中部分对象具有(或不具有)某种属性,而结论却断定了整个某类都具有(或都不具有)某种属性,结论所断定的范围超出了前提所断定的范围,因此,其前提与结论间的逻辑联系只能是或然性的。

必须明确指出,在心理学领域,特别是应用心理学部分,对于人们心理现象的总结,在很大程度上都是基于统计学的不完全归纳推理。人们对于犯罪心理现象的总结,也是基于统计学的不完全归纳推理。由于不完全归纳推理在逻辑上具有

或然性,再者,在心理学领域很多基础性理论都是西方的心理学者发现和总结的。他们所依据的人们心理现象的个别性知识是以西方人的表现为基础的,由于民族、种族、宗教、信仰等多方面差异的存在,其所总结的心理规律比之于我们民族的心理现象,更具或然性。所以,在司法实践中对于心理学所揭示的心理规律要谨慎用之。不能以心理学特别是犯罪心理学所揭示的某些犯罪规律及理论简单的推而用之,要以犯罪事实和犯罪证据做支撑,扎实做好每一个司法案件。

第二节 枚举归纳推理

枚举归纳推理即前提通过对某类事物中个别或部分对象加以考查分析,结论扩大到该类所有对象的归纳推理。它常见的有简单枚举归纳推理、典型事例归纳推理和科学分析归纳推理

一、简单枚举归纳推理

简单枚举归纳推理,或称简单枚举归纳法、简易归纳法。从推理类型划分上来讲,简单枚举归纳推理是不完全归纳推理的一个类型,是人们在经验认识的基础上,根据人们所考察到的某类中部分对象都具有(或不具有)某种属性,并没有遇到与之相反的情况,就得出整个某类都具有(或不具有)该属性结论的一种不完全归纳推理。这就是说,对于简单枚举归纳推理来说,只有保证实现如下两个条件的基础上,即保证:①在所考察到的(所列举出的)某类部分对象中,都具有(或不具有)某种属性;②在考察过程(列举过程)中始终没有遇到相反的情况,才允许由前提得出结论。例如:

人们在数学运算中发现:$3^2-1=8$;$5^2-1=24$;$7^2-1=48$;$9^2-1=80$;$11^2-1=120$;$13^2-1=168$;$15^2-1=224$;3、5、7、9、11、13、15、都是大于1的奇数;8、24、48、80、120、168、224 都是8的倍数;而其他的大于1的奇数平方减去1的差同样是8的倍数,所以,人们得出结论:一切大于1的奇数的平方减去1的差都是8的倍数。这样一个认识过程运用的就是简单枚举归纳的推理方法。其推导公式如下:

$3^2-1=8$

$5^2-1=24$

$7^2-1=48$

$9^2-1=80$

$11^2-1=120$

$13^2-1=168$

$15^2-1=224$

3、5、7、9、11、13、15 都是大于 1 奇数的部分对象;8、24、48、80、120、168、224 都是 8 的倍数;没有发现其他的大于 1 的基数的平方减去 1 的差不是 8 的倍数的反例,所以,一切大于 1 的奇数的平方减去 1 的差都是 8 的倍数。

简单枚举归纳推理的逻辑形式是:

S_1 是 P

S_2 是 P

……

S_n 是 P

$S_1、S_2……S_n$ 是 S 类的部分对象;

没有发现属于 S 类的对象不是 P 的情况,

所以,凡 S 是 P。

在数学界,著名的哥德巴赫猜想也是运用简单枚举归纳推理得出的。大家知道,在自然数中那些可以被 2 整除的数,叫作偶数;其余的数叫作奇数。同时,在自然数中有一些数只能被 1 和它自身整除,而不能被其他的自然数整除,这些数就叫素数,又叫质数。两百多年前,著名数学家哥德巴赫在计算中发现:77 = 53+17+7; 461 = 449+7+5;……。每个算式的左端都是一个奇数,每个算式的右端则为三个素数相加。于是,他在 1742 年提出了所有大于 5 的奇数都可以分解为三个素数之和的猜想。他写信把这个猜想告诉了数学家欧拉。欧拉肯定了他的想法,并补充提出:4 以后的每个偶数都可以分解为两个素数之和。这两个命题后来合称哥德巴赫猜想。我们可以很清楚地看到,哥德巴赫的大胆猜想,就是他根据前提而得出的结论。他所根据的前提,则是他所发现,他自己所考察的(所列举的)部分奇数,都具有可分解为三个素数之和的共同点,而且一直没有发现相反的情况。以这样的前提而推出结论的不完全归纳推理,正是简单枚举归纳推理。

民间的许多谚语,如:"瑞雪兆丰年""月晕风,础润雨""鸡不入笼有大雨""早霞不出门,晚霞行千里"等,都是人们根据生活经验中多次重复的事例而概括出来的。人们之所以能做出这样的概括,是因为这些事例一而再、再而三的重复出现,人们从中发现了某种共同点,同时在做出概括的当时,有没有遇到相反的情况。所以,这些谚语的产生,显然也是应用了简单枚举归纳推理。

简单枚举归纳推理是一种或然推理。其推理根据是:人们已经观察到某类事物包含的许多对象具有(或不具有)某种属性的情况多次重复出现;在所考察的所有事例中,人们没有发现与重复出现的情况相矛盾的例外情况。

但是,这种根据对于推出的结论来说是不充分的,这是因为:

第一,已考察的对象没有遇到反例不等于说不存在反例,也不等于说以后永远不会遇到反例。例如,我们看到第一只天鹅颜色是白色的,我们看到第二只天鹅的颜色是白色的,我们看到第三只天鹅的颜色是白色的……我们见过的许多天鹅的颜色是白色的,于是我们得出结论说所有天鹅都是白色的。很显然这个结论并不是必然的，因为，可能存在着黑色的或其他颜色的天鹅没有被发现；现在不存在黑色的或其他颜色的天鹅不等于说将来不会出现。

第二，一类事物中部分对象所具有的某种共同属性，只是为全部对象都具有该属性提供了某种可能而不是必然。例如，世界石油有机生存学派中的某些欧美地质学者根据其国内的大量考察资料，归纳得出结论——"只有海相沉积的地质构造的地方才存在石油"。这一结论知识基于其国内的事例得出的，随着勘探手段的不断进步和考察范围的扩大，人们发现在非海相沉积的地质构造的地方也储存有石油。因此，"石油只存在于海相沉积的地质构造中"只是欧美国家地质的共同属性，而不是所有地区的共同属性。由此可以看出，应该以科学的态度对待简单枚举归纳推理所获得的结论。

首先，应以归纳的态度而非演绎的态度对待通过简单枚举归纳推理得出的结论，认识到该结论的或然性，当出现反例时就要及时纠正原来的结论，而不是仅仅根据有限的经验固守成见，否则就会犯下"以偏概全"的逻辑错误。

其次，简单枚举归纳推理的结论毕竟建立在其前提的一定支持基础之上，所以，当存在这种足够的前提支持时，就应该承认该结论的可靠性，如果仅仅以简单枚举归纳推理没有将认识的对象全部予以考察，结论具有或然性为理由，拒不承认大量的经验事实对简单枚举归纳推理结论的支持。那么，就犯了"懒散概括"的逻辑错误。例如，人们根据张三、李四、王五、马六等人被眼镜蛇咬伤后迅速死亡的经验，经过简单枚举归纳推理得出结论说：所有的人被眼镜蛇咬伤后都会迅速死亡。如果某人认为张三、李四、王五、马六的死都是偶然事故，和被眼镜蛇咬伤无关，那么，此人就犯了"懒散概括"的逻辑错误。

归纳推理结论的可靠性与观察事例的数量、范围以及对于观察对象的分析程度具有直接关系。一般来说，观察的对象的量越大，考察的范围越广，归纳推理的可靠性越大。归纳推理的结论可靠性不仅与对前提的考察范围及数量有关，还与推理结论的断定内容有关。结论断定的内容越少，其可靠程度越高；反之，结论断定内容越多，其可靠程度越低。在运用归纳推理时，如果不注意扩大考察对象的范围，不注意结论断定的内容的多少，又不注意可能出现的反面事例，就做出一般性结论，其结论的可靠性就低。这样运用归纳推理就容易犯"轻率概括"的错误。例如，在我国民间有一种说法，农历羊年出生的人尤其女性命运都不好。并且，在不同的时期、不同地域有不同的事例支持这一说法，如：羊年出生的张家姑娘出生后就死了妈妈，羊年出生的李家姑娘童年的时候死了爸爸，而羊年出生的王家姑娘接连嫁了三任丈夫都死了等。仅仅根据有限的几个羊年出生的姑娘的命运不好的事例便得出结论：羊年出生的人的命运都不好。这样的"归纳"便是"轻率概括"，其结论势必很容易被反例所推翻。

具体来说，提高简单枚举归纳推理的可靠程度应注意以下几点。

（1）增加被考察对象的数量。归纳推理的基础在于事物联系的个别和一般的关系。对于一个单一的认识对象,虽然它是由它自身所独有的个性和与同类事物所共有的共性构成了它复杂的属性体系,但是由于没有比较,所以是很难把握哪些属性是共性的,哪些属性是个性的东西,只有增加被考察对象的数量,经过不断的比较、筛选,才能从众多的个性中把握共性,进而断定该类事物都具有该种属性。但是,需要注意的是,仅仅增加被考察对象的数量,虽然能提高简单枚举归纳推理结论的可靠性,但这只具有相对意义,在没有把被考察对象全部考察完毕时,并不能保证简单枚举归纳推理的结论是必然可靠的。例如,著名的哥德巴赫猜想包含两个命题,一是"每个大于 2 的偶数都是两个素数之和",二是"每个大于 5 的奇数都是三个素数之和"。这两个命题有德国数学家哥德巴赫于 1742 年提出后,后世不断地有人试图予以证明,有人曾对它演算到了 3.3 亿,证明都是正确的,但是,这样的演算是不能最终证明这两个命题就是必然真的,因为它不可能将所有的符合条件的数都进行演算。

(2) 扩大被考察对象的范围。由于被考察对象所处的具体条件不同,它所表现的事物共性也比较复杂,在特定的条件下,所考察的对象都具有某种属性,而这种属性却是该类对象在特定条件下的共性,并不为该类事物在其他条件下所共有,因此,对于一类事物对象的考察不要局限于一时一地,而要尽量扩大考察不同条件下的对象情况。例如,我们进行人口受教育情况考察,把考察地点确定在高校,因为高校的学生受教育程度最低都是大学专科,因此,简单枚举归纳推理我国现阶段人口教育水平全部达到或超过大学专科水平,这一结论显然是荒谬的。

(3) 正确对待相反事例,即不具有归纳推理结论所断言的性质事例,与结论相矛盾的事例。出现反例,结论将会被推翻。科学地运用推理需要寻找与猜想相矛盾的事例。

(4) 不做过多断定,即结论断定的内容越少,简单枚举归纳推理结论的可靠程度就越高。因为人类对客观世界的认识是一个逐步深入的过程,在认识的初识阶段,对认识对象属性的把握是简单的,所以,通过简单枚举归纳推理得出的关于该类事物的共性也是简单的,随着对该类事物认识的逐步深入,所把握的共性也越来越丰富,才能使通过简单枚举归纳推理得出结论也越来越丰富,在此之前,当然是断定的内容越少可靠程度越高。例如,我们通过对各种具体物质如日月星辰、山川河流、树木花草、飞禽走兽等进行考察,发现它们都存在于具体的运动之中,于是我们通过简单枚举归纳推理得出结论说"一切物质都在运动之中",或者"一切物质都在做机械运动",显然前者要比后者的可靠性要高,这是因为后者断定的内容要比前者多(我们这里所举的例子都只限于逻辑学意义上的意义,而不管其思维内容的具体意义)。

(5) 结论所涉及的被考察对象的外延越小,简单枚举归纳推理的可靠性程度越高。事实上,不完全归纳推理的逻辑意义就是根据某类事物个别对象具有某种属性,进而断定该类事物全体具有该属性的认识过程,其结论之所以是或然的,就是因为结论超出了前提考察的范围。所以,结论所涉及的被考察对象外延越小,被考察过的对象在整个类对象中所占比重也越大,结论的可靠性程度也越高。当结论所涉及的被考察对象外延等于前提被考察对象的外延时,该归纳推理就是完全归纳推理了,其结论也就是必然了。

二、典型事例归纳推理

典型事例归纳推理即前提从个别具有一定代表性的事例为典范,结论把分析推理情况推广到整类事物的归纳推理。例如,毛泽东同志曾说过,要想知道麻雀的结构,解剖一只麻雀就够了,而不需要把所有麻雀都加以解剖。再如,关于原子弹的杀伤力和毁坏性的结论,"二战"期间美军对日本广岛和长崎投放的原子弹就足以证明,而不必须也不应该再向广岛和长崎投放原子弹加以证明了。在司法实践中,通过典型案例,概括出一般性的法律原则,导致法律条文的修改或新的法律制度的确立,这是常见的情况。如1803年,美国"马伯里诉麦迪逊案"这一法理学和宪法学上的典型案例,从此,美国就确立了联邦司法审查制度。即普通法院违宪审查制。最高法院确立了有权解释宪法、裁定政府行为和国会立法行为是否违宪的制度。在世界宪政史上具有重要意义。而我国的"泸州二奶案"使不得违背公序良俗原则在民法典(总则)中得以明确确立,成为一项重要的制度原则。

由此可见,典型事例归纳推理是以所选取的具有代表性的个例为标本进行推导的,其推导是否具有成效,不在于选取对象数量的多少,而在于所选取对象的标本是否典型、是否具有足够普遍的代表性。因而进行典型事例的推理须注意以下几点。

(1)前提作为标本的典型事例,不但应具有整类事物或对象的一般属性,而且还具有该类事物或对象最具有的代表性属性,具有"窥一斑,可知全豹"的功能。

(2)前提所选取的标本的理论指导愈是先进,技术手段愈是科学,眼界愈是宽阔、敏锐,其结论愈是可靠。

三、科学枚举归纳推理

科学归纳推理,或称科学归纳法,是根据对某类中部分对象与某种属性间因果联系考察,从而对整个某类作出一般性结论的一种不完全归纳推理。

1960年,英国某农场十万只火鸡和小鸭,吃了一批发霉的花生,结果在几个月内由于得癌症而纷纷死亡。后来,人们用这种花生喂羊、猫、鸽子等动物,它们也由于患癌症而死亡。1963年,有人又用发了霉的花生喂大白鼠、鱼、雪貂等,也产生了同样的结果。火鸡、小鸭、羊、猫、鸽子等动物为什么会得癌症而死亡?人们看到,这些动物的种类不同,所处环境不同,喂养的方式不同,但其中有一种情况是相同的,这就是它们都吃了一种含有较多黄曲霉素的花生。由此可见,这些动物吃含有较多黄曲霉素的花生和这些动物纷纷的癌症而死亡之间有因果联系。于是,人们就在认识这种因果联系的基础上,得出了一般性结论:动物吃了含有较多黄曲霉素的食物就会得癌症而导致死亡。这个结论就是运用科学归纳推理所获得的。人们进行这种推理是,已不是仅仅靠列举出所考察的部分对象都具有某种共同点,且没有遇到相反的情况,就做出一般性结论,人们还要特别注意分析所考察对象和某种属性之间的因果联系,然后以这中因果联系的认识为根据做出一般性结论。在上述例子中,人们不仅仅靠列举出火鸡和小鸭吃了发霉的花生就患癌症而死去;羊和猫吃了发霉的花生患癌症而死去;大白鼠吃了发霉的花生就患癌症而死去等一系列个别性命题,就直接得出一般性结论,还进一步考察了一些动物吃发霉花生和患癌症而死去之间存在因果关系。

简单枚举归纳推理和科学分析归纳推理都属于不完全归纳推理。因为,它们的前提知识都只是涉及了某类中部分对象的情况,它们都不是以某类全部对象的逐一考察为依据的;它们结论知识断定的范围,都超出了前提知识所断定的范围,结论知识是对前提知识的扩展。这两方面就是它们的相同之处。

科学归纳推理与简单枚举归纳推理作为不完全归纳推理中的两种不同类型,有着重要的区别。首先,它们在得出结论的根据方面有所不同。简单枚举归纳推理依据的是,在所考察的某类对象中都有某种共同点,并且没有发现过反例。科学归纳推理则不停留在这种根据上,而且要进一步分析现象间的因果联系,然后才得出结论。其次,它们所考察的部分对象的数量方面的要求有所不同。对于简单枚举归纳推理来说,不断增加前提中所考察的具有某种共同点的对象数量,具有重要意义。被考察的对象数量愈多,结论的可靠性就愈能提高。然而,不断增加前提中所考察的具有某种共同点的对象数量,对提高科学归纳推理结论的可靠性来说,却不具有重要意义。科学归纳推理要求的是对事实情况做出科学分析,找出现象间的因果联系。因此,有时科学归纳推理前提中所考察的现象数量虽然不多,甚至只考察一两个或几个典型的事例,但只要真正找出现象间的因果联系,所得结论可靠性仍然可以是比较高的。再次,简单枚举归纳推理和科学归纳推理结论在可靠性程度方面也有区别。虽然这两种推理的前提和结论之间逻辑联系性质都是或然的,因而结论都不是很可靠的,但比较起来,由于科学归纳推理是以对现象间因果联系的分析为根据,因此它的结论就比简单枚举归纳推理的结论更为可靠一些。当然,我们指出上述两种推理区别时,要始终注意到这两种区别是相对的,不是绝对的,因为简单枚举归纳推理是以经验认识为主要依据的,而经验认识总是在一定理论指导下进行的。故此,简单枚举归纳推理中事实上不能不同时渗透着某种科学分析的因素;科学归纳推理是以科学分析为主要依据的,而科学分析总是需要在一定的经验认识的基础上才能实现,因此科学归纳推理事实上又总是与经验的积累密切相关。

科学归纳推理的特点,就在于它是以分析所考察的部分对象,寻求其中存在的某种因果联系为前提。为了寻找因果联系,人们需要运用一些逻辑方法。所以,研究寻求现象间因果联系的逻辑方法,是研究科学归纳推理的重要组成部分。

第三节 类比推理

类比(analogy)这个术语来自希腊语,原意为比例的意思。其后在更广泛意义上被使用,具有相似、类似、具有同样的关系、形式或结构等意义。在逻辑史上,类比推理是一种发展最悠久的推理,作为理论形态的思维方式,亚里士多德在西方逻辑史上第一个提出了关于类比的学说。在中国古代逻辑史中,类比推理也占有相当的地位。中国古代的所讲的"类推"的含义尽管与今天所讲的类比并不相同,它包含有演绎、归纳、类比等多种推理,但其中类比的成分最多。

一、类比推理的含义和特征

类比推理通常称为类比、类比法或类推法,它是根据两个或者两类事物某些属性相似或相同,进而推出它们的另一个属性也相似或相同的推理。两对象某些属性相似或相同是得以得出结论的依据,究其实质,就是客观世界某些事物间存在着这样的相似或相同属性的客观联系,这是类比推理的本质依据基础。通过类比推理,人们得以确认类比事物也具有未知的另一属性,或者另一属性也具有相似或者相同。类比推理的逻辑公式可以表示为:

  事物 A 具有属性 a、b、c、d   ①
  事物 B 具有属性 a、b、c   ②
  所以,事物 B 具有属性 d   ③

在这个公式中,命题①②这是类比推理的前提,因为事物 A 和 B 都具有属性 a、b、c,因此我们断定事物 A、B 会有更多的相似或相同,又因为事物 A 还具有属性 d,所以,我们断定与其相似或相同的事物 B 也具有属性 d,这是类比推理的结论。

例如,人们比较声和光两类现象。通过比较人们得知,声和光在服从直线传播规律、反射规律、折射规律和干涉规律等方面都是相同的,并且还知道声具有呈波动状态这一属性,由此,人们就可推出一个结论:光也具有呈波动状态这一属性。得出这一结论的过程,就是进行类比推理的过程。

又如,18 世纪中叶,奥地利首都维也纳有位医生,名叫奥恩布鲁格(Auenbrugger)。一天,他的诊所来了一位病人,在当时的技术条件下,他没有检查出病人患了什么病。不久,病人去世了。经过尸体解剖,他才知道病人胸腔化脓,积满了脓水。他想,要是以后再遇到这样的病人该怎么办呢?他苦思冥想,忽然想起他的父亲在经营酒店时,常用手指头敲击盛酒的大木桶,根据酒桶发出的声音,去估计桶里是否还有酒或酒量的多少。于是,他马上把人的胸腔和酒桶进行比较。他发现,酒桶是一个容器,酒桶中的酒是液体;人的胸腔是也类似一个容器,胸腔中的脓水也是液体状态。医生就根据两个对象在这些属性方面的相似,推出了一个结论:既然用手指敲击酒桶可以判明里面是否还有酒,那么用手指敲人的胸腔也应该可以判明里面是否已经积水。在这个类比的基础上,他发明了"叩诊法"。

从这两个实例中我们可以看到,人们进行类比推理时,首先要进行比较。在第一个例子里,人们把声和光进行比较;在第二个例子里,那位医生把酒桶和人的胸腔进行比较。离开了比较,类比推理就不可能存在。其次,人们要能发现两个(或两类)相比较的对象,有一些相同或相似的属性,在第一个例子里,人们发现声和光有一些相似的属性,在第二个例子里,那位医生发现酒桶和人的胸腔有一些相似的属性。这些相同或相似的属性,我们称之为共有属性。共有属性是人们能够进行类比推理的根据。

可以看出,类比推理表现为从个别对象向另一个别对象,或者从一类对象向另一类对象认识的过渡。当一对象需要解释,而该对象与另一对象的某些属性相同或相似,人们通过类比,可对该对象以相似的解释。因此,类比推理具有以下特征。

(1)类比推理是一种从特殊到特殊的推理。它的思维进程的方向性往往都表现为从个别到个别、从特殊到特殊,它的推理前提是对个别和特殊的认识,得出的结论也是对个别和特殊的认识。而演绎推理是由一般到个别的推理,是从已知的一般性知识中推导出包含于其中的个别性知识或特殊知识。归纳推理则是从个别到一般的推理,它是把个别性的知识加以分析、综合,从中总结出带有规律性的认识。因此,类比推理是区别于演绎推理和归纳推理的一种推理形式。

(2)类比推理是或然性推理,其结论具有或然性。类比推理的客观依据是事物间的同一性和相似性,然而,事物之间除了同一性和相似性外,还存在差异性,它们在某些属性上相同或相似,但无法保证它们的其他属性也必然相同或相似。因此,类比推理的结论不是必然的。当前题真时,结论仍然存在两种可能:可能真,也可能假。类比推理的可靠性程度取决于已知的共有属性与推理出的属性之间的联系程度。事物间的相似性之间的联系程度有以下两种情形:①共有属性与被推出属性之间具有必然联系,特别是当共有属性有本质属性时,由于本质属性是事物的根本的起作用的属性,因此,这是推理它所决定其他属性具有更大的可靠性;②共有属性与被推出的属性之间具有偶然联系,由于偶然性的不确定性、易变性,以此做类比推理则结论显然不具有太大的可靠性。

在类比推理过程中,推理的前提依据是两个或两类事物之间的共同性。然而,共同属性和推出属性之间的联系可能是必然的,也可能是或然的。并且,类比推理的前提所提供的知识并不告知我们,它们之间是哪一种联系,这是类比推理在依据上的不充分性。根据这种不充分的知识,我们不能在逻辑上做出必然性的结论。

因此,类比推理的结论是或然的,必须经过实践检验加以证明才能具有可靠性与合理性。

(3)类比推理的结论受前提制约的程度最小。推理这种思维形式的特点就在于以前提为依据推出结论,但在不同类型的推理中,推出的含义并不完全相同。在演绎推理中,前提在最大程度上制约着结论。结论的外延不能超出前提的外延,也就是说演绎推理并没有知识的创新,而是经过推理,把蕴涵于前提中的某些知识明确化了而已。在归纳推理中,结论是前提的扩展,由前提中对部分的断定而扩展到对总体的断定,结论外延超出了前提的外延,因此,归纳推理的前提对结论的制约小于演绎推理,但这种超越毕竟还局限在同一知识领域。而类比推理在更广的领域进行,它把人们的认识从一知识领域扩展到另一知识领域。所以,类比推理的前提对结论的制约程度最小。可以说,演绎推理使人们认识了一类事物的个别事物;归纳推理使人们通过对个别事物的认识,扩展到对一类事物的认识;而类比推理则使人们的认识从一个领域扩展到另一个领域。

二、类比推理的种类

根据不同的分类标准,可以对类比推理进行不同的分类。其中根据类比推理的结论是肯定还是否定思维对象具有某些属性,类比推理可以分为正类比推理、负类比推理与合类比推理。

(一)正类比推理

即根据两个或两类对象的某些属性相同或相似,又知其中一个或一类对象还具有其他某种或某些属性,进而推断另一个或另一类对象具有相同属性的类比推理。其逻辑形式是:

A 具有属性 a、b、c、d

B 具有属性 a、b、c

所以,B 具有属性 d。

(二)负类比推理

即根据类比推理的两个或两类对象的某些属性相同或相似,又知其中一个或一类对象不具有某些属性,进而推断另一个或另一类对象也不具有相同属性的类比推理。其逻辑形式是:

A 具有属性 a、b、c

B 具有属性 a、b、c

A 不具有属性 d

所以,B 不具有属性 d。

(三) 合类比推理

即正负类比推理的综合运用,是根据两个或两类对象某些属性相同,一对象还具有其他属性,推断另一对象也具有相同的属性;根据一对象不具有某些属性,推断另一对象也不具有某些属性的类比推理。

三、类比推理的可靠性

从以上分析我们知道类比推理是一种或然推理,其结论只具有或然性,而不具有必然性。由于据以推出结论的共有属性和所推出的属性关系不同,前提对结论的制约程度也不同。所以,得出的结论的可靠程度也不同。在思维实践中,提高类比推理可靠程度的逻辑方法主要有以下几种。

(一) 以类比对象的本质属性或者接近本质属性的属性进行类比

类比推理的客观基础是事物本质属性的相似性,而事物的相似性可以表现为本质属性的相似,也可以是非本质属性相似。本质属性因为是事物内部稳定的必然的联系,它在客观上对其他属性的制约最大。因此,如果两个或两类事物的本质属性相同或相似,那么,其他属性也有较大的可能相同或相似。而非本质属性是事物偶然的、不稳定的联系,它在客观上对其他属性制约性较小。以此为前提类比推理所得出的结论的可靠性程度也就低。这是类比推理需要遵守的最基本的逻辑规则。进行类比推理时如果不注意遵守这一规则,就可能出现"机械类比"的逻辑错误。机械类比是指根据对象的非本质属性的相同或相似推出其它属性也相同或相似的类比推理。

(二) 增加据以类比的共有属性的数量

任何事物都是多种属性的综合,这些属性虽然有本质属性和非本质属性之分,但是,由于人类认识的局限性,对于哪些是事物的本质属性,哪些是非本质属性并不能完全确认。这是只要我们注意增加类比对象的相同属性,类比推理的结论可靠性就越高。因为两个或两类的事物的相同属性越多,也就意味着它们就越相同或相似,待推的属性就越有可能为两类比对象所共有。所以,增加类比对象的相同属性的数量是提高类比推理结论可靠性程度的重要方法。

(三) 查证推出结论是否与该事物的已知属性相矛盾

由于类比推理的结论是根据该事物的某些属性与另一事物的某些属性相同或相似,而断定该事物具有另一事物的其他属性得出的,又由于事物间总存在差异,世界上并不存在两种绝对相同的事物,那么,结论所断定的该事物具有的属可能并不为该事物所拥有,甚至可能与我们已知的该事物其他属性相矛盾,在这种情况下我们可以断定该类比推理的结论是不可靠的。例如:

在某地区连续发生多起入室盗窃案件,在其中的一起案发现场王某被抓获,由于这几起案件的作案手段等都极其相似,所以,侦查机关推断其它几起案件也是王某所为。由于某种原因,王某也承认了自己是这些案件的作案人,司法机关据此对王某进行了判决。然而,就在王某服刑期间,该地区又发生了多起类似案件,从而,使侦查机关的类推可靠性受到质疑,后来真正的罪犯赵某某被抓获,王某才被无罪释放。

四、类比推理的作用

类比推理的前提和结论之间的联系是或然的性,类比推理形式虽然是非有效的,但它仍然存在着客观基础,这个客观基础就是世界上事物之间的相似性——世界上的一切物质及运动都有相似性。正是这种客观世界的"相似性"决定了类比推理形式的存在。然而,客观世界又是多样性的统一,事物间的差异性又是造成类比推理或然性的根源。相似并非相同,两个事物间某些属性相似,并不意味着它们的另一(些)属性也相似。因此类比推理的结论只能是或然的。我们认识到了类比推理的或然性,却不能因此忽视了类比推理的作用。

人类科学发展史上,许多科学事实的发现和科学理论的提出,都借助于类比推理。由于发现血液循环而使生理学确立为科学的英国医生哈维,就曾在研究过程中直接受益于类比推理的启发。他在总结自己的研究活动时说:"我开始想到究竟会不会有一个循环运动,如同亚里士多德所说的空气和雨模仿着天体的循环运动一样:因为潮湿的大地经太阳加热而蒸发;向上运动的水蒸汽又凝结起来而以雨的形式降落使大地潮湿;由于这样的安排便产生了一代代的生物;风暴和流星也由于循环以及由于太阳的接近或后退而产生。因此,通过血液的流动,循环运动也在体内进行着,这是完全可能的。"哈维从类比中产生出大胆设想,并且终于在1628年发现了血液循环。还有很多借助于类比推理在科学发现和科学理论等方面有重大突破的例子。如:我国古代著名木匠鲁班,偶然被野草叶片外缘上的利齿划破手指,进而便联想到改进伐木工具,并仿照这种草叶制成带齿的铁片,从而发明了锯条;我国著名地质学家李四光,对我国地质结构进行认真调查,他发现东北松辽平原的地质结构与中亚细亚的地质结构非常相似,他从中亚细亚蕴藏有大量的石油,推出我国松辽平原也蕴藏有大量的石油。

所有这些发现,类比推理的作用是显而易见的。

类比推理还起着一种解释作用和论证功能。在科学发展上,特别是科学的萌芽时期,为了将新的科学现象给予人们令人满意的、清晰的解释,常常借助于类比推理说明。就是在科学技术高度发展的今天,类比推理解释仍然起到不可忽略的作用。另外,在人们的议论过程中,人们为了解释某种事实或原理,往往找出另一种与之相似的并且已经得到解释的事实或原理,然后通过类比来使某种事实或原理得到解释或说明。

第四节　探求因果联系的逻辑方法

因果联系是事物的一种普遍联系。其中,引起一种现象产生的现象是原因,被一种现象引起的现象是结果。探求事物的因果联系也是人们获得事物规律性认识的途径。因果联系具有以下特点。

(1)时间上的前后相继性。由于原因与结果之间具有引起与被引起的关系,所以原因总是在前,结果总是在后。二者在时间上总是先后相继。但是,这不等于说先行后继的现象之间都有因果联系。例如,雷雨天气里,人们总是先看到闪电,然后听到雷声,但是闪电不是雷鸣的原因,雷鸣也不是闪电的结果。四季变换,春前而夏后,但是,春天不是夏天的原因,夏天也不是春天的结果。这就要求我们在探求事物的因果联系时,要在一个现象的先行情况中寻找该现象的原因;在一个现象的后行情况中寻找该现象引起的结果。

(2)因果联系是一种必然联系。只要有一定的原因存在,就不可避免的会产生一定的结果。但是,并不是所有的必然联系都有因果联系。这就要求我们在确定因果联系时根据事物间的紧密联系和相互影响中去寻找。

(3)因果联系具有普遍性可重复性,即无论何时、何处有了该结果之原因,必然该有结果,反之亦然。

(4)由于客观事物间联系的复杂性,因果联系具有多样性。一因多果和一果多因就是这种多样性的表现。例如,电灯熄灭的结果可以由电压过低、停电、灯泡坏了等多种原因的一个或几个引起。地震这一现象可以导致房屋倒塌、山体滑坡、地壳下陷等多种结果的发生。这就要求在把握因果联系时具体问题具体分析。

本节所介绍的探求因果联系的方法,是由英国逻辑学家穆勒(John Stuart Mill)在其《逻辑体系》一书中系统给出的五种方法,即求同法、求异法、求同求异并用法、共变法和剩余法,简称穆勒五法,它们是科学发现和揭示事物间内在因果联系的重要方法。著名物理学家爱因斯坦(Albert Einstein)曾感慨地说:"西方科学的发展是以两个伟大的成就为基础:希腊哲学家发明形式逻辑体系(在欧几里的几何学中),以及通过系统的实验发现有可能找出因果联系(在文艺复兴时期)的基本方法。这里所说的第二个伟大成就指的就是穆勒五法。

一、求同法(契合法)

求同法就是,如果在被研究现象出现的若干场合中,只有一种情况是相同的,那么这个唯一共同的情况是该现象出现的 原因(或结果)。例如,为了探究燃烧发生的机理,瑞典化学家卡尔·社勒(Carl Wilhelm Scheele)观察了多种燃烧现象,如磷的燃烧、蜡烛的燃烧、铁屑浇上稀硫酸产生的气体的燃烧等,他发现每次在密闭的容器中燃烧某种东西时,容器内的空气总要减少1/5。也就是说,物体燃烧现象出现的若干不同场合中,虽然燃烧物都不同,但有一种是相同的,就是燃烧后容器内减少了1/5的空气。舍勒由此认为这1/5的空气与燃烧有关,是助燃的,称之为"火焰空气"。舍勒还观察了多次燃烧中止的现象,如燃烧的蜡烛熄灭、烧红的炭冷却等,他观察到虽然燃烧物不同,但有一种情况相同,就是每次燃烧中止的场合都伴随着同一种现象——正在燃烧的东西被置于另外的4/5的空气中。舍勒由此认为这1/5的空气与止燃有关,称之为"无用空气"。舍勒的这一研究的思维方法就是求同法。

求同法的公式是:

场合	相关先行情况	被研究的对象
1	A、B、C	a
2	A、D、E	a
3	A、F、G	a
……	……	……

所以,A 是 a 的原因(或结果)

其中,a 便是被研究的现象,A 表示不同场合的唯一共同情况,B、C、D、E、F、G 分别表示不同场合中的不同情况。

求同法的步骤是:①列出已知的出现被研究现象的几种不同场合;②分析不同场合的情况,找出唯一共同的情况;③确定唯一的情况就是被研究现象的原因。

求同法要求在被研究现象出现的若干场合相关先行情况中,只有一种情况是相同的,其他情况的差异越大,那么,结论就越可靠。但是,在现实中,不同场合只有一种情况相同的实例是很少的,并且人们也不可能穷尽被研究现象出现的所有场合。因此,求同法的结论是或然的。这就要求在运用求同法时要注意以下几个方面。

(1)研究现象出现的不同场合至少应有一种,而且越多得出的结论就越可靠。求同法的逻辑基础是异中求同。在保证研究对象不变的情况下,通过对不同场合下非共同因素的排除,发现与被研究对象有必然联系的因素,如果只有一种场合,那么就不能确定何者是共同因素,何者是偶然因素。并且考察的不同场合越多,就越可以避免把只是在部分场合偶然相同的情况当作共同的属性而被视为该现象发生的原因,搞错因果关系。

(2)如果引起被考察现象的原因比较多,或被考察现象引起的结果比较多,都不适宜用求同法。因为求同法要求被研究现象出现的若干场合中只有一种情况是相同的。

（3）正确分析不同场合中相同对的现象。虽然求同法要求同一被研究对象在不同场合发生,但是,毕竟有了这一共同现象,这一共同现象也是一个复杂的存在,与之密切联系的现象有些被认识到了,有些还没被认识到,那么,某些表面相同的情况不见得就是被研究现象的原因和结果。

这就需要注意:共同的情况和我们研究的现象之间没有必然的或直接的联系。例如,人们情绪波动的时候,心脏的跳动也会发生相应的变化,因此,古代的人认为心脏是人类的思维物质基础,而思维的真正物质器官大脑由于其运动不易被察觉而被忽视。有时候不同场合的共同现象只不过是与真正的原因或结果关系密切,但是并非真正的原因和结果。例如,一些英国细菌学家将雷琐辛(间苯二酚)溶于丙烯乙二醇溶液中,用来进行空气消毒的实验。他们发现在取得最好消毒情况的各种不同场合,使用了雷琐辛是共同的情况,至于选用乙二醇,不过是为了把它作为这种杀菌剂的溶剂。但事实是,该混合也之所以有效,原因是乙二醇的作用而不是雷锁辛的作用。另外,有时候表面的不同情况却隐含着共同的情况。

二、求异法

求异法又叫差异法,是指对被研究现象出现和不出现的两种场合的先行情况加以比较,如果两种场合只有一种情况不同,其他情况完全相同,那么,这个唯一不同情况就是被研究现象的原因(或结果)。

求异法的逻辑公式是:

场合	相关先行情况	被研究现象
1	A、B、C	a
2	-、B、C	-

所以,A 是 a 的原因(或结果)

其中,场合1是正场合,A 先行情况出现,则被研究现象 a 也出现;场合2是负场合,先行情况中 A 不出现,则被研究现象 a 也不出现。B、C 则是正负场合中的相同情况。

（一）求异法的特点

与求同法比较,求异法具有以下特点。

（1）具有较灵活和简便的操作方法。求异法是同中求异,即正负场合其他情况完全相同,只有一种不同情况。因为求异法需要进行多场合的研究,而求异法只对正负两种场合进行研究,并且,求异法主要是一种试验方法,而不是观察方法,这是因为自然界的现象纷繁复杂,很难在自然条件下满足求异法需要的条件,只能通过人为地控制和选择。因此,求异法比求同法更简便灵活、容易做到,具有更广泛的适用范围。

（2）结论的可靠性程度较高。求异法的结论虽然也是或然的，但是，由于它是同中求异，而求同法是异中求同，在同类的场合下相同或相似的情况总是很多，所以，求同法的结论可靠程度就难以保证，而求异法则通过正负两种场合的对比寻求其不同，并可以借助实验手段精明判明两种场合只有一种情况不同，所以，求异法结论的可靠性程度要比求同法的结论可靠性更大。例如，为了探明动物对营养需求的情况，俄国医生鲁宁用老鼠进行了对比。他把老鼠分为两组，其中一组老鼠用人造乳喂养，这种人造乳由纯化物质——自然乳中所含有的蛋白质、脂肪、干酪素、糖和相当数量的盐混合而成；另一组老鼠用自然乳喂养。结果发现第一组老鼠不久都得病死亡，而第二组老鼠则生长正常。鲁宁认为喂养第一组老鼠的情况和喂养第二组老鼠的情况除了喂养的食物不同外，其他情况都完全一样，据此断定喂养的食物是导致第一组老鼠死亡的原因，因此，自然乳中应该还含有人工乳成分外的其他成分。后来经过进一步的研究发现这种物质——维生素。

（二）通过求异法确定事物之间的因果联系需要注意的问题

（1）求异法比较的两个不同场合的不同情况必须是唯一的。因为求异法的认识机理是同中求异，如果比较两场合存在的多种不同情况，那么，这些情况都可能是被研究对象的原因或结果。例如，在温室里种植了两盆同样品种的鲜花，对其中一盆施以大水大肥，对另一盆施以小水小肥，结果第一盆鲜花枯萎了，第二盆花长得非常旺盛。那么，能否得出"这种鲜花不适合大水种植"的结论呢？很显然是不能的，因为比较的两种场合除了所施水分大小不同这一情况外，还存在所施肥料也大小不同的情况，它们都可能是造成鲜花旺盛或枯萎的原因。

（2）求异法比较的两个场合的不同情况必须是确实是不同的。由于客观世界的复杂想，有时表现不同的情况其本质却是相同的，那么，通过求异法企图寻找两种不同表现的原因或结果的努力注定要失败的。例如成语故事揠苗助长：一个宋国人为了让其庄稼长得更快一点，就把禾苗拔高一些。那么，禾苗被拔高和禾苗自然长高的现象表面看是一样的，但其本质却根本不同。如果探寻使庄稼成长更好的方法，把两块条件和情况完全相同的庄稼做对比，一块实施人为拔高，一块作为对比任其自然生长，那么，在短时间内被人为拔高的庄稼确实表现得要好一些，从而得出人工拔高可以是庄稼长得更好的结论，岂不荒诞。

（3）通过求异法确定的因果联系可能是众多因果联系的一种，并不排斥其他原因或结果的存在。例如，对两粒同样品种的种子进行培植，温度、空气等条件相同，其中一种适量浇水，另一种不浇水。结果，前者发芽，后者不发芽。因此得出结论：适量的水分是种子发芽的原因。但这并不能表明这是种子发芽的唯一条件或原因，因为，在共同的情况下可能已经包含了结果发生的其他条件。

三、求同求异并用法

求同求异法又叫契合差异并用法,是根据在被研究现象出现的若干场合(正面场合)中只有一个情况相同,而在被研究现象不出现的若干场合(负面场合)中都没有这一情况,因而推断出该情况与被研究对象有因果联系的方法。

求同求异并用法的认识形式表示为:

场合	相关因素	被研究对象
+1	ABCD	a
+2	ABDE	a
+3	ACEF	a
……	……	……
+n	AYZ	a
−1	−AEGH	−a
−2	−AFHK	−a
−3	−AGLM	−a
……	……	……
−n	−ANPQ	−a

所以,A 与 a 有因果联系。

运用并用法探求因果关系的认识过程包括以下三个环节:①在正面场合组中求同,确定与正面场合相关的因素 A;②在负面场合组中求同,确定与负面场合相关的因素−A;③将正反两个场合进行比较求异,据此推断因素 A 与现象 a 之间具有因果联系。

从该公式可以看出,求同求异并用法虽然在认识过程中的某些环节分别运用了求同和求异的方法,但它不是求同法和求异法两种方法的相继使用,而是一种独立、完整的认识方法。例如:为探求甲状腺肿大的病因,科学家把患这种病的人分为对象小组,把没有患这种病的人分为对照组,经过认真考察发现,两组人生活的地区、人口状况、风俗习惯虽然都比较复杂,但是,对象组的所有人有一相同点,他们日常摄取碘的数量过少;对照组的所有人也有一相同点,他们日常都摄取了一定量的碘。通过比较对象组和对照组,发现日常生活摄取碘的多少是两组人是否患甲状腺肿大的唯一原因,从而断定缺碘是引起甲状腺肿大的原因。该例所用的探求因果关系的方法就是求同求异并用法。

再如，同样为了探求甲状腺肿大的病因，科学家对甲状腺肿大流行地区进行广泛的调查，发现患者的共同点是日常摄取碘的数量过少，据此得出缺碘是引起甲状腺肿大的原因的结论，然后在不改变其他条件的情况下，提高甲状腺肿大高发病区人们碘的摄入量。结果甲状腺肿大得到有效控制，患者病情好转，直至痊愈。这就进一步证实了缺碘是引起甲状腺肿大的原因的结论。该例所用的探求因果关系的方法就是求同求异并用法。

因为求同求异并用法具有求同异共同的特点，所有起结论具有较高的可靠性。并且它不像求异法那样只允许正、反两组事例中只有一个情况不同，因此具有方便易行的特点。为了提高结论的可靠性，运用求同求异并用法探索因果关系需要注意以下两点。

(1) 尽量增加考察事例。正反场合中考察的事例越多，正面求同和反面求同所得结论越可靠，在此基础上求异所得结论也就越可靠。

(2) 尽量限制正反场合的不同点。求同求异并用法并不对正反成和的不同点作严格要求，但是，如果能尽可能地限制其不同点，则有助于提高结论的可靠性。

四、共变法

共变法就是根据被研究现象出现的若干场合中，在其他相关因素不变的情况下，某一相关因素发生不同程度的变化时，被研究现象也随之发生相应程度量的变化，则可确定这一变化的相关因素与被研究现象之间有因果联系。共变法的逻辑公式是：

场合	相关因素	被研究现象
1	$A_1 BCD$	a_1
2	$A_2 BCD$	a_2
3	$A_3 BCD$	a_3
……	……	……
	$NA_n BCD$	a_n

所以，A 与 a 有因果关系。

(一) 原因和结果之间的共变关系形式

(1) 正相关共变关系。即原因在数量上的增加会引起结果在数量上的增加，原因在数量上的减少会引起结果在数量上的减少。例如，温度升高，温度计的水银柱上升；温度下降，温度计的水银柱下降。温度的变化就是水银柱升高或降低的原因。

(2)负相关共变关系。即原因在数量上的增加会引起结果在数量上的减少,原因在数量上的减少会一起结果在数量上的增加。例如,在路程一定的情况下,速度越快,走完路程所需的时间就越短;速度越慢,走完路程所需的时间就越长。

共变法是科学研究和司法实践中经常被运用的一种方法,特别是它不但研究考察对象质的规定性,还进行量的分析,所以,往往能够得出更具体的结论。例如,某村发生大面积食物中毒事件,经调查食物中毒的村民都参加了该村李某的婚宴,并喝了宴席上的白酒,据此推断食物中毒与饮用该白酒有因果关系。这一推理运用了求同法。进一步调查,发现没喝白酒的村民都没有食物中毒,从而断定食物中毒和饮用白酒有因果关系,这一推理运用了求异法。这两种方法都是食物中毒和饮用白酒是否存在因果关系质的分析,而共变法还要进行量的分析,如该例,通过进一步考察,发现在婚宴中喝该白酒少的人,中毒症状比较轻,喝得多人中毒症状越严重,从而为确定食物中毒与饮用该白酒的因果关系提供更为可靠的支持。从该例也可以看出共变法和求同法、求异法之间的密切关系,从某些方面来说,共变法可以理解为是求同法的深入,求异法是共变法的特例。

(二)需要注意的问题

因为存在共变关系的因素并不必然存在因果关系,所以,共变法的结论是或然的。为提高共变法结论的可靠性,需要注意的问题如下。

(1)增加考察的场合,考察场合越多,结论可靠性越大。这也是归纳推理普遍的要求。

(2)要注意共变的方向,是同向共变还是异向共变;是单向不可逆的,还是双向可逆的。共变法依据的规律性的递增或,递减变化关系,如果在被考察的场合中出现不规则变化的事例,则无法运用共变法断定因果关系。果不引起因发生变化。如温度升高,温度计水银柱升高,但水银柱升高并不会导致温度升高。共变关系也可能是双向可逆的,即因可引起果变,果也引起因变。例如,在市场竞争中,较高的劳动生产率可以保证获得较高的利润;较高的利润又可以保证有足够的资本扩大生产规模,改进生产技术,从而获得更高的劳动生产率。较高的利润和较高的劳动生成率二者可以互为因果。

(3)存在共变现象的因素之间并不一定都存在因果关系。例如,雷鸣和闪电有共变关系,闪电越强,雷声就越大,但是闪电并非是雷鸣的原因。

(4)共变现象具有一定的限度,超过限度,共变现象就会消失,或共变方向发生变化。例如,适当施肥可以增加农作物的产量,但是,超过一定施肥限度,增加施肥量却会导致减产。

五、剩余法

剩余法,即根据已知某一个复合因素与被研究现象的某一复合现象有因果关

系,通过减去已知有因果联系的部分,确定剩下的因素与剩下的现象有因果联系的方法。其推理形式可表示为:

复合因素 ABCD 与复合现象 abcd 之间有因果联系
A 与现象 a 有因果联系;
B 与现象 b 有因果联系;
C 与现象 C 有因果联系;
所以,D 与现象 d 有因果联系。

由于事物及其事物之间的关系总是非常复杂的,并且人们对这些事物及其关系已经有了部分的认识,所以,对事物之间因果关系的判断往往通过先把已知的因果关系排除出去,就可以大致确定剩余现象间的因果关系,因此,剩余法在科学研究和司法实践中有广泛的运用。例如,科学史上氦元素的发现就是运用了剩余法。1868年科学家们发现太阳光谱中存在一条红线、一条青绿线、一条蓝线和一条黄线,而当时的科学研究已经表明每一种化学元素都有自己特定的光谱,其中,红线、青绿线、蓝线是化学元素氢的光谱,那么,太阳光谱中的黄线表面还存在着一种物质,这种物质的存在就是太阳光谱中存在着黄线这一现象的原因,人们把这种新的物质叫作氦。后来的事实证明了这一推断。其推理形式可以表述为:

每一种化学元素都有自己特定的光谱;
太阳光谱中存在一条红线、一条青绿线、一条蓝线和一条黄线;
红线、青绿线、蓝线是化学元素氢的光谱;
所以,太阳光谱中的黄线表面还存在着一种物质,这种物质的存在是
太阳光谱中存在着黄线这一现象的原因,这种新的物质叫作氦。

从以上分析可以看出,运用剩余法需要遵守以下要求:①所研究的必须是复合现象,并且已经知道部分现象与部分因素之间的因果关系;②被研究现象的剩余部分与已知因素没有因果关系。

第五节　概率与统计归纳推理

一、概率归纳推理

日常生活中,当我们对某事件的发生不能一下子判定其结果时,往往会说:
"我今年考上大学的机会不太大。"
"中国足球队大概会进入亚洲锦标赛前四名。"
"我不太可能被邀请参加晚会。"
"你不要冒风险去乘坐小李开的车。"

其中"机会""大概""可能""风险"这些词被用来描述某种预期之间的出现。这种在某种条件下可能出现也可能不出现的现象,我们称之为随机事件或偶然事件。随机事件在现实世界中大量存在,如某条河流每年出现洪峰的时间和最大洪水量;某城市每月人口流动的数量;某城市十字要道高峰期车辆的流动量。表面看来,具有不确定的随机事件个别看来是杂乱无章,纯属偶然,但是,"在表面上是偶然性在起作用的地方,这种偶然性始终是受内部的隐藏着的规律支配的,而问题只是在于发现这些规律"。如对某城市十字要道高峰期的车流量,若一天天单独来看是无规律性的,但若就总的情况来看,观察几个月或几年,就会看出每天的车流量总是在一个确定的范围内。这说明,当我们观察了大量的同类随机现象后,就可揭示出它的一种完全确立的规律性。概率就是以研究大量随机现象所呈现的规律为对象的一门学科。概率归纳推理则是给出人们某类或某个随机现象的概率的推理。运用概率归纳推理,我们可获知某事件发生的可能性有多大,或者说某事件发生的机会有多大。因此可以说概率归纳推理就是关于机会的判断。正如前面所述,归纳推理的结论不具有绝对的确定性,而且由于有各种各样的不确定性,就产生了对之比较和测度的问题,而这正是概率理论所要研究的问题。因而现代归纳逻辑的一个重要特征,就是在对归纳作用形式化、数量化的研究的基础上,构建出不同的概率逻辑系统。

下面,我们仅从概率的基本知识着手,介绍一下概率归纳最简单的推论方式。

通过试验,人们对随时事件出现的可能性大小可给出一个定量的度量。用来计算随机事件出现的可能性大小的数就是事件的概率。事件 A 的概率通常表示为 $P(A)$。譬如,掷一枚硬币,如果出现正面和出现反面的可能性是相等的,则它出现正面的概率就是 $1/2$,可表示为 $P(正面)=1/2$。

显然,上述随机事件具有这样两个特点:①每次试验结果的个数是有限的,且这些结果彼此相斥(即这些结果不可能同时出现);②出现各种结果的可能性相等。这样的事件称为古典概率事件。据此,概率的古典定义为:假设在一次试验中总有 n 个两两互斥的等可能结果,使事件 A 成功(或有利于事件 A,适合时间 A)的结果有 m 个,则 A 成功的概率($P(A)$)是:

$$P(AB)=P(A)P(B)$$

如上例,已知"甲击中目标的概率为 $1/2$","已击中目标的概率为 $2/3$",则"目标被同时击中"的概率为:

$$P(AB)=P(A)P(B)=\frac{1}{2}\times\frac{2}{3}=0.333$$

有时,一事件的发生对另一事件的发生的概率有影响,譬如,从一副标准 52 张桥牌中抽出一张黑桃,其概率为 $13/52$,若不再把该牌放回,则下次抽中黑桃的概率为 $13/51$,若求连续抽两张牌是黑桃但不再放回的概率,则有下述一般乘法定理:

$$P(AB) = \frac{13}{52} \times \frac{13}{51} = \frac{1}{4} \times \frac{4}{17} = \frac{1}{17} = 0.059$$

因此,接连抽出两张牌都是黑桃的概率为0.059。

此外,通常在概率运算中还假设:事件A与其对立事件$\bar{A}$之和的概率为1,而A与$\bar{A}$之积为0,即:

$$P(A+\bar{A}) = 1 \; ; \quad P(A\bar{A}) = 0$$

由此,就有:

$$P(\bar{A}) = 1-P(A); \; P(A) = 1-P(\bar{A})$$

如:若某甲击中目标的概率为0.6,则其未击中目标的概率为1-0.6=0.4。

概率归纳推理就是根据某类事物已观察到的部分对象具有某种属性的频率推出所有该类对象(或某个对象)也具有这种属性的概率的推论。因而概率归纳推理有两种情况:一是由部分推向整体,二是由部分推向个体。前一种推论的公式可表示为:

S_1是P,

S_2不是P,

S_3不是P,

……

S_n是(或不是)P,

$S_1, S_2, \cdots\cdots, S_n$是S类部分对象,且其中有$m$个是P。

所以,S类所有对象是P的概率为$\frac{m}{n}$。

例如,我们对某工厂的产品进行质量检查,质检情况如表20所示。

表20 质检情况

抽取产品总件数	5	10	60	150	600	900	1200	1800
其中合格产品件数	5	8	54	136	548	820	1091	1632
合格产品的频率	1	0.8	0.9	0.907	0.913	0.911	0.909	0.906

由表20可以看出,随着抽取件数的增多,合格产品的频率趋近于一个稳定值0.9,由此我们可以推出:该厂合格产品的概率为0.9。

这种由部分推向整体的概率归纳推理,由于结论超出了前提所断定的范围,因此具有或然性。

从一类事物足够多的部分(或全部)对象具有某种属性的频率,推出该类任一对象也具有该属性的概率归纳推理,可表示为:

已观察到的S是P的频率为$\frac{m}{n}$,

S_i 是 S 中任意一个,

所以,S_i 是 P 的概率为 $\frac{m}{n}$。

需要指出的是,前提中 $\frac{m}{n}$ 表示,已观察到的 n 个 S 中有 m 个具有 P 属性,并且,$\frac{m}{n}$ 还表示任意一种比值,由此,若 $\frac{m}{n}$ 极大地逼近值 1,则可推出"S_i 是 P"的结论;若 $\frac{m}{n}$ 极小地接近 0,则可断言"S_i 不是 P"。譬如,如果已知某厂产品的合格率为 0.99,和某产品是该厂生产的,则可推出该产品应为合格产品。若已知某射手射中目标的频率为 0.01,则可推出他下次射击也不会击中目标的结论。

上述这种推理,由于前提未为结论真提供充分的保证,结论所断定的内容并非必然地包含在前提断定范围之中,因此,结论仍具有或然性。

为提高以上两种概率推理结论的可靠性程度,仍需遵守归纳推理的最一般要求,即尽可能多地增加试验次数,尽可能广地考察事件出现的范围。

二、统计归纳推理

统计是关于数量信息的收集、整理和分析的方法。在当今高度复杂的世界,它变得越来越重要。每天我们翻开报纸、打开网页,几乎都可以看到一些数据或统计数字。譬如,天气变化,体育运动,就业、工资、价格和人口变化等情报,无一不是人们关系的日常新闻。这些情报的数据是人们做出某项重要决定的基础。然而,要使所做的决定是明智正确的,必须具备一定的统计学的知识,必须正确理解有关数据的含义,从而用统计方法做出较为可靠的推断,以指导人们的行动。

在现代科学认识中,统计方法的比重也愈来愈大。在实际研究中,运用统计方法可使人们获知一类确定现象在完全确定的实验条件下,它们所具有的特点、性质的分布情况。如果人们把这些性质转移到未知情况中去,便做出了一个统计归纳推理。所谓统计归纳推理,就是前提或结论包含有关某一确定事物类的某属性分布频率的统计陈述的归纳推理。统计归纳推理有多种情况。如,从总体推向样本,从样本推向样本;以及样本推向总体等。其中,从样本推向总体的推论,在统计实际工作中最重要,也最具有价值。因而,我们下面对它做一简要介绍。

在统计中,对之所进行调查研究的全体对象称作总体。从总体中选取少数被人为是典型的个体称作样本。如果我们从样本具有某属性推出总体也具有该属性,便做出了一个统计概括归纳推理。譬如,观察下面一份统计资料:

某年,在车祸中丧生的有 5.5 万多人,受伤的有 400 多万人。其中,近 1/2 死者和至少 1/3 的伤者是酗酒者。

每年,工业意外引起的死亡人数达 1.8 万人,受伤人数达 1000 万人,其中47%的死亡事件和40%伤残事件与饮酒有关。

饮酒引起跌倒致死的事件高达总数的70%,跌倒致伤事件则占总数的63%。

69%的淹死事件与饮酒有关。

在所有的火灾中,83%的死亡事件和62%的烧伤事件的发生和当事有人饮酒有关;53%的死亡者和23%的烧伤者是酗酒者。

50%~75%的离婚事件直接或间接与饮酒有关。

据统计,每年超过1/3的自杀者(至少1万人)是饮酒者。

同时,在美国67%的杀人案件与饮酒有关,24%的强奸案件与饮酒有关,24%的强奸案件和29%的其他性质犯罪事件也与饮酒有关。30%的严重袭击他人事件和30%其他袭击他人事件也出于饮酒。

由此说明,饮酒会给人们带来轻生和痛苦。

许多统计归纳推理的结论还可以是一种概率的概括。例如,在对某工厂产品进行质量检查时,人们从产品中抽取一部分作为样本,通过统计,计算出抽查样本的合格率为97%,由此运用统计归纳可得出"这个厂所有产品合格率为97%"的结论。

统计归纳推理的运用,涉及统计学中许多专门的计算方法。譬如,如何计算平均值和标准差等统计量,以了解数据的集中趋势和分散程度;如何计算两组量数之间的"相关系数",以确定两个两之间所存在的某种关系等。另外,概率的方法在统计工作中也被大量运用,对此,我们不再多做介绍。

统计归纳推理的前提,是关于所选取样本的考察和分析,而结论是基于样本的一种概括,因此,这种推论是从部分推向总体,前提和结论之间具有或然联系,其结论的正确程度,概括的概率的提高都依靠抽样及样本的适当性。若抽取方式正确、选取的样本有代表性,则适用于样本的结论也适用于整体。从逻辑的观点看,只要改善概括所依据的证据,就可提高概括的结论,因此,提高统计归纳结论的可靠性的方法也就是关于增强取样代表的方法。一般说来,实际统计中,选取样本要遵守下述三个原则。

(1)有关量的原则。即尽可能地加大所选取样本的量。因为,在其他条件相同时,样本的可靠性随样本数量的扩大而增加。当然,样本均匀时,量的问题是不大重要的,譬如,从一口袋中拿去的一小把大米就可提供该口袋中全部大米的大致正确概念。但由于大多数情况下被研究的客体是不均匀的,因此这一原则具有基本意义。

(2)通常所谓的随机原则。即要求选样不能是预定的,这就意味着从总体中进行选样,应使总体中任一客体都有同样的概率作为元素被选去出来,由此选出的样本才具有足够的容量。如果只从精心挑选的、不具代表性的样本便推广至总体,就易出现统计上的错误。

(3)若总体中各对象差异较大,则应用分层抽样的方法。即根据所研究的问题有关的性质,把总体分成许多层(即多个小类),再从各层中选取样本。分层取样时须注意,所取样本应准确地表达总体具有的总的划分。若只选取某层(或类)的对象作为样本,显然是不具有代表性的。

如果只注意样本数量的增加,而忽略上述第二、第三关于样本有代表性的原则,那么则会出现统计上所谓"斜线统计"错误。例如,1936年美国总统大选,当时美国文学文摘杂志社(Literary Digest)发起了民意测验,从它发出的1000多万分测试卷中收回的200多万分测试卷来看,大多数人支持共和党总统候选人兰登,而不喜欢另一总统候选人罗斯福。于是杂志社断言:兰登将当选总统。但最后的结果却是罗斯福当选为总统。那么,这家杂志社错在哪里呢?首先,其测试人数不能不说是足够多的,但他们都是测试主持人通过电话访问或从汽车登记资料中找出的车主。而在当时有汽车或有电话的人都属社会中、上等富裕阶层,他们并不占选民的多数且投票率不高。所以,该杂志社正式在选样时忽略了样本代表性,才导致了错误的估计。并且由于这次测试耗费了该杂志社近一百万美元(这在当时是一大笔钱),大选后不久,这家杂志社也就倒闭了。

第六节 法律类比

一、法律类比的含义

在人类法律文明史的演进过程中,要探寻那些能够在跨司法文化意义上具有超越性力量和普适性的司法技术的话,可以说,法律类比必在其中。作为一种重要的法律方法,它存在于世界诸多法系中,在英美法系,法律类比几乎是最主要的法律方法;在大陆法系,其作为法律解释方法在司法领域同样具有异常功能重要的地位;在中华法系"比附援引"几乎成为司法领域主导型的裁决论说方法。不过,作为一种法律方法,最初并未引起法学研究者应有的重视,在理论界,大约最早提到法律类比的学者曾身兼法官和教区主教的中世纪英国法学家布莱克顿(H. D. Bracton),但直到1948年美国学者列维(E. H. Levi)出版了其名著《法律推理引论》之后,对法律中的类比推理(Analogical Reasoning In Law,简称ARIL)的讨论日渐增多。近年来,有学者如昂格尔(R. M. Unger)、布鲁尔(S. Brewer)和凯斯.R.孙斯坦(C. R. Sunstein)等的论述,人们对法律类比有了更多的关注。

那么,什么是法律类比呢?

首先,就起概念而言,理论界尚有不同称谓,有人称之为"法律适用中的类比推理"①或"法律中的类比推理"②,也有人称之为"类比法律推理"③或"法律类比推导"④,尽管称谓不同,但其所指称对象并无太大差异,从语言使用的便宜型原则考虑,我们称之为法律类比不会产生歧义和误解。

其次,就其外延来说,我们认为它属于狭义上的司法类比,即它是司法裁判领域中的类比推理,或者说是审判工作中的类比推理,而广义上的司法类比除此之外还包括司法机关在刑事案件侦查过程中常常运用的并案类比、侦查实验类比、比对推理等推理方法,因此,在外延上,法律类比仅包括两种,即类推适用和判例类比。

再次,就法律类比的内涵而言,在属性上它是一种法律思维方法,即它是法律适用主体按照类推或判例类比的形式,来获得判决案件结论的一种法律思维方法。

最后,我们按照逻辑上的属加种差的定义规则,可以给法律类比做如下定义:法律类比是指法律适用主体通过对法律规范或判例的技术分析,在规则或判例与待决案件寻找一种实质的、相关的联系与区别,再按照一定的类比规则,从形式上推导出待决案件结论的法律思维方法。

二、法律类比的特征

根据法律类比上述的含义,我们可以看到,作为一种法律方法,它既不等同于形式逻辑中的类比推理,也不是逻辑类比推理在法律规范领域中的简单运用,相反,它具有自己的特性,正是这些特性决定它在法律推理活动中独立的价值意义。

孙斯坦认为,法律类比有四个相互交叉的特征⑤。下面,结合孙斯坦的论述并给出我们的看法。

(1)原则上的一致性。它要求对特定案例的判断必须相互一致,即运用类比推得的结论。其逻辑价值评价是一致的,不具有谁比谁更优越。其实,逻辑上类比的评价包括两个方面:①结论的非必然性是相同的;②前提对结论的支持强度可以是不一样的,因而,结论的或然性程度可以是不一样的。这里,显然孙斯坦只注重前者而忽略了后者。

(2)法律类比集中在特例上,本质上仍属于归纳。用孙斯坦的话说:"它是一

---

① 陈锐:《法律适用中的类比推理》,载《毕节学院学报》2006年第1期,第26—30页。
② 於兴中:《法律中的类比推理》,载葛洪义主编《法律方法与法律思维》,中国政法大学出版社2002年版,第101页。
③ 吴学斌:《类比法律推理的性质与难题》,载《深圳大学学报》2006年第4期,第52—57页。
④ 王洪:《司法判决与法律推理》,时事出版社2002年版,第112页。
⑤ 凯斯·R.孙斯坦:《法律推理与政治冲突》,法律出版社2004年版,第80—82页。

种自上而下的思维,法院为判案,心中必有原则,但这种原则观念是紧密参照特例形成的,而非上级强制的。"①换言之,它是运用类比推理、归纳、概括出来的。

(3)法律类比的简明性。即法律类比道理简单,并没有深奥的或综合理论来解释它得出特定结果。孙斯坦认为,法律推理并非是深不可测、神秘莫测而且极其复杂的,"如果我们对某些基本方法以及律师和法律目标予以关注的话,法律推理就要容易理解的多了"②。而所谓某些方法和目标是指,利用类推进行思考,创设、使用及修订规则;采用特定的解释方法,以及将权力分配给特定的人及特定的机构等等。显然,法律推理所谓神秘,就是人们把推理中的逻辑方法和法律方法,不加区别地混淆在一起的结果。其实,仅从逻辑上看,法律类比并非具有特殊的形式和功能。

(4)法律类比概括性程度有限。孙斯坦认为,运用法律类比所概括出来的原则,仅能适用于低、中等层次的抽象概念。我们认为,法律类比的概括性程度受前提的制约;如果前提是在两个特定案例的比较上,显然推理的概括性程度有限;如果前提是在两种原则理论上比较的话,其概括性程度未必就低。当然,由于英美法系适用"遵循先例"的原则时,通常比较的两案件的事实要素特征,因而,从这一点说,孙斯坦的断言不能为错。

三、法律类比的形式及结构

法律类比在法律适用过程中,表现为两种形式即类推适用与判例类比。

(一)类推适用

所谓的类推适用就是指法律适用主体对现行法律规范中没有明文规定的待决案件,比照援引与该案件在性质上最相类似的现有规范加以裁处的司法活动。简言之,就是将法律的规定运用于其范围以外的类似事项。我们知道,作为法律推理的最基本形式可表现为充分条件推理的肯定前件式,即它是以假定与行为模式为前件(以 p 表示),法律后果为后件(以 q 表示)的充分条件推理。如果待决案件中案件事实完全落入假定与行为模式 p 的规范场域中,则该法律规则之后果就直接作用于待决案件,但如果待决案件事实尚不能完全落入到 p 中,不过在性质上却极为类似于 p 时(以 p′表示),此时,法律适用主体就需要运用类推适用了。因此,类推适用的结构可构造如下:

(R……援用的法律规定)如果 p,则 q
(F……待决案件事实)　p′

---

① 凯斯·R.孙斯坦:《法律推理与政治冲突》,法律出版社 2004 年版,第 80—82 页。
② 凯斯·R.孙斯坦:《法律推理与政治冲突》(序言),法律出版社 2004 年版。

（G……等置）　　　　　　　$p' \approx p$
（D……裁决）　　　　　　　所以，q

从这个结构中，我们可以清晰地看出，适用类推过程中的关键点即在于等置，"而可能进行等置的前提为，案件与规范虽不相同而却相似，即在法意旨或事情的本性这个具体点上是相似的，规范与事实，必须存在意义关系中的同一性"[①]。等置的过程就是在待决案件事实与规范相互关照寻找相似性，最终求得意义上的同一性的过程。而相似性的问题是带有很大主观差异性的东西，它往往取决于法官对立法宗旨、目的的理解及其个人给予职业经验的判断，这些必然涉及个人的价值倾向，因此，"类推适用的逻辑结构仅仅是一个形式，其实质却是建立于规范目的基础上的价值评价，逻辑值在分析类推结论的形式结构时才具有意义"[②]。所以，类推适用实则是建立在实践理论性基础之上的价值判断，虽然它不会为司法裁决提供确定无疑的形式真理性的保障，但它却是引导我们去发现"显明的法律规则"背后所潜隐的沉默规范之方法，这当然是司法裁决获得正当性与可接受性的路径之一，以下这个案例[③]很好地为我们说明了这一点。

2005年3月4日凌晨2点10分，原告焦某因腹中胎儿胎动消失5天，腹痛14余小时，转入被告北京某医院。入院时查体：血压180/140mmHg，胎心0次/分，腹部浮肿（+++）。诊断为"先兆子宫破裂，相对头盆不称，重度妊娠高血压综合征，孕4产3孕40+2周临产，巨大儿，胎死宫内"。该医院急诊进行剖宫产术。3月4日3点18分，手术娩出一男死婴，全身高度浮肿，呈青紫色，似唐氏儿外貌。3月4日上午9点该医院向原告及其丈夫交代了病情，并建议其对死胎进行尸检，原告之夫彩某签字表示不同意尸检。3月7日该医院将死胎按照医疗废物自行处理。3月9日原告得知医院已对死胎按医疗废物处理完毕，即与医院发生争议。

后原告诉至法院称：我曾在北京市大兴区的一家私人诊所治疗感冒，长达20天左右。期间出现脚肿、腿肿的情况，后来全身浮肿，胎动一天比一天少。孩子死后，我到北京市大兴区红星派出所报案，控告私人诊所非法行医。我想做法医鉴定，红星派出所出具了委托书，但想不到被告未经我同意就把婴儿的尸体给私自处理了，致使我追究私人诊所责任的证据丢失，因此我要求被告赔偿经济损失7000元、误工费2万元、营养费6000

[①] 阿图夫·考夫曼、哈斯默尔：《当代法哲学和法律理论导论》，郑永流译，法律出版社2002年版，第184页。
[②] 孔祥俊：《法律方法论》（第三卷），人民出版社2006年版，第1451页。
[③] 本案例源自中国法院网：《产妇对死胎是否享有所有权》（http://. www.chinacourt.org/html/article/200604/10/201328.shtml）。

元、交通费100元、通信费50元,精神抚慰金12 000元,并公开赔礼道歉。

被告某医院辩称:根据我国相关法律法规的规定,人流、引产、胎死宫内娩出的死胎应属于病理性医疗废物,应由医疗机构按照规定集中处置,而且这是我国医疗机构长期以来的通行做法。死胎不属于我国法律规定的自然人,家属对自然人遗体享有的权利义务不适用于死胎。我们曾劝说原告进行尸检,但原告明确表示不进行尸检,也没有表示其自行处理死胎。因此我们按规定处理完全合法,请法院驳回原告的诉讼请求。

法院经审理认为,原告在被告医院剖腹产术娩出死胎后,虽表示不同意尸检,但未表示同意由医院处理死胎。医院在原告表示不同意尸检时,未明确告知原告,医院按医疗废物处理该死胎。审理中某医院称,已告知原告按医疗废物处理死胎,但未提供充足证据佐证,故其辩解理由不能成立。因此,本案争诉的焦点问题是,医院在未经原告同意的情况下,有无权利处置原告娩出的死胎。目前,对死胎如何处置,医疗机构管理部门尚无明确规定。我国现行法律规定,死胎不具有法律人格,不享有民事权利,故死胎不属于尸体。但其具有物的属性,死胎应归娩出死胎的产妇所有,产妇享有对死胎的合法处分权。医院未经原告同意,按照医疗废物自行处理死胎,侵犯了原告的知情权,并给原告造成一定的精神痛苦,故医院应承担侵权责任。考虑到医疗机构管理部门对死胎的处理尚无明确规定,故医院赔偿原告精神抚慰金的数额法院予以适当酌定,同时医院应向原告赔礼道歉。原告要求赔偿经济损失7000元、误工费20 000元、营养费6000元、交通费100元、通信费50元,因其未向法院提供相关证据及有关票据,法院难以认定。依照《中华人民共和国民法通则》第71条、第134条第1款第(七)、(十)项之规定,判决:①北京某医院给付焦某精神抚慰金2 000元;②北京某医院就其侵权行为以书面形式向焦某赔礼道歉(其内容须经本院认可);③驳回原告其他诉讼请求。

主审本案的法官认为该案争议的焦点是死胎的性质和死胎的所有权(主要是处分权)归谁所有。

(1)死胎是否属于尸体或是医疗废物。死胎由于其产出时即已无生命,按照我国法律关于自然人的权利能力始于出生,终于死亡的规定,其自始便未享有过民事权利能力,亦即自始未享有过独立人格,因此其不能完全等同于自然人死亡后的尸体。但是,由于本案中产出的死胎已经足月,完全具有人形;同时,其虽未取得过独立的人格而未能与母体形成法律上的身份关系,但生命孕育过程中的血肉联系使其与特定的主体又具有不可否认的事实上的身份关系。从这两点特征上看,其与尸体的特征又无太大实质区别。因此,法官认为,死胎虽不属于尸体,但其类似于尸体，可以比照尸体的性质加以处理。那么死胎是否属于医疗废物，《医疗废物管理条例》并未加以明确，其第二条规定：本条例所称医疗废物，是指医疗卫生机构在医疗、预防、保健以及其他相关活动中产生的具有直接或间接感染性、毒性以及其他危害的废物。有观点认为死胎可属于人体医疗废物，人体医疗废物的所有权应归属于第一次分前所属的人，而不能由医院取得所有权；也有学者指出，"认为死胎是医疗废物，就是对人类尊严的亵渎，对人的感情的亵渎，对死胎中包含的人格利益和身份利益的亵渎"。法官认为，在当前依照相关规定医疗废物尚完全归由医疗机构处置的情况下，如果将死胎亦划归医疗废物完全归由医院处置，不仅缺少法律依据，也与社会伦理不合。

(2)死胎是否与尸体一样属于一种特殊的物，由亲属享有所有权。关于尸体的法律性质，历来存有争议，归结起来主要有以下三种观点：一种是"非物"说，认为尸体其实不应是物，而是人的身体延伸的变化形式，是人在死后延续的一种人格利益，应适用人格权保护；一种是"物"说，认为"在人的生命消失之后，身体已经不再是自然人的人格载体，因为人格已经脱离了身体，因此尸体中即使存在人格利益，但是也已经由身体物化为尸体，完全没有作为人格载体的身体那么重要。因此，将尸体界定为物的属性，是符合客观事实的，也不违背人类的尊严和对自身表现形式的尊重"。第三种观点是"物与非物结合说"，认为尸体具有物的属性，但是包含确定的人格利益，具有社会伦理道德因素，是一种特殊的物，应由其亲属享有所有权，但受到一定限制，不是完全的所有权。法官赞同最后一种观点。死胎既与《继承法》中规定的保留胎儿的继承份额这样一种先期法益的保护不同，更不存在延续的人格利益保护问题，而其恰恰与上述第三种关于尸体的法律属性的认识相同，具有物的属性，但又是一种具有一定的人格利益和伦理道德因素的特殊的物，所有权应归其亲属。但正如学者指出的，这种所有权并不是完全的所有权，其主要内容是："第一，对死胎享有管理和殡葬的权利；第二，死胎享有部分处分权，但仅限于不违背善良风俗的死胎捐献与合法利用；第三，对于捐献死胎给予补偿的收取权；第四，当死胎受到侵害时，享有防止侵害、损害除去的请求权以及损害赔偿的请求权。"

(3)医院是否应给予赔偿，特别是精神损害赔偿。医院未经死胎所有权人同意，擅自处理死胎，构成侵权行为。其给所有权人造成的财产损失应给予赔偿。由于本案中，原告未能提供因被告的侵权行为给自己造成了财产损失的相应证据，所以法院对原告这部分请求未予支持。同时，法官认为，由于死胎是一种具有一定人格利益的特殊的物，所以因侵权行为对死胎所有权人造成的精神上的损害亦应给予适当的赔偿，但是，我国法律目前并未对此做出明确规定,由此形成了法律的漏洞。关于法律漏洞如何填补的问题,学者们提出了类推适用、目的性限缩、目的性扩张及创造性补充等填补方法。若漏洞是关于某项法律问题,法律依其内在体系及规范计划,应积极设其规定,而未设其规定,应适用类推适用的方法,其法理在于"相类似的,应为相同处理"。

针对本案,尽管《民法通则》和最高人民法院《关于确定民事侵权精神损害赔偿责任的若干问题的解释》中,对死胎受到侵害其近亲属是否可要求精神损害赔偿并没有明确规定,但是该《解释》第三条第(三)款明确规定"非法利用、损害遗体、遗骨或者以违反社会公共利益、社会公德的其他方式侵害遗体、遗骨"的,近亲属可以起诉请求赔偿精神损害。由于前述死胎与尸体的相类似性,法官即通过"类推适用"这一法律漏洞填补方法,比附援引该条规定对侵害死胎的行为处以精神损害赔偿,以充分保护死胎所有权人的利益。

综上所述,我们认为法官运用类推适用依据法律的精神意旨和基本原理,确认产妇对死胎的所有权,并做出给予适当精神损害赔偿的判决是正确的。

从上面的判例可以看出,法官在运用类推适用时大体应遵循如下操作过程。

(1)归纳出疑难待决案件中的事实类型。在上例中,就是归纳出案件中待处理的"未经死胎所有权人同意处置死胎的情形"这一事实类型。

(2)寻找法律规范中与该类型事实相类似的某个,或某几个条文规定。在上例中,法官即是找到《民法通则》和最高人民法院对损害遗体、遗骨的相关司法解释。

(3)分析待解决案件的事实类型与规范中的范型事实能否等置,即二者是否具有意义上的同一性。上例中法官就将死胎与遗体做了等置。

(4)分析找到的条文的立法意图和目的。本案法律规范所隐含的立法意图和目的是,"亡者近亲属对亡者身躯及遗存物所享有的当然人格利益及情感价值,应予保护"。

(5)将待决案件的利益状态与立法意图相对比,如果待决案件类型包含了立法意图的重要因素,则准用该法律规范处理案件。上例中,医院未经死胎所有权人(分娩产妇)同意即自行处理死胎行为,使产妇在人伦情感价值上受到损害,因此符合精神赔偿的立法要旨,故可适用精神赔偿的相关规定。

实际上,我们从一个完善的法律体系本身就可以看到大量应用类推适用方法的现象。这里面,有些是立法时就考虑到"本质相同事物应作相同规定",但为了避免法律条文的重复,而简单地用"参照……适用","准用……的规定""视为……"等表明类推的法律语言来表示。如我国《合同法》第一百七十五条规定,当事人约定易货交易,转移标的物的所有权的,参照买卖合同的有关约定;典型的还有第二百八十七条对建设合同的规定,"本章没有规定的,适用承揽合同的有关规定"。这都是明文规定的类推适用。但是,当法律对这些本质相同事物没有做出明文规定时就需要法官运用以上类推适用的法律方法来处置案件。

(二)判例类比

判例在我国司法实践中常被称为案例,但确切来说二者还是有一定区别的:"案例是指对某一案件的事实(通常称之为案情)和证据材料的总称,它偏重于对案情的陈述,而判例则是指法官概括案情和证据,对某一案件作出的判决,它偏重于对案情的法律评价。"[1]因此,在法律适用过程中,案件之间的类比应称之为判例类比。

所谓判例类比就是指在法律适用过程中,当法律没有明确规定或虽有规定却过于含混时,法律适用主体参考之前的判例,运用一定类比规则进行推理,以对当前待决案件做出恰当裁决的司法活动。判例类比是英美法系最为典型的法律适用方式,在英美法系的判例法制度下"法官(法院)审理任何具体案件都必须遵循先例原则(stare decisis),运用区别技术(distinguishing technique),经过识别(distinction)"证明当前案件的基本事实与先例相同或相似,则应以先例中蕴涵的法律规则或原则对当前待决案件作出裁处结论"[2]。"我国是一个以制定法为主要乃至唯一法律渊源的成文法国家,虽存在判例,但还称不上判例法,至少目前在中国还不是"[3]。"因此,我国的法院和法官在法律适用过程中不能仅仅以司法先例作为裁判的法律依据,当然,这并不等于说司法先例在我国的法律适用过程中一点作用也没有"[4]。尤其最高人民法院1999年10月20日公布的《人民法院五年改革纲要》中明确指出:"2000年起,经最高人民法院审判委员会讨论,决定适用法律问题的典型案例予以公布,供下级法院审判类似案件的参考。"此后,又在《人民法院第二个五年改革纲要(2004—2008)》中提出"建立和完善案例指导制度,重视指导性案例在统一法律适用标准,指导下级法院审判工作,丰富和发展法学理论等方面的作用"。这种判例指导制度"虽不是法律上的,却是事实上的判例法"[5]。这种判例法常常表现为以下类比推理结构:

  判例P案件具有a,b,…,n属性,且适用R法律规则,
  (经识别)待决案件P′与P在实质上相同或类似,也具有a,b,……,n属性,
  所以,待决案件P′也适用R法律规则。

---

[1] 陈兴良:《刑法的人格基础》,中国方正出版社1996年版,第495页。
[2] 雍琦:《法律适用中的逻辑》,中国政法大学出版社2002年版,第51页。
[3] 沈宗灵:《当代中国的判例——一个比较法研究》,载《中国法学》1992年第1期,第32—36页。
[4] 沈宗灵:《再论当代中国的判例》,载《判例与研究》1995年第3期。
[5] 汉斯霍曼:《普通法的性质和法律推理的比较研究》,何兰译,载《比较法研究》1991年第4期。

从结构上看,判例类比似乎十分简单、机械,但实际上它却是一个相当复杂的法律推理过程,美国法学家伯顿为我们大致勾画出其思维的路径,一般它要经过三个步骤[①]:"(一)识别一个基点,即对本案来说最具权威的判例。(二)描述基点情况与问题情况的相同点和不同点。(三)判断重要程度,即判断事实上相同点更重要还是不同点更重要。"如果相同或相似点更重要,则依照一个判例,相反,如果不同点更重要则否决一个判例,因为"类比推理的核心在于相似而不在于不同,不同只是否定性条件,它禁止了将规则直接运用于待决事项"[②]。所以,在运用判例类比时,对比较点重要程度的判断是至为关键的,而这种判断在更多情境中更是一种复杂的实质推理过程,而这一推理结果具有主观性,这种主观性来自于法官的目的考量、利益权衡以及价值判断本身,它渗透着法官个人认知、情感和价值等主观因素。

四、法律类比的作用

(1)运用法律类比有助于实现"相同案件相同处理",从而维护了国家的法律的统一性和权威性。"相同案件相同处理"即"等者等之"是法治朴素而基本的原则,在司法实践中,法律适用主体面对众多表面形色差异的案件,通过运用法律类比,将这些形相异而质相同的案件以同样的法律规范予以裁处,避免公众对"同案不同判"所产生的司法公正性的质疑,从而贯彻了"法律面前人人平等"的公平、平等原则,以维护国家法律的统一性和权威性,最终实现司法的公平和公正。

(2)对于时空有限的人来说,法律类比可以提高法律适用主体的办案效率,从而有效节约司法资源。作为一个初出茅庐的法官来说,当他审理其平生第一宗案件时,更多的是直接求助于法律条文;而对一个经验丰富的资深法官来说,在审理当前某一起与他过去审理过的案件相同或者类似的案件时,他最先就会自觉或不自觉地求助于他过去审理经验——即运用借鉴先例式法律推理,参考、借鉴司法先例可以推测出一个初步的结论,然后再寻求(有时甚至照搬先例中)相应的法律条文检验和论证其推测结论的正当性和合法性。而如果眼下所遇到的是一个他从未曾碰到过的新型案件或者疑难案件时,他很可能就会和一个新手一样,试图直接求助于法律条文[③]。所以,运用法律类比无疑可以大大提高法律适用主体的办案效率。

(3)法律类比是填补法律漏洞的重要方法之一。在我们生活的世界中"并没有什么法律规范能够总揽无遗甚至能够包括各种各样的只要有可能产生的情况。

---

① 史蒂文·J.伯顿:《法律和法律推理导论》,张志铭、解兴权译,中国政法大学出版社1999年版,第30—38页。

② 陈景辉:《规则的普遍性与类比推理》,载《求是学刊》2008年第1期,第76—82页。

③ 金承光:《司法先例与法律推理》,载《法律逻辑研究》,梁庆寅主编,法律出版社2005年版,第104页。

人类的预见能力还没有完善到可以可靠地预告可能发生的事这种程度，况且，人类所使用的语言也还没有完善到可以绝对明确地表达一切立法意图的境界。人们所预想不到的或者法律所没有规定的种种案件必然会不断产生"①。现在，"大家日益承认，无论如何审慎从事的法律，其仍然不能对所有——属于该法律规范调整范围，并且需要规整的——事件提供答案。换言之，法律必然有漏洞"②。面对法律漏洞，法律适用主体就需要通过一定的法律方法去"发现法律"来填补漏洞，而"法律发现的核心就是类推，在这里法律是被'发现的'"③。正是在法律类比的指引下，法官在明显的法律规则背后找到其潜隐的裁判依据，从而完成自己的司法使命。

（4）法律类比具有一定约束法官自由裁量权的作用。法律类比中的判例体现为一种司法延续性和传统，这种传统本身具有重要意义。如"传统本身是使我们相信法庭可以抗拒流行观点的不一致的制度性限制之一"；"传统可能被当作对法官的一个限制，限制他们接受狭隘利益诉求的能力，在这个意义上，它限制了变化的机会，先例的理论补充了那些标准的和成熟的理论，并且抑制了法官为特定利益服务而提出的咨询意见"④。判例的这些工作客观上对裁量权产生了约束。

我国不是判例法国家，判例不是正式的法源，但判例指引作用越来越大。上级法院的判例对于下级法院的裁判往往具有直接的说服力，而同级或各级法院之间的判例也常常相互影响。因此，判例成为法院行使裁量权的重要约束性因素。例如，同案不同判的现象是存在的，这本身往往是法官以不同的方式行使裁量权的结果，但如果可能出现同案不同判的结果，行使裁量权的法官就会更加慎重其事，这又说明判例类比对法官行使裁量权的约束作用。

当然，对法律类比在法律方法论中的价值作用并非得到人们的一致推崇，由于运用法律类比时常常带有法官个人的价值判断、利益权衡、经验前见等主观因素，这动摇了人们对法律准确性的价值追求，此点为人所诟病，但是，我们也必须承认，作为法律的实质性推理之一，法律类比"开辟了一条打破形式推理或逻辑推论短视症的道路，强调在我们自己这个时代的具体条件、情境和价值烛照下解读法律，而不是把法律冻结在已逝岁月的藩篱之中"，"追求法律对社会的适应性，法律与当代社会价值的契合，追求司法判决结果的正当性或可接受性"⑤。

---

① 彼得·斯坦等著：《西方社会的法律价值》，王献平译，中国人民公安大学出版社1989年版，第4页。
② 卡尔·拉伦兹：《法学方法论》，陈爱娥译，五南图书出版公司，第277页。
③ 考夫曼：《法律哲学》，刘幸义等译，法律出版社2004年版，第136页。
④ 斯科特·布鲁尔：《从霍姆斯的道路通往逻辑形式的法理学》，载《法律的道路及其影响——小奥利佛·温德尔·霍姆斯的遗产》，张芝梅、陈绪刚译，北京大学出版社2005年版，第343页。
⑤ 王洪：《司法判决与法律推理》，时事出版社2002年版，第151页。

基本概念

复合归纳推理　不完全归纳推理　枚举归纳推理　类比推理

练习题

一、问答题

1. 什么是或然推理,如何理解或然推理的特点与认识价值?
2. 如何理解完全归纳推理的认识价值和局限性?
3. 简单枚举归纳推理由前提得出结论的依据是什么?
4. 怎样理解类比推理的特点,类比推理在司法实践中有哪些应用?
5. 类比推理由前提得出结论的根据是什么?怎样在实际思维中提高类比推理的合理性?
6. 回溯推理在司法实践中有什么应用?
7. 什么是穆勒五法,各有什么特点和要求?
8. 法律类比在司法实践中意义?

二、分析下列推理的推理方法。

例题:

以 9 乘以 n 个自然数,然后求所得积的数字和。例如:

$9 \times 2 = 18$　　　　$1+8=9$

$9 \times 3 = 27$　　　　$2+7=9$

$9 \times 4 = 36$　　　　$3+6=9$

$9 \times 5 = 45$　　　　$4+5=9$

⋮　　　　　　　⋮

$9 \times 13 = 117$　　　$1+1+7=9$

⋮

$9 \times 23 = 207$　　　$2+0+7=9$

⋮

$9 \times 33 = 297$　　　$2+9+7=18$

由以上观察可知,若一数的数字和是 9 的倍数,则该数能为 9 整除。

解答: 它是运用简单枚举归纳推理获得结论的,其推理公式如下。

S_1 是 P

S_2 是 P

S_n 是 P

($S_1, \cdots, S_n$ 是 S 的部分对象)

所以,凡 S 是 P

1. 某地刑侦技术人员对 7 例同一人的洗浴后与不洗浴汗液做了对比测定,结果发现不洗浴的汗液较洗浴的后的汗液各种无机成分和氨基酸的含量相对较高,他们进一步分析这一现象的原因是因为皮肤表面经常分泌汗液,各种无机成分和氨基酸不断在皮肤表面聚积。

2. 日本行政技术研究人员在研究男性血液中多核白血球和淋巴球的核内 Y 染色时,检查了 54 个成年男女的血液,其结果是:多核白血球 Y 染色体出现率,男性为 49%~88%(平均为 66.8%),女性为 0%~4%(平均为 0.7%)。淋巴球 Y 染色体出现率,男性为 47%~88%(平均为 62.6%),女性为 0%~4%(平均为 0.4%)。又检查了男女各 20 名新生儿末梢血液,结果是:多核白血球 Y 染色体出现率,男性为 44%~86%(平均为 63.8%),女性为 0%~4%(平均为 0.7%)。淋巴球 Y 染色体出现率,男性为 46%~84%(平均为 66.1%),女性为 0%~4%(平均为 1.3%)。据此得出结论:多核白血球和淋巴球都能够区别男女。

三、分析下列各例用了什么确定因果关系的方法,并给出其推理公式。

例题: 人们对甲状腺肿大盛行的地区进行调查是发现,这些地区的人口、气候、风俗等状况各不相同,但有一共同情况,即土壤和水流中缺碘,居民食物和饮水中也缺碘,由此可知,缺碘是一起甲状腺肿大的原因。

解答: 运用求同法获得结论,其推理公式如下。

$$ABC - a$$
$$ADE - a$$
$$AFG - a$$
$$\vdots$$
$$\therefore A - a$$

1. 单县有田作者,其妇饷之,食毕,死。翁姑曰:"妇意也。"陈于官,不胜楚,遂诬服。自是时天久不雨。许某时官山东,曰:"狱其有冤乎?"乃亲历其地,出狱囚,遍审之。至饷妇,乃曰:"夫妇相守,人之至愿;鸩毒杀人,计之至密者,焉有自饷于田而鸩之者乎?"遂询其所饷饮食,所经道路。妇曰:"鱼汤米饭,度自荆林,无他异也。"公乃买鱼做饭,投荆花于中,试之狗毙,无不死者。妇冤遂白,即日大雨如注。

2. 罪犯曾用 2 毫升"敌敌畏"肌肉注射毒死其妻(8 分钟后妻子死亡),由于这是一种罕见的杀人手段,必须进一步证实。刑侦人员用狗和兔子进行了试验,经对狗进行 2 毫升"敌敌畏"肌肉注射后,狗不叫不弹,8 分钟后死亡;经对兔子进行 2 毫升"敌敌畏"肌肉注射后,兔子不叫不弹,8 分钟后死亡。据此刑侦人员得出结论:2 毫升"敌敌畏"肌肉注射是导致动物死亡的原因。

3. 某单位发现两年内共发生 8 次重要会议内容被泄露事件。经初步调查确定为与参会人员内部泄密,并且,该单位在这两年内共召开重要会议 11 次,其中李某某参加的 8 次,会议内容均被泄密,而李某某没有参加的 3 次,会议内容均没有被泄密,由此断定:李某某是这些会议内容被泄密的原因。

4. 医生于某为患者张某开处方4次。第一次处方用生乌头8钱(已超过正常用药量的极限),病人服药后约半小时左右出现恶心、出冷汗、腹泻等症状。第二次用生乌头1.6两,病人服药后约20分钟左右出现心绞痛、出冷汗、腹泻等症状。第三次处方用生乌头增至5两,病人服药后不久出现心绞痛、出冷汗、腹泻等症状,继而脉搏微弱,呈半昏迷状态。第四次处方用生乌头6两,病人服药后不到10分钟,出现大泻、发烧、冷汗不止,呈昏迷状态,4小时后心力衰竭死亡。据此,法医鉴定书认为:张某系服用生乌头过量导致死亡。

四、根据材料回答问题。

材料:某医院近来收诊百余名甲醇中毒患者,如此大量、集中的甲醇中毒事件引起司法部门的注意。据查,这些人都喝了某化工厂李某某、谢某某用工业酒精兑水制造的假冒白酒,据李某某、谢某某交代,他们在当地三个村的范围内共售出这种假冒白酒130千克,共有112人喝过这种假酒,结果都发生了不同程度的中毒现象。药检部门指出:工业酒精含有大量的甲醇,甲醇是一种有毒的化合物,人体少量摄入就会引起恶心、呕吐等症状,而大量摄入会导致双目失明、昏迷甚至死亡。

(1)若据此进行完全归纳推理得出"所有喝过这种毒酒的人都会产生中毒症状"的结论,那么,其前提需要考察的范围是什么?

(2)怎样断定"喝这种假酒"与"甲醇中毒"之间的因果联系?

(3)若运用共变法来判断这种因果联系,应选取什么事例进行考察?

(4)如果要查验这种假酒对人体的损害程度,可采取什么样的推理要求安排试验?

五、按下述要求进行试验,并给出一个概括的结论。哪些结论完全正确,哪些结论大概正确,哪些结论不正确?为什么?

1. 人们在数学运算中发现:$3^2-1=8$;$5^2-1=24$;$7^2-1=48$;$9^2-1=80$;$11^2-1=120$;$13^2-1=168$;$15^2-1=224$;3、5、7、9、11、13、15都是大于1的奇数;8、24、48、80、120、168、224都是8的倍数;而其他的大于1的奇数的平方减去1的差同样是8的倍数。

2. 写出1到20的整数的平方,观察这些平方数,对于:①20以内偶数的平方;②20以内奇数的平方;③20以内能被5整除的自然数的平方,做出怎样的结论?由此对22的平方能否做出预测?

3. 观察下面的算术计算:

$2 \times 2 = 4$,$2 + 2 = 4$

$\dfrac{3}{2} \times 3 = 4\dfrac{1}{2}$,$\dfrac{3}{2} + 3 = 4\dfrac{1}{2}$

$\dfrac{4}{3} \times 4 = 5\dfrac{1}{3}$,$\dfrac{4}{3} + 4 = 5\dfrac{1}{3}$

$\frac{5}{2} \times 5 = 6\frac{1}{4}$,$\frac{5}{4} + 5 = 6\frac{1}{4}$

由上述例子能否得出结论:两数之积等于这两数之和。

六、对下述推理的前提所述情况能否寻找出一个"反例",若能,试加以给出。并试评价其结论的可靠性。

1. 1906 年美国物理学家 J. J. 汤姆逊获诺贝尔物理学奖,1937 年他的儿子 G. P. 汤姆逊也得了诺贝尔物理学奖。

1903 年,1921 年居里夫人两次获诺贝尔化学奖,她的女儿艾琳娜·约里奥·居里也获诺贝尔化学奖。

1922 年,丹麦科学家 N. 玻尔获物理学奖,1975 年他的儿子 A. 玻尔也获次项奖。

1929 年,瑞典人冯.欧勒-歇尔平获诺贝尔化学奖,他的儿子 V. 冯·欧勒获诺贝尔生理学奖。

所以,凡父母是诺贝尔奖金获得者,其子女也会是诺贝尔奖金获得者。

2. 做一个简单的实验,先用纸剪一个任意三角形,按图 a 的方式撕下每个角,然后该三角形的三个角按图(b)的方式拼拢,这时会看到三个角拼拢后正好组成一条直线,这说明,一个三角形内角之和等于一个平角180°。

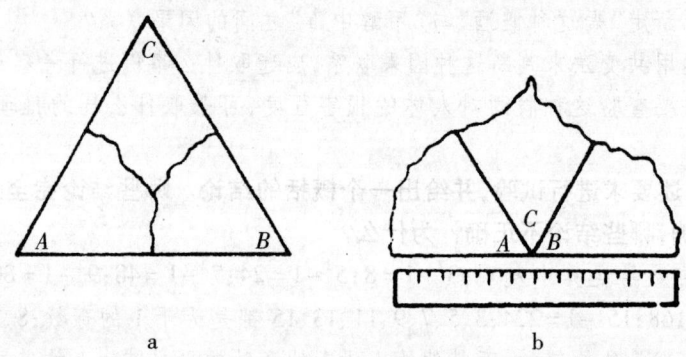

a   b

3. 有这样一个故事:很多年以前有一个人坐飞机到处旅游。他担心哪一天会有一个旅客带着炸弹进仓。于是他就总是在他公文包中带一枚他自己卸了火药的炸弹,他知道一架飞机上不太可能有某个旅客带着炸弹,他进一步推论,一架飞机上同时有两个旅客带着炸弹是更加不可能的事。

4. 一个人无法决定它自己接受还是拒绝教堂的教义。教义也许是真实的,也可能是骗人的。这有点像抛硬币,两种可能性均等。可报应是什么呢?

17 世纪著名的数学家布莱斯·帕斯卡认为:假定这个人拒绝了教堂的教义,如果教义是骗人的,则他什么也没有损失。可是如果教义是真实的,那他将会面临在地狱遭受无穷苦难的未来。假定这个人接受了教堂的宣传,如果教义是骗人的,他就什么都得不到。可是,如果教义是真实的,他将能进入天堂享受无穷的至福。

因此,帕斯卡确信,对这一决策游戏的报应无限有利于把宝押在教义是真的这一态度之上。哲学家们自那以后一直对帕斯卡的赌注进行争论。你的看法如何?

七、指出下述议论运用了什么推理,并给出起推理公式。

1. 我们来看一下奇数:$1=1^2$,$1+3=2^2$,$1+3+5=9=3^2$,$1+3+5+7=16=4^2$……这启示我们,对于"1+3+5+7+9+11+13+15+17+19",有什么可能是真实的关系呢?

由于第一个奇数的和是1^2,前两个奇数的和是2^2,而前3个奇数的和是3^2

(1)你认为前10个奇数的和是什么?你的猜想是不是一个真实的预言?对从1开始的更多奇数序列再试验一下,他是否是错误的预言?

(2)把你认为真实的关于奇数和的一般命题(或者叫定理)写出来。

2. 人们发现某些染料在化学上具有高度的选择性,如使羊毛但不使面部染色,而且染到有机组织上时,会使某些部分染色而其他部分不染色。化学治疗学的奠基人欧立希(Enrlich)认为,既然有机染料被某些机体细胞吸收,而不被其他细胞吸收,那么应能造出为寄生性微生物所摄取而不被感染体所摄取的有毒化合物,这样便会把微生物杀死,而使被微生物引起疾病的病人痊愈。欧立希制备并试验许多化合物,成功地发明了杀伐散(即606),在治疗梅毒、印度癌及其他螺旋体菌感染的疾病具有特效。

八、下列研究活动,应用了何种探求因果联系的逻辑方法?

20世纪70年代末,有人在动物身上发现一种"自我毁灭"系统——"死亡腺",引起科学家的重视。

太平洋中,生存着一种有八条腿的章鱼。它们性情凶恶,相互蚕食。雌章鱼一次产卵可达15万个,卵产完后42天左右,雌章鱼不吃东西,一味孵卵。42天后,小章鱼全部从卵中孵出,雌章鱼很快也就结束了生命。

但是,有人发现,用一种方法可延长章鱼母亲的寿命。那就是切掉雌章鱼一个眼窝后的某个腺体,这样不吃东西寿命也可长达100天。进一步切掉两个眼窝后的腺体,章鱼食欲猛增,生存时间增加了9个月,寿命长达300天以上(在雌章鱼身上,封闭眼窝后的两个腺体,也能获得类似的结果)。

八爪章鱼的发现揭示,死亡可能起因于一种管辖死亡的腺体分泌死亡液造成的。

第九章

科学假设

知识结构图

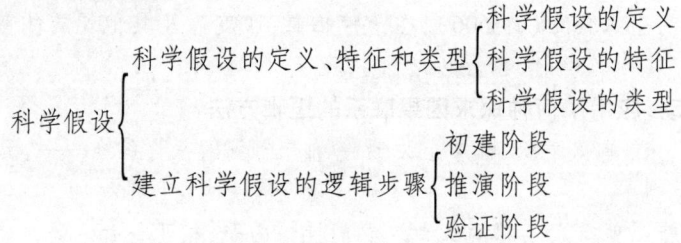

本章导读

科学假设又叫科学假说。所谓科学假设就是根据已知的事实材料和科学原理,对已存在的事物的原因、规律,或者对尚未存在的事物现象做出的推测性的解释和说明。科学假设是理论思维的重要形式。根据假设的内容是解释性的还是预见性的,可将假设分为两种:解释型假设和预测型假设。假设是探索真理的重要思维形式,其作用有下面几方面:有助于人们把事实材料联系起来,发现其中隐藏的规律;假说有助于人们进一步发现新的事实;科学假设是建立和发展科学理论的桥梁。科学假设的建立是一个非常复杂的创造性思维过程,一般经过以下逻辑步骤:提出假设、形成推论、验证假设。假说的验证过程较为复杂,有时需要经历长期的科学实践的考察,最后才可能使假说转化为科学真理。

第一节　科学假设的定义、特征和类型

一、科学假设的定义

科学假设又叫科学假说。所谓科学假设就是根据已知的事实材料和科学原理，对已存在的事物的原因、规律，或者对尚未存在的事物现象作出的推测性的解释和说明。

实践中，人们常常会遇到一些用已有的理论无法解释的事物现象。为了实践的需要及理论本身发展的需要，人们必须从已有的事实材料出发，以已有的科学原理作为指导，做出某些猜测、假定的解释，提出猜测性的理论，这就是科学假设。

例如：法国曾出版了一本书，引起了社会轰动——《谁杀死了拿破仑？》。根据史料记载，拿破仑在1821年5月5日死于被流放的圣赫勒拿岛，死因为胃癌。这本书的作者却认为拿破仑并非死于疾病，而系死于谋杀。做出这一判断的人是瑞典一名牙医。他在1955年阅读当年看守拿破仑的人所写的《回忆录》后发生了疑问，并在《回忆录》中这样写道：拿破仑在最后阶段患脱毛症。除头发之外，全身汗毛脱光，牙龈露出牙根，双脚浮肿心脏激跳。这位医生认为这些都是砒霜引起的副作用。就此引出了拿破仑的死因不是疾病而是死于谋害的新的解释。这就是关于"拿破仑死于谋杀"的假设。

由于假设是一种初步的解释。因此，对同一事物或现象，人们可以提出若干不同的假说。例如，关于癌症发生的原因。目前就有不同的假设：有的科学家认为癌症是由细菌引起的；有的科学家则认为癌症是由于内分泌不正常引起的；有的科学家还认为癌症是由环境污染引起的……这些不同的解释，都是对癌症发生原因的假设。

二、科学假设的特征

科学假设是理论思维的重要形式，它有以下基本特征。

（一）科学假设具有科学性

科学假设是建立在已有事实材料和科学原理的基础上，并且经过一定的逻辑论证得出来的。事实材料是假设的客观根据，科学原理是假设的知识根据，二者是假设缺一不可的坚强支柱。科学假设还与其所属的科学领域中的已知的科学原理相一致。因此，科学假设具有一定的科学性。它与那些毫无事实根据，又无科学论证的纯主观臆测或妄想是截然不同的。例如：

对于恐龙在地球上灭绝的原因,一些美国科学家提出假设:在6500万年以前,宇宙空间的一块巨石与地球相碰撞,使地球上空的大气中形成了一层厚厚的尘土云,遮住了阳光,没有阳光照射的地球表面在若干年内一直很冷,恐龙的食物来源也被毁掉,最终导致恐龙的灭绝。

这一假设依据了这些事实材料:铱元素在地球上很少见,但在陨石和一些小行星上却大量存在;意大利的一个地方发现有大量铱元素,出土深度与恐龙和其他动物遗骨相同,并且经过测验,这个地方铱元素形成的年代大约是6500万年以前,与恐龙和其他动物灭绝的时间相同。这一假设提出的科学依据是:两个巨大天体相碰撞会形成一层很厚的尘土云;阳光被尘土云层遮盖会造成地球空间温度下降;地球温度下降会影响地球上动、植物的生长。

(二)科学假设具有推测性

虽然科学假设是在事实材料和科学原理的基础上经过一定的逻辑论证形成的,但由于人们最初观察到的事实材料并不是充足的,并且受到思维能力、研究方法等方面的限制,科学假设只是对未知事物及其规律性的猜想、推测,还不是确切可靠的认识,是一种有待于实践的进一步检测,有待于继续修改、补充和完善的思想。因此,它不同于已被证实的科学理论。科学假设只有最后被实践所证实,才能上升为科学的理论。

例如,对于上述恐龙突然灭绝是由6500万年前空中的一个巨石和地球相撞引起的这一假说,有些科学家就提出了异议。有人说,所发现的铱元素,掩埋深度比恐龙遗骨要浅。科学家们在北美洲西部发现的这种元素,竟在恐龙遗骨之上近一米的地方。而如果恐龙灭绝是由宇宙空间的巨石与地球相撞引起的,铱金属本应埋在恐龙遗骨的下面。另外,科学家们还对恐龙消失时形成的岩石进行了鉴定,发现恐龙遗骨之上存在有大量植物化石,这也表明,在恐龙灭绝时期,地球上的植物并未灭绝。

这一切都说明了,前述假说只是一种推测性的论断,未必可靠。

(三)科学假设具有解释力

人们建立假设的目的正是用它来解释某种事物现象的原因、或规律性,科学假设是一种解释,是一种未经证实的、假定性的解释。因此,解释力是科学假设的基本功能。科学假设的使命就在于圆满的解释客观事物。牛顿的万有引力定律起初就是一个假设,它成功地解释了整个太阳系错综复杂的运动,并且和观察的结果相符合。相反,如果某一假设不具有解释力,不能圆满地解释客观事物情况,这个假设就不能成立。

(四)假设具有多样性

由于科学假设具有推测性,因此,不同的人对同一个认识对象的本质和规律可以有不同的猜测,这就形成了对同一认识客体所提出的假设往往不只一个。假设的这一特点充分反映了认识的复杂性。认识是个复杂的过程,对于同一个客体,不同的认识主体由于各自的天赋和知识结构不同,或由于所获得的事实材料不同、思考的角度不同、使用的方法不同等因素,导致对同一认识对象所提出的假设不同,如关于光的性质有波动说和微粒说;生物进化的渐变说和灾变说等。同时,由于认识是个循环往复的过程,因此,对于一事物的本质的揭示往往需要多次反复才能完成,一个假设可能因为新事实的发现而改变,也可能因为新理论的提出而更改,因而假设往往呈现出复杂多样的特点。但我们不能因此否认假设的价值,因为任何假设都反映了客观现实的某个方面,是对客观事物真理性认识过渡的必不可少的环节。

(五)科学假设具有可检测性

科学假设的可检测性是指人们可以通过一定的途径和方法对假设进行检验,并能在实践中检验假设的内容是非真实可靠。一个假设如果在检验中被不断证实,就能获得支持,最终发展成为科学理论;一个假设如果在检验中被证伪,人们就能够在否定该假设的基础上提出新假设,使假设得到修正、补充和完善,最终成为科学理论。正如恩格斯指出的,哥白尼的太阳系学说作为一种假设有300年之久,这个假设尽管有99%、99.9%、99.99%的可靠性,但毕竟是一种假设。当勒维列从这个太阳系假设所提出的数据,不仅推算出一定还存在一个尚未知道的行星,而且还推算出这个行星在太空中的未知的时候,当后来加勒确定发现了这个行星的时候,哥白尼的学说被证实了。

三、科学假设的类型

根据假设的内容是解释性的还是预见性的,可将假设分为两种:解释型假设和预测型假设。

(一)解释型假设

解释型假设就是对已存在的事物现象的原因或规律做出假定解释和说明的假设。在上述例子中,关于"拿破仑死于谋杀"的假设和关于"恐龙在地球上灭绝的原因"的假设均是解释型假设。

(二)预测型假设

预测型假设就是对目前尚未存在而将来会出现的事物现象做出推测和预言的假设。例如:

苏联天文学家和数学家,根据天文观察的新情况,在"行星运动统一相对论"的基础上,提出了"太阳系除目前已知的九大行星①外,在冥王星轨道之外有第十颗行星"的假设。

这一假设就是预测型的,究竟太阳系是否存在第十颗行星,尚待科学实践的验证。

四、科学假设的作用

假设是探索真理的重要思维形式,其作用有下面几方面。

(一)有助于人们把事实材料联系起来,发现其中隐藏的规律

事实材料是科学认识的基础。但是,如果不用一定的理论观点将有关事实材料连贯起来,找出其中的内在联系,那么,即使事实材料再多,也无益于问题的解决。恩格斯认为,没有理论的思维,就会连两种自然的事实也联系不起来,或者连二者之间所存在的联系都无法了解。假说在客观上就起着联系、综合事实材料,使科学研究逐步深入事物本质和规律的作用。例如:

在古希腊人们很早就掌握了如下事实材料:a.人们在距离香花很远的地方就可以闻到香味;b.固体放在水中会慢慢溶解;c.水在加热之后会蒸发成气体;等等。为什么会存在这些现象?它们之间的联系是什么?运用当时已有的知识无法解释。后来,德谟克利特提出了原子假说:一切物体都是由最小的无法再分割的原子组成的。

有了这一假说,上述那些事实材料就会联系起来了。人们之所以在远处能闻到香花的香味,是由于鲜花中所含的原子飘散开来;固体之所以被水溶解,是由于固体中的原子分散开来,混入水中造成的;水加热后之所以蒸发成气体,是由于水的原子在水加热后散发到了空中。这样,人们就发现了上述事实材料中隐藏的规律性。

(二)假说有助于人们进一步发现新的事实

事实是人们获得真理的前提,但对事实的发现不能单纯依靠直觉或偶然性。假说提出以后,人们往往会以假说为指导,设计一定的实验或调查方案,通过实际的实验或调查,以证实或证伪假说。在这一过程中,人们总会发现一些新的事实。例如:

根据广义相对论,可以得出这样一个推断:光线在引力场中是弯曲的。为了验证这一推断的真伪,1929年,英国皇家学会派两个考察队分别前往西非和南美,趁那次日全食日光被遮掩的时机,对恒星光线进行测

---

① 2006年8月24日,曾被认为是"九大行星"之一的冥王星被定义为"矮行星"。此处仅作为预测型假设的案例使用。

量。结果,发现恒星光线在行经太阳附近时的确发生偏转,其数值分别为1.61角秒(误差0.30角秒)和1.98角秒(误差0.12角秒),这和爱因斯坦所预言的1.74角秒基本一致。

(三)科学假设是建立和发展科学理论的桥梁

科学理论是对自然界客观规律的正确反映,但是由于受各种条件的限制,人们不可能一下子达到对客观规律的真理性认识,而往往要借助于假设这种研究方法;运用已知的科学原理与事实去探索未知的客观规律,不断地积累实验材料,不断地增加假设中的科学性的内容,减少假定性的成分,逐步地从现象深入到本质,从个别上升到一般,从感性经验达到理性认识,建立起正确反映客观规律的科学理论。随着实践的发展,又会出现原先的理论所不能解释的新现象,这就需要提出新的假设,建立新的理论。自然科学就是沿着"假设—理论—新假设—新理论……"的途径,不断地向前发展的。

假设的这一作用,使它成为科学发展的一种重要形式。所以,恩格斯说:"只要自然科学在思维着,它的发展形式就是假说。"历史上的科学理论最初都是以假说的形式提出来的。

(四)科学假设是创新思维的重要方法

科学假设是根据已有的事实材料和科学原理对事物现象做出的一种推测性解释,包含着想象的成分;假设虽然以事实为依据,但又不是等待事实材料全面积累起来之后才做出假设;假设虽然运用了已有的科学知识,但又不被传统观念所束缚。它是对旧的思维模式的突破,引发一系列创新思维成果。假说之所以被提出,往往就在于已有的理论不足以解释新发现的事物情况。如果不敢于打破以往理论的条条框框,那就难以提出有价值的科学假设。历史上具有革命意义的著名假设的提出,如哥白尼的"太阳中心说"、达尔文的"物种进化论"、爱因斯坦的"相对论"等,无一不是摆脱传统观念的束缚、破除迷信、敢于创新,同"经典理论"斗争的结果。

第二节 建立科学假设的逻辑步骤

科学假设的建立是一个非常复杂的创造性思维过程,一般经过以下逻辑步骤。

一、初建阶段

根据已观察到的事实材料和相关科学知识,对被研究的事物现象做出初步的解释,这是科学假设的初建阶段。即人们在发现了某种需要解释的事物现象后,围

绕该事物现象收集相关的事实材料和科学原理,通过思维加工(主要运用推理等逻辑方法)而提出初步的假定。例如:

德国科学家魏格纳曾发现非洲西部海岸线与南美洲东部海岸线彼此相吻合。他说:"任何人观察大西洋的两对岸,一定会被巴西与非洲间的海岸线轮廓的相似性所吸引住。不仅圣罗克角附近巴西海岸的大直角凸出和喀麦隆附近非洲海岸线的凹进完全吻合,而且自此以南一带,巴西海岸的每一个凸出部分和非洲海岸的每一个同样形状的海湾呼应。反之,巴西海岸有一个海湾,非洲方面就有一个相应的凸出的部分。如果用罗盘仪在地球上测量一下,就可以看到双方大小都是准确一致的。"

魏格纳需要解释的现象是:为什么南美洲东海岸与非洲西海岸的海岸线轮廓如此相似?他根据有关地球构造的知识,做出了一个初步的假设,巴西与非洲这两块陆地早先是合在一起的,后来才漂移开来(即近代大陆漂移说)。

这个解释的过程实际上是一个推理的过程,根据科学原理或一般性知识推测、说明被解释的事物现象出现的原因。上述魏格纳提出假设的思维过程可简单表示如下:

南美洲东部的海岸线与非洲西部的海岸线彼此正相吻合。(被解释的现象)

如果地球上的各大陆都是原始大陆的整体破裂后漂移形成的,那么相应的各大陆边缘的海岸线轮廓就会吻合。(一般性知识)

所以,南美洲与非洲这两块大陆早先是和在一起的,后来才漂移开来。(科学假设)

初建假设应当遵循以下步骤:①全面考察假设对象的情况,掌握尽可能多的事实材料;②对已有的事实材料进行分析、综合,在一定科学理论的指导下,借助类比、回溯、归纳、演绎等推理方法,对假说对象提出多种初步的假定;③分别把多种初步假定与已掌握的事实材料相对照,凡是与事实材料不一致的就被淘汰,最后剩下某一与事实材料相一致的假定,就将其作为假设提出。

由于现有的理论已无法解释所观察到的事实,因而常常从经验材料入手,运用类比推理或归纳推理,对所观察到的事实做出初步的、假定性的解释或说明。所以,在假设的初建阶段,类比推理、归纳推理、回溯推理等或然性推理起着重要作用。科学史上许多有重大影响的假设都是借助类比推理、归纳推理等或然性推理提出来的。如达尔文的"进化论"、惠更斯的"光波说"、哈维的"血液循环说"都是运用类比推理提出来的;门捷列夫的"元素周期"等假设则是运用归纳推理提出的。

初步假定具有多元性。因为初步假定所占有的事实材料还不完全,所依据的理论未必恰当,所进行的推理也不一定严密。所以,有时对于同样的现象,可以从不同的角度做出不同的解释,提出多个不同的初步假定,然后比较择优,从而确定一个较合理的假定。

二、推演阶段

所谓假说的推演,就是以初建假说的假定为出发点,结合背景知识,必然地推出一系列的事实推断,这一过程表现为若干个充分条件假言判断。这实际上,就是要在我们大脑中进行一个充分条件假言推理:如果我们这样假定,那就会有这样的事实;我们这样假定了,所以应能引申出这样的事实。我们用 H 表示假定,用 E 表示引申出的事实判断,就可这样表达:

如果 H,那么 E_1
如果 H,那么 E_2
如果 H,那么 E_3
……
如果 H,那么 E_n

其中 H 代表假设的基本思想及一定的背景知识,$E_1,…,E_n$ 代表有假设推出的关于事实的判断,这些判断可以是需要解释的已知事实的判断,也可以是关于未知事实的判断。

这个阶段的逻辑步骤是:①建立充分条件关系;②推演出一系列的可能存在的事实,甚至预言将要发生的事情。

例如:根据达尔文提出的"人是由类人猿进化而来的"这一假说,便可以推出"在地壳中能找到类人猿的遗骸"这一推断。又如,从江河中打捞出来的一具无名尸体,侦查员根据观察和以往的经验,提出"死者是生前溺水死亡的"这一假说,由此就必然可以推出"死者内脏有硅藻反应"这样的推断。

假说的推演,实际上就是用假说本身作为充分条件假言判断的前件,引申出与其有必然联系的后件。应当注意的是,推演必须合乎逻辑,假说本身必须是推断的充分条件。否则,引申出的推断经实践检验,无论其真或假,对验证假说都没有意义。

三、验证阶段

科学假设作为一种假定性的解释,具有或然性。假设是否正确,必须通过人类社会实践的验证。所谓假设的验证,是指把从假设中推出的结论,与观察或实验加以对照,看其是否符合,从而确定假设是否成立,或予以补充或修正。如果由假设引申出来的推断是符合客观实际,那么该假设就得到证实;相反,该假设就被证伪。

魏格纳为了完善和证实自己的理论,对"大陆漂移说"进行了广泛的推演:

如果大陆漂移,那么各大陆块可以像拼板玩具那样拼合起来,大陆边缘之间的吻合程度非常高;

如果大陆漂移,那么大西洋两岸以及印度洋两岸彼此相对地区的地层层序(地层构造)是相同的;

如果大陆漂移,那么大西洋两岸的古生物种(植物化石和动物化石)应是相同的;

如果大陆漂移,那么应有古气候证据;

如果大陆漂移,那么在大洋两岸对应的位置上有相对应的山脉;

如果大陆漂移,那么在大洋两岸对应的位置上有相同的矿产;

如果大陆漂移,那么大西洋两岸的距离正在增大。

在此基础上,魏格纳进行了实地考察,这些推演结果得到了证实,因而该假设被证实。

俄国化学家门捷列夫提出化学元素周期律假说之后,从这一假说推出了一系列的推断,预言了多种未知元素的存在及其性质。后来这些元素果然一个个被发现了,并且它们的性质和门捷列夫的预言几乎完全一致。这样,元素周期律就不再被人们视为假说,而被公认为科学规律。

假说验证的结果,可能有三种情况。

(1)假说得到确切化。有时假说在提出来的时候,并不完全正确。通过验证,假说得到修正或补充,使它更加完善。例如,哥白尼提出的太阳中心说的假说,认为太阳位居中央,所有的行星都围绕它运行,并且这些行星的轨道是圆的。这个假说基本上是正确的,但有不足之处。后来开普勒经过长期的研究,认为行星呈圆形运动是不正确的,应该是椭圆形的。这就修正了哥白尼的假说,使之更加确切了。

(2)假说被否定。有些假说经过实践检验,证明是不正确的。科学史上的地球中心说,燃素说等假说,就是例子。一般说,从假说推出的结果与客观实际不符合,假说就可以被否定,因为这时我们在进行充分条件假言推理的否定后件式推理。大家知道,这种推理是一种必然性推理。

(3)假说被证明为确实可靠的真理。上面我们说过,假说不能由个别事实来证明,只能通过实践结果的整个总和所证明。证明假说是一项艰巨而复杂的任务,但是,人类的社会实践最终是能够证明假说为真的。

有些假说可以通过直接的观察加以证明,假如在提出该假说时不能观察,后来由于科学技术的进步也还可以观察。如海王星的发现就是通过直接观察的方法证明的。

总之,假说的验证过程是一个较为复杂的过程,有时需要经历长期的科学实践的考察,最后才可能使假说转化为科学真理。

第十章

论证与谬误

知识结构图

```
            ┌ 论证 ┬ 论证的结构与解析
            │     ├ 论证的种类与方法
            │     └ 论证的规则
            │
论证与谬误 ─┼ 论证中的谬误 ┬ 论证谬误的定义和种类
            │             ├ 逻辑谬误的种类
            │             └ 论证中的非形式谬误
            │
            └ 法律论证 ┬ 法律论证的含义
                      ├ 法律论证的结构
                      ├ 法律论证方法的性质
                      └ 法律论证中的谬误
```

本章导读

本章介绍了论证的种类、方法与规则,以及在论证中所经常出现的错误论证类型——谬误。本章还介绍了法律论证的含义、性质、规则和法律论证中常见的十种谬误。

第一节 论证

一、论证的结构与解析

（一）论证的定义

论证（也称逻辑论证）是根据一个或一些真实性的判断，通过推理确定另一个判断真实性或虚假性的思维形式。

论证包括证明和反驳。用已知为真的判断确定某一判断真实性的思维过程是证明，也称立论。用已知为真的判断确定某一判断虚假性的思维过程是反驳，也称驳论。例如：

(1) 李某应当负刑事责任。故意犯罪，应当负刑事责任。而李某是故意犯罪。

(2) 张某不是故意犯罪。因为故意犯罪要有动机或准备。张某没有动机，也没有准备。

以上例证都是论证。例(1)用"故意犯罪，应当负刑事责任"这样一个法律规定和"李某是故意犯罪"的事实，通过三段论推理确定了"李某应当负刑事责任"这个判断的真实性。例(2)则通过一个二难推理确定了"张某不是故意犯罪"的真实性，或者说确定了"张某故意犯罪"的虚假性（反驳）。

可见，论证是综合运用逻辑知识，去确定某一判断真实与否的思维过程，是人类认识活动的基本逻辑方法。

任何真理的获得既需要实践的证明，同时也离不开逻辑论证。单纯的实践检验只能说明论点与事实是否一致，只有通过逻辑分析才能阐释清楚论点被确证或被证伪的原因。正因为如此，人们常常不满足于实践的确认，而力图求得对观点的逻辑论证。

（二）论证的结构

论证一般是由论题、论据、论证联项三个要素组成的。

1. 论题

又称论点，是指真实性或虚假性需要加以论证的判断。论题是论证的对象，是论证的中心和主题，回答的是"证明什么"或"反驳什么"的问题。论题只能有一个。在上述例子中，"李某应当负刑事责任"和"张某不是故意犯罪"都是论题。

作为论题的判断一般有两类：一类是科学上已被证明为真的判断；另一类是科学和认识中尚待证明其真实性的判断。它可以用简单判断表达，也可以用复合判断表达。

2.论据

又称理由或根据,是指用来证明论题真实或虚假的所有判断。论据是论题之所以能成立的理由,是论题的支柱,回答的是"为什么"的问题或者说回答的是"用什么证明"或"用什么反驳"等问题。作为论据的判断必须是真实的。在上述例子中,"故意犯罪,应当负刑事责任。李某故意犯罪"和"故意犯罪要有动机或准备。张某没有动机,也没有准备"都是论据。

按不同的标准,论据分为不同的种类。一般来说,论据可分为事实论据和理论论据。事实论据就是反映客观事实情况的判断;理论论据就是指有关科学的定义、公理、定理、定律等已为实践证明的判断。另外,论据可分为基本论据和非基本论据。基本论据是独立和直接引用的论据,使人们已确知为真或其真实性十分明显而不必有其他论据推出的判断。基本论据常常是公理、定义,已经证明过的定理、定律,以及通过实验、调查、研究得到的关于客观事实的判断。非基本论据是是论证中论据的论据,或者说是有基本论据推导出来的,即因其真实性不明显或不十分明显而最终由基本论据推出的判断,也叫推出论据。

在一个论证中论题只有一个,而论据往往有许多个,但在简单的情况下也可以是一个。在复杂论证过程中,论据可有许多层次:一级论据、二级论据……n级论据。用来直接论证全文中心论题的论据叫一级论据;而用来直接论证一级论据的叫二级论据,依次类推。

3.论证联项

联结论题与论据的部分。它在语言表达上常用"……因为……""……由于……""……理由是……"等来表示。论证联项表现为一种断定:论据是真的,并且由论据足以推出论题。论证的一般方式是:

p,因为q

在这一形式中,p代表论题;q代表论据(一个或一组已知为真的判断);"因为"代表论证联项。p、q是变项,"因为"则是逻辑常项。

在论证中所运用的各种推理形式叫论证方式,或论证形式,它相当于推理形式。具体来说,论证方式是确定论据与论题间逻辑联系的推理形式。论证仅有论题和论据是不行的,还必须有一个从论据到论题的推理过程,而这一过程总是借助于推理形式来完成的。一个论证过程可只含一个推理,也可含一系列推理;后一种情况下,论证方式则是论证中所有推理形式的总和。

二、论证的种类与方法

(一)论证的种类

按论证方式的不同,实际上就是按论证中所使用的推理形式的不同,论证可以分为演绎论证、归纳论证和类比论证三种论证方式。

1. 演绎论证

它就是指运用演绎推理所进行的论证。人们以科学原理、定律或其他真实判断为根据,运用演绎推理的形式,必然地推出某个论题的真实性或虚假性。演绎论证只要遵守论证中所使用的推理的规则,就具有逻辑的必然性。上述有关演绎推理的章节中,有许多论证某个判断真实性的例子,下边举一个确定某个判断虚假性的例子。日本电影《追捕》中有这么个情节,朝仓议员从高楼上"跳下身亡",在分析朝仓死亡的原因时,有人认为"他是自杀",检察官杜丘不同意这种看法。他认为:

如果他是自杀的,那么他必然有自杀的动机和原因,

他没有任何自杀的动机和原因,

所以他不是自杀的。

杜丘事先并不了解事情的真相,但他用合乎逻辑的一个演绎推理确定了"他是自杀"论断的虚假性(最后证实:朝仓议员是被政界的幕后操纵者长冈害死的)。

2. 归纳论证

这种方式的论证是指运用一些具体事实作为论据,通过归纳推理的形式,来推断论题的真实性或虚假性的论证。归纳论证的特点是用个别具体事实论证一般道理。由于事实往往胜于雄辩,引用具体事实容易说服人,因此归纳论证的说服力比较强。归纳论证可分为完全归纳论证和不完全归纳论证两种,完全归纳论证可作为一种独立的论证方法。即,不结合其他方法的使用,就可独立论证某一论题的真实性或虚假性。而不完全归纳论证不是一种独立的论证方法。例如,有人论证道:"一切法律都是有阶级性的。从历史上看,奴隶社会的法律是体现奴隶主统治阶级意志的,封建社会的法律是体现地主统治阶级意志的,资本主义社会的法律是体现资产阶级意志的,社会主义法律是体现无产阶级意志的,所以一切法律都是统治阶级意志的表现,因而一切法律都是有阶级性的。"这就是用完全归纳推理的方式,确定了"法律都是有阶级性的"这个判断的真实性。

3. 类比论证

它就是指运用类比推理的形式来进行的论证。类比论证的论题和论据或者都是一般性的原理,或者都是具体性的事实。它是用一种一般来论证另一种一般,或者是用一个个别来论证另一个个别的过程。当然,类比论证的结论是或然性的。因此,应注意尽量地进行比较两个对象的相同属性,相同属性与推出属性之间应有一定的联系。例如,《晏子春秋》中记载了晏子在出使楚国时,对楚王"齐人固善盗"污蔑之辞做出了虚假性的论证:橘生淮南则橘,生于淮北则枳,叶徒相似,其实味不同,所以然者何?水土异也。今民生于齐不盗,入楚则盗,得无楚之水土使民善盗耶?

(二)论证的方法

论证的方法既包括证明的方法,也包括反驳的方法。我们这里主要讲证明的方法。

根据论据与论题是否直接发生联系,证明方法可分为直接证明和间接证明。

在实际证明中,人们在运用一定证明方式展开论证的过程中,往往会灵活地选用一些思维方法来丰富证明方式,以提高证明的充分性。证明方法可分为直接论证和间接论证。

1. 直接证明

直接证明是从论据的真实性中直接推出论题的真实性的论证。其特点是从论题出发,为论题的真实性提供理由。这并不是说论据只有一个(直接证明与直接推理不同),也不是说论据只有一层,而是说它不需要通过另外的环节来确定论题的真实性。直接证明可以是演绎证明,也可以是归纳证明和类比证明。直接论证是最重要、最常用的一种论证方法。例如:

> 不正之风和腐败现象是党和国家生活中的一大公害。因为不正之风和腐败现象严重侵蚀党的肌体,损害国家和人民的利益,破坏党和人民群众的关系,干扰和阻碍改革开放和社会主义现代化顺利进行,影响社会的安定和经济的持续、稳定、协调发展。

这是一个直接证明,证明的论题是:"不正之风和腐败现象是党和国家生活中的一大公害。"论据是:"不正之风和腐败现象严重侵蚀党的肌体……影响社会的安定和经济的持续、稳定、协调发展。"论据列举了不正之风和腐败现象六个方面的破坏作用,这六个方面都是事关党和国家生活的大局,都是重大、要害的问题。都是"公"。不正之风和腐败现象如此"害公",当然就是"一大公害"。这一证明是用六个真实性的论据直接推出论题真实的直接证明。

2. 间接证明

间接证明不是由论据直接证明论题的真实性,而是通过确定与论题相矛盾的判断或相关的其他判断的虚假,从而确定论题真实性的论证。间接证明的特点是从相反方面为论题提供间接的论据。间接证明主要有反证法和选言证明法两种,之外,喻证法、引证法和比证法在实践中也是经常使用的间接证明方法。

(1) 反证法。所谓反证法,是先假设一个与原论题相矛盾的反论题,证明该论题是虚假的,根据排中律,推出原论题是真实的。

反证法的步骤:①设与原论题相矛盾的反论题;②以反论题为前件构成一个充分条件假言判断,并以此为前提构成一个充分条件假言推理的否定后件式,从而推出否定前件(即反论题)的结论;③根据排中律(两个互相矛盾的判断不能同假,必有一真)既然反论题是假的,原论题必是真的。用公式表示为:

论题:P

反论题:非P

论据：如果非 P，则 q，
非 q，
所以，非非 P（根据充分条件假言判断推理否定后件式）。
所以，P。

反证法由于它是通过否定反论题来确定原论题的真实性，因而是一种非常有力的间接证明方法，其应用范围很广。例如：

毛泽东同志在《论人民民主专政》一文中，论证"我们必须实行人民民主专政"这一论题时说："大家很清楚，不这样，革命就要失败，人民就要遭殃，国家就要灭亡。"

在这里，毛泽东的论证方法就是反证法。他没有直接论证"我们必须实行人民民主专政"，而是假定了一个反论题，即"不这样"，就是说"我们不实行人民民主专政"。接着论证这个与原论题相矛盾的反论题不能成立，从而从反面证明"我们必须实行人民民主专政"的正确性。

反证法的优点是，它在没有直接证据证明原论题，但有证据证明反论题的虚假时发挥作用。所以在论述事理中常常使用它。需要注意的是，反证法的原论题和反论题必须是矛盾关系，不能是反对关系，因为反对关系不能由一个假推出另一个真。另外，反证法中的论证方式必须是充分条件假言推理，否则不能通过否定后件进而否定作为反论题的前件，达到"反证"的目的。

(2) 选言证明法。选言证明法是运用选言推理的否定肯定式，即否定与论题相并列的几种可能情况，进而确定论题的真实性的间接证明。也叫"排他证明"。其基本步骤是：①确定论题；②设立相关选言判断的支判断；③证明选言判断中与确定论题相关的各选言肢的虚假性；④根据相关选言肢的虚假性确定论题的真实性。

选言证明法的逻辑结构是：

论题：P
论证：或 P 或 q 或 r…（与论题相关的可能情况），
并非（q 或 r）…，
所以，P（根据相容选言判断推理否定肯定式）。

例如：毛泽东在《人的正确思想是从哪里来的？》一文中，论证"人的正确思想是从社会实践中来的"这个论题时，就运用了选言证明法。

他说："人的正确思想是从哪里来的？是从天上掉下来的吗？不是。是自己头脑里固有的吗？不是。人的正确思想，只能从社会实践中来，只能从社会的生产斗争、阶级斗争和科学实验这三项实践中来。"

这一论证过程就是：为了确立论题"人的正确思想是从社会实践中来的"的真实性，先用选言命题断定人的正确思想来源有三种可能情况："或者是从天上掉下来的，或者是人脑里固有的，或者是从社会实践中来的"；然后，根据选言推理"否

定一个以外的选言肢就要肯定这个选言肢"的规则,否定除论题这一选言肢以外的其他选言肢,最后肯定论题为真。推理形式就是:

人的正确思想或是从社会实践中来的,或是从天上掉下来的,或是自己头脑里固有的;

人的正确思想不是从天上掉下来的,不是自己头脑里固有的;

所以,人的正确思想是从社会实践中来的。

应当指出,选言证明法要求在确立有关论题的各种可能情况时,必须穷尽一切可能,并遵守选言推理的规则。这样,在否定除论题以外的其余选言肢之后,才能必然确定论题的真实性。

(三)其他一些论证方法

1. 喻证法

喻证法就是用比喻进行论证的方法。即拿比喻者之理,论证被比喻者之理。应用这种方法论证,能使论证具体形象。例如:

鲁迅说:"至于幼稚,尤其没有什么可羞,正如孩子对于老人,毫没什么可羞一样。幼稚是会生长,会成熟的,只不要衰老,腐败,就好。倘说待到纯熟了才可以动手,那是虽是村妇也不至于这样蠢。她的孩子学走路,即使跌倒了,她决不至于叫孩子从此躺在床上,待到学会了走法再下地面来的。"

鲁迅用教孩子学走路的道理,论证了"青年人的作品虽然幼稚,但应给予关心和指导"的道理,生动形象,深入浅出,富有说服力。

喻证法是一种特殊的论证方法。比喻者与被比喻者之间类异而理同。类相异,才能比喻;理相同,才能进行论证。它与修辞手法的比喻及类比论证既相同,又不同。类相异,这点与比喻相同;理相同,则与不具有论证作用的比喻相异。理相同,这点与类比论证相同;但它仅要求道理真,却不必是事件的真实,这点则与类比论证相异。

2. 引证法

引证法就是用他人的话语作为论据的论证方法。被引用的话可以是名人名言,也可以是古人的诗词佳句或者群众的成语格言,由于它们大多经过无数次实践的验证,闪烁着智慧的光辉,具有一定的真理性,因此一般都是有力的论据。例如:

列宁说:"有一句著名的格言:几何公理要是触犯了人们的利益,那也一定会遭到反驳的。自然历史理论触犯了神学的陈腐偏见,引起了并且直到现在还在引起最激烈的斗争。马克思的学说直接为教育和组织现代社会的先进阶级服务,指出这一阶级的任务,并且证明当前的制度由于经济的发展必然要被新的制度所代替,因此这一学说在其生命的途程中每走一步都得经过战斗,这就不足为奇了。"

列宁这段话就是引证法论证。他为了确立论题"马克思的学说在其生命的途程中每走一步都得经过战斗是不足为奇的"真实性,引用于著名的格言,并结合自然历史理论触犯了神学的陈腐偏见被遭到长期反驳的事实和马克思学说的科学本质,做了全面而深刻的论证。

3. 比证法

比证法就是通过对不同事物或同一事物的不同方面的异同比较,使论题的可靠性、优越性显而易见的论证方法。例如:

威尔斯在《世界文明史纲》中有这样的记载:"从7世纪到9世纪,中国是世界上最安定的文化之国。"当时,在人口稀少的欧罗巴和西方亚细亚,极其疲惫的人民住在茅屋土堡的市街,而中国无数居民都过着极有秩序、安定的日子。当西方人正禁锢于神学的固执和偏狭之中时,中国人却已得到了研究上的自由。显然,在这一时期,中国是世界上文明发展顶峰的国家。

该例在引证权威的史论观点之后,比较了7—9世纪时中西方的社会文明程度,鲜明地显示出论题"在历史上,中华民族曾有过一个当时世界文明发展顶峰的伟大时代"的可靠性。

毛泽东说,有比较才能鉴别。比较,是人类智慧的阶梯。通过比较论证,人们可以识同异、辨真伪、明是非。但是,比证法论证必须遵守这样三条规则:①在同一关系下进行比较;②要选择精确的比较标准;③应在异中求同或同中求异。科学的比证法不仅要求对事物不同的方面、过程、阶段进行比较,找出它们本质上的相同点,而且要求对事物过程内部所存在的矛盾的双方进行比较,以便深入揭示所考察的过程的矛盾。只有这样的比证法论证,才能全面而深刻地确定论题的真实性。

三、论证的规则

在论证过程中,在遵守充足理由律的同时,必须遵守具体的论证规则。论证规则是保证论证正确性和说服力的有效准则。根据论证的逻辑结构,论证规则有论题、论据和论证方式三个方面的规则。

(一)关于论题的规则

1. 论题应当清楚明确

论题是论证的对象,是一篇论文或一个证明的出发点和归宿。它回答的是"证明什么"的问题。论题清楚、明确就是指论题的表达意义必须是清楚、确切的。也就是要求在论题中使用的概念,其内涵和外延要确定,使用的判断不应包含歧义。论题不明确,论证就会无的放矢,无法进行有效的论证。在司法工作中有时还会造成严重后果。导致这种现象的原因之一,就是有些人在讲话和行文中不善于提出明确的论题,而且不善于对它进行充分的论证。论题清楚明确,这是正确证明的先决条件。违反这一规则所犯的逻辑错误,叫作"论题含混"。例如:

某公司(甲方)与某厂(乙方)签订一份购销合同,主要内容是:甲方向乙方订购4000条表带,每条1.2元。甲方按合同付款,乙方按合同托运货物。可是当甲方收到货物时,发现表带乃是尼龙表带,与自己原来要求的不相符。甲方于是起诉乙方违反合同,说我方要的是铝合金表带,但乙方运来的是尼龙表带。乙方辩解说,尼龙表带也是表带,合同并没有说明是铝合金的,难道你要金表带我也得照给吗?结果甲方败诉。

这起合同之所以引起纠纷,就是因为合同签订得不明确,犯了"论题含混"的逻辑错误。

2. 论题应当保持同一

在论证过程中,论题不但要明确,还必须保持同一。所谓论题同一,就是按同一律的要求,在同一个论证过程中论题保持不变,否则,犯"偷换论题"或"转移论题"的逻辑错误。改变论题大体有下面三种情况。

(1) 改变原论题的断定内容。论题一般是用判断表达的,每一个具体判断都有它具体的断定内容,改变论题经常表现在改变论题的断定内容方面。例如:

文艺广播怎样为实现四个现代化服务,这是当前需要解决的问题。我们广播站曾就这个问题展开讨论。有的同志认为只要唱得热闹,有腔有调,什么节目都可以,用不着过问内容,多数同志不同意这个意见。经过讨论,大家一致认识到,文艺为实现四个现代化服务,这是必须坚持的原则。

这段议论就犯了"偷换论题的"逻辑错误。原论题是"文艺广播怎样为实现四个现代化服务,这是当前需要解决的问题",在论证过程中,却偷换成另一个论题:"文艺为实现四个现代化服务,这是必须坚持的原则。"虽然和原论题有某种联系,但不是原论题所要论证的内容。

(2) 改变原论题的论证范围。每一论题不仅要有特定的断定内容,而且也要有确定的论证范围。改变原论题的论证范围有下面两种情况。

第一,论证过多。在论证过程中,不去论证原来的论题,而去论证比原来的论题断定更多的判断。"论证过多"是偷换论题常犯的一种逻辑错误。例如,假定原论题是被告人犯有故意杀人罪,而证明的却是被告人犯有杀人罪。杀人罪的范围显然比故意杀人罪外延要大,因此犯了"论证过多"的错误。

第二,论证过少。在论证过程中,不是充分地论证原题,而是论证比原论题断定较少的判断。如原论题是"一切阶级社会都存在着阶级矛盾",而在论证过程中只论证"资本主义社会存在着阶级矛盾"。

"论证过多"和"论证过少"都改变了原论题要求的论证范围,都转移了论题。

(3) "以人为据"的题外论证。双方辩论的过程中,常常发生辩论者离开双方正在辩论的论题,攻击对方品行和生理上的某些缺点,企图通过攻击对方的缺点来驳倒对方的论点。这种把对论题的辩论改换成对人身缺点的攻击的做法,也是偷换论题的一种表现。这个错误实质在于：它混淆了对方的论题和对方本身存在的缺点这样两个不同性质的问题。这种偷换论题的逻辑错误，叫"以人为据"的题外论证。

请看甲乙二人的争论：

甲：我赞成实行优化组合，因为实行优化组合能够提高工作效率，有利于促进生产。

乙：有人当第三者不觉得脸红，腆着脸讲什么优化组合，优化一下你自己吧。

乙不谈对优化组合有什么看法，却离开论题攻击对方的缺点，在论证中犯了"以人为据"的逻辑错误。

（二）关于论据的规则

作为论据必须是已知为真的判断，这是对论据的基本要求。关于论据的规则有三条。

1. 所有论据必须真实

论据是证明论题的根据，论证是从论据的真实性推出论题的真实性。如果论据虚假就不能证明论题的真实性，因此论据必须真实。违反这一规则就会犯"论据虚假"的逻辑错误。例如：在科学史上，亚里士多德曾以"日月星辰都是围绕地球转的"为论据，论证"地球是宇宙的中心"的论题。显然，论据虚假。

2. 论据的真实性必须被证实

在论证过程中，以虚假的判断为论据是错误的，以真实性未被证实的判断作为论据也是错误的。如果以真实性尚待验证的判断为论据进行论证，就犯了"预期理由"的逻辑错误。因为论据本身的真实性尚未得到证明，那么论题的真实性更无从得到证明。例如，"外星人是存在的"这一判断虽然可能是真的，但他在目前尚未被证明为真，就不能作为论证"地球人在宇宙中不具有唯一性"的论据。

3. 论据的真实性不应当靠论题来证明

在论证过程中，论题与论据的关系是不可逆推的。即论题的真实性依赖论据的真实性来证明，但论据的真实性不能依赖论题的真实性来证明，否则就会犯"循环论证"的逻辑错误。这一逻辑错误通常表现为先用论据论证论题，再用论题论证论据。例如：

欧洲中世纪的神学家们如此论证"上帝是存在的"：当人们思考上帝时，人们是把上帝作为一切完美性的总和来思考的，而归入一切完美性总和的是存在，因为不存在的必然是不完美的。所以，必须把存在归入上帝的完美性之中，这样上帝一定是存在的。

本例中的论题是"上帝是存在的"，论据是"上帝是完美的"。为何"上帝是完美的"？因"上帝是存在的"。我们且不说这一论证的论题和论据均是假的，仅就其用论题来论证论据而言，它就犯了"循环论证"的逻辑错误。

(三)关于论证方式的规则

在论证过程中,论证方式是联结论题和论据的纽带,只能从论据合乎逻辑地推出论题来,这个证明才有逻辑性和证明力。所以,在论证过程中,应遵守"从论据应能推出论题"和"论证方式必须正确"规则。否则,会犯"推不出"的逻辑错误。

由于"推不出"的逻辑错误都属于论证谬误内容,因而这是不再加以赘述。

第二节 论证中的谬误

一、论证谬误的定义和种类

谬误有广义和狭义之分。广义的谬误指人类所可能犯的各种错误,包括科学谬误、认知谬误、政治谬误、心理谬误、感觉谬误、逻辑谬误等。所有这些谬误既可以是由理性因素造成的,也可以是由非理性因素造成的,狭义的谬误主要与思维有关,是由于思维缺乏准确性、论证性所造成的。

狭义的谬误又称逻辑谬误,一般是指那些由于违反逻辑规律和规则所形成的谬误。所以,在逻辑上,谬误有它特定的含义,即是指人们在思维活动中,自觉或不自觉地违反思维规律或规则而发生的逻辑错误。论证中的谬误,指的是在论证思维过程中所形成的谬误,包括内容方面的和逻辑方面的。前者是指论据或论题本身断定的情况,违背科学原理或客观实际而发生的谬误,这方面的谬误也同论证是否具有说服力有关,然而要判定一个论证在内容方面的谬误需要运用相关的具体科学知识,单靠逻辑知识是无能为力的;后者指的是论证方法、技巧方面的谬误,主要又是指论据与论题之间逻辑联系方面的谬误。

二、逻辑谬误的种类

在逻辑方面发生的谬误,可以分为两类,即形式谬误和非形式的谬误。

所谓形式谬误,就是运用了无效的推理形式而出现的逻辑错误。主要表现为,违反三段论推理的各项规则;运用充分条件假言推理时,由肯定后件而肯定前件;违反相容析取推理规则和不相容析取推理规则。这些都属于形式谬误。例如:某人无疑是罪犯。因为,如果是罪犯,就一定去过作案现场;而此人去过作案现场。上述例子,虽看似论证,但由于前者使用了一个无效的充分条件推理肯定后件式,所以,它不是正确论证,而是谬误。

所谓非形式谬误,是指由于语言歧义,以及人们缺乏知识或认识上的片面性和立场观点上的不正确而造成的逻辑错误。这里主要讲非形式的谬误。

三、论证中的非形式谬误

论证中最常见的非形式谬误主要有如下几种。

（一）以人为据

所谓"以人为据"就是撇开所要论证的论题和论据间的逻辑联系，而以对个人或个人的言行的褒贬为论据，得出论题为真或为假。

这种谬误通常又被称为"诉诸不当权威"。例如，在论证中以个人的威望或权威为论据，为了证明"人定胜天"这一论题，指出此观点是伟人导师倡导的，所以它是正确的。以人为据这样的错误在反驳中也经常出现，通常又称之为"人身攻击"。例如，不是针对对方的观点发表意见，而是针对提出该种观点的人的出身、职业、长相、地位、道德品质等与论题无直接关系的方面进行攻击。如某厂长对给他提意见的工程师说："就凭你这等臭老九，你有什么资格给我提意见？"

（二）诉诸感情

所谓"诉诸感情"就是采用一些激起公愤或引起同情的手段，以取代有效的论据，得出论题为真或为假。例如，某律师在法庭上为被告辩护，他不是根据有效的论据说明被告人无罪，而是说被告人也是血肉之躯，他上有年迈的老母、下有年幼的儿子等，以此乞求和感化陪审团的同情，为其委托人的无罪进行辩护。

（三）诉诸无知

所谓"诉诸无知"就是：某个命题没有被证明为假，于是就认定为该命题为真或该命题为假是因为它没有被证明为真。也就是说，证明一个论题时没有积极理由，仅仅以尚未有证据证明该论题假为由，就轻率地断定该论题为真；或者根据人们无法证明该论题为真，便轻率地断定该论题为假。例如，有人为了证明"上帝是存在的"时，做了如下的论证："因为我们没有办法证明上帝不存在。所以，我们认为上帝是存在的。"很显然，这种论证是空洞、无力的。人类认识活动是从已知到未知的活动。任何人都没办法从无法被证明（为伪）的未知得到另一个未知（为真），反之亦然。新的知识必定衍生于某个知识。人们无法从无知的状态（缺乏证明）去肯定知识，知识不可能从无知推论得到。这是逻辑的基本常识。另外，要进行"诉诸无知"式的逻辑推论，需要"封闭世界假说"作为预设，即人们的知识集是完全的。在这个前提下，人们才能推论：如果某个东西存在，人们会知道，但人们现在不知道（无知），所以，它很可能不存在。一般情况下，这个推论的大前提是可废止的，因而结论的可靠性常常大打折扣。那些强烈反对某种重大变革的人，常常试图以这种变革还没有被证明可行或安全为根据而反驳它。这种证明通常不能先行给出，而诉诸这种反驳却通常是无知混合着恐惧。

(四) 诉诸众人

诉诸众人这种理论规避了讨论中的问题,而且企图诉诸社会大众的感情和成见,要大家同意他的命题。大家支持某个政策或者做法,并不代表那就是好的,事实上,许多被大众支持的意见,最后被证明是错误的。

(五) 合成谬误与分解谬误

合成谬误有两种情形:①一个关于整体的结论是以其构成要素的性质为前提推导出来的,而实际上,以这些构成要素的性质为前提却推导不出这个关于整体的结论;②一个关于对象类的结论是以其组成类的个体成员的性质为前提推导出来的,而实际上,以这些个体成员的性质为前提是推导不出这个关于对象类的结论的。

分解谬误与合成谬误是相对应的。这种谬误也有两种类型:①一个关于其构成要素的结论是以这些要素所属整体的性质为前提推导出来的,而实际上,以这个整体的性质为前提推导不出这个关于构成要素的结论;②一个关于个体成员的结论是以其所属类的性质为前提推导出来的,而实际上,以其所属类性质为前提是推导不出关于这个体成员的结论的。

(六) 以先后定因果谬误

在因果关系中,"原因在先而结果在后"这是必要条件。但这并不意味着"在先事件"就一定是"在后事件"的原因。如果仅仅根据"事件 A 在事件 B 之前"就推导出"事件 A 是事件 B 的原因",那么就犯了支持谬误中的以先后定因果谬误。在"彭宇案"一审判决书中,关于原、被告是否相撞,有这样一个推理,"根据被告自认,其是第一个下车之人,从常理分析,其与原告相撞的可能性较大。"彭宇"第一个下车"在先,老太太倒地在后,以"第一个下车"作为"撞倒原告"的原因,犯了以先后定因果的谬误。

第三节 法律论证

一、法律论证的含义

论证是指通过一定的理由来支持某种主张、陈述、判断的正确性。法律论证是指通过提出一定的根据和理由来证明某种立法意见、法律表述、法律陈述、法律学说和法律决定的正确性与正当性。一个法律论证总是以逻辑论证为基础的,因而无论是逻辑论证或法律论证都须遵守逻辑法则,运用正确的论证方式来为其论题提供强有力的支持。但是法律论证又与逻辑论证有差别。如果说逻辑论证更关注论证中所使用的推理方式正确与否,那么法律论证更需要对其理由的真实性和支持力度以及结论的正当性作出说明。台湾著名学者王泽鉴先生在其《法律思维与民法实例》中给出了这样一则例子:

在某市公园入口处,悬有一告示:"狗与猪不得携入公园"。

某日,有一游客携一画眉鸟入内,管理员微笑欢迎,未加盘问。随后,有一游客携一老虎欲进公园,管理员大惊,即阻止之,因而展开如下的对话——

管理员:老虎不得入内。

游客:请问,为何前面游客携鸟入内。

管理员:鸟非狗,亦非猪,不在禁止之列,自可入内。

游客:诚如所云,鸟非狗,亦非猪,不在禁止之列,故可进入。虎非狗,亦非猪,当亦不在禁止之列,何从不得进入,厚鸟而薄虎,殊失公平。

管理员:啊!(为之语塞)

管理员之女(肄业某大学法律系一年级),乃出面谓:鸟无害于公园的安全卫生,故可入内。虎有害游客安全,尤胜于狗!自不可入内。

游客深以为是,欣然携虎离去。[①]

首先,从逻辑角度考察。

管理员的论证为:

论题:老虎不得入内,鸟可入内

论证方式:狗与猪不得携入公园(规定)

鸟非狗非猪,

所以,鸟可入内。

("虎不可入内"无相应论证)

游客的论证为:

狗与猪不得携入公园(规定),

虎非狗非猪,

所以,虎可入内。

显然,游客和管理员论证方式一样,因而,游客的结论似应"必然"推出。所以管理员"为之语塞"。

实质上,二人的论证方式都不正确。都犯了"否定前件"(作为论证理由的"规则"按充分条件命题分析)或"大项不当扩展"("规则"按直言命题分析)谬误。由于管理员犯错在先,所以其论证才可遭到游客逻辑

---

① 王泽鉴:《法律思维与民法实例》,中国政法大学出版社2001年版,第255—256页。

类比方法①的反驳。这里,逻辑谬误是致命的。

再看大学生的论证——

论证一:

论题:鸟可入内

论证方式:凡无害于公园安全卫生的可以入内(公园告示规则的"立法目的"),

鸟无害于公园安全卫生,

所以,鸟可入内。

论证二:

论题:虎不可入内

论证方式:凡有害于游客安全的不可以入内(公园规定"立法目的"),

狗有害于游客安全,

所以,狗不得入内(公园规定的合理性)。

有害胜于狗不得入内(规定的当然解释),

虎有害尤胜于狗,

所以,虎不可入内(结论的正当性)。

那么,大学生的论证为何使"游客深以为是,欣然携虎离去"?

首先,大学生给出了公园告示规则的立法目的作为概括性原则构成论证的前提理由,并运用原则论证了规则的合理性,运用规则说明了其主张决定的正当性。

其次,其论证运用的都是正确的推理方式,即充分条件假言推理的肯定前件("原则""规则"都按条件命题分析)。这样逻辑上就是无懈可击的。因而,大学生的论证就为其论题(主张决定)给出全面而且强有力的理由支持。

以上例子说明:第一,合乎逻辑是法律论证的基础,也就是说,基于论证的论述可以被重构为一个逻辑有效的论述。只有通过有效论述,裁决(结论)才能从法律规则和事实(前提)中导出。因而逻辑有效性是法律论证可接受性或合理性的必要条件②。这可使论证立足于一个坚实的基石。第二,正确解释规则是运用规则的前提。诚如王泽鉴先生所言,"法律始经解释,始能适用"③。第三,法律论证是

---

① 参见本书第四章第三节内容。

② 伊芙琳·T. 菲特丽丝:《法律论证原理——司法裁决之证立理论概览》,张其山等译,商务印书馆2005年版,第25页。

③ 王泽鉴:《法律思维与民法实例——请求权基础理论体系》,中国政法大学出版社2001年版,第212页。

一种价值评价,它为结论正当性给出符合道德伦理的评价。无怪乎有些学者认为:法律论证涉及主要的是如何通过合乎逻辑、事实或理性的方式来证明立法意见、司法决定(包括司法判决、裁定、决定及其形成过程)、法律陈述(法庭上有关当事人的法律陈述)等有关法律主张的正确性和正当性。①

从不同角度可对法律论证进行不同的分类。

从论证主体的角度看,广义的法律论证包括:"法学(教义学)争论,法官的商谈,法庭的争议,立法机关(委员会和常委会)对法律问题的讨论,学生之间、律师之间、政府或企业的法律顾问之间的辩论,以及媒体有关法律问题所进行的带有法律论辩性质的争辩。"②狭义的法律论证一般是指司法论证。

从论证内容的角度看,狭义的法律论证是对法律解释、漏洞补充所确认的作为法律推理大前提的法律的正当性所做的说明。广义的法律论证包括对个案发现法律的正当性和案件事实的真实性及它们之间逻辑关系的说明。

从思维的角度看,非形式逻辑家把论证区别为两个层面:一是作为结果的论证;二是作为过程的论证。从法律论证的思维过程来看,阿列克西(Robert Alexy)把法律论证区分为两个层面,即内部证成和外部证成,并在此基础上建构了他的基于论辩的法律论证评价体系。内部证成是指法学判断可能由立论之前提逻辑地导出,而外部证成,前提的可接受性获得了支持。在他的这个框架中,内部证成处理的是前提对结论的推出或支持关系问题;外部证成处理的是前提可接受性问题。

此外,从所使用推理形式上法律论证分为:演绎论证、归纳论证和类比论证;从案件性质上法律论证分为:刑事法律论证、民事法律论证、行政法律论证;从法律诉讼过程来看分为:控方(原告)法律论证、辩方(被告)法律论证、审方法律论证。

我们从论证内容上从狭义的角度来讨论法律论证,认为法律论证就是对法律解释、漏洞补充所确认的作为法律推理大前提的法律的正当性与可接受性所做的说明。如何进行充分而系统的法律论证呢?下面我们从法律论证的结构、法律论证方法的性质、规则和谬误几个角度来作一探讨。

二、法律论证的结构

德国法学家魏德士(Bernd Ruthers)撰写的《法理学》教材中亦将法律适用的过程分为三段论式的四个步骤:

——认定事实;

---

① 葛洪义:《试论法律论证的源流与旨趣》,载《法律科学》2004年第5期,第30—36页。
② 罗伯特·阿列克西:《法律论证理论》,舒国滢译,中国法制出版社2002年版,第262页。

——寻找相关的(一个或若干)法律规范；
——以整个法律秩序为准进行涵摄；
——宣布法律后果。

从上述步骤可以看出，认定事实之后，是寻找相关的(一个或若干)法律规范，以整个法律秩序为准进行涵摄。法国著名哲学家利科(Paul Ricoeur)曾经深刻地指出：诉讼的原始功能是把冲突从暴力的水平转移到语言和话语的水平。立法者针对社会的需要制定法律规范，面对个案，两造当事人从各自的立场、角度出发，举证据，说法理，各执一词，司法者寻找适用法律规范，认定案件事实，得出裁判结论。如果在裁判过程中寻找到的相关的法律规范是唯一的，或者相关的若干个法律规范之间没有矛盾，那么得出的法律后果就是一个；如果相关的法律规范不是唯一的，或者相关的若干个法律规范之间不一致，那么得出的法律后果就可能不是一个，如果"以整个法律秩序为准进行涵摄"得不出唯一的结论，那么就只能以程序法来进行论证，平息法律纠纷。①

法律论证过程中，逻辑、修辞和论辩方法都是必要的。从这个角度我们可以把法律论证划分为：逻辑学方法的法律论证、修辞学方法的法律论证、商谈对话理论方法的法律论证。逻辑学方法的法律论证主要是演绎归纳和类比论证，有明显的结构，特别是对于演绎论证，本部分不再详述；修辞学方法的法律论证、商谈对话理论方法的法律论证结构不明显，而且以逻辑方法的法律论证为基础。在法律论证过程中，我们需要明确强调的是以下两点。

（一）法律论证需要理性讨论

新兴起的法律论证理论是建立在论题学基础上的，认为针对个案的法律是法官对法律的创造性运用，强调任何命题都必须是证成的，必须经得起理性追问，因此针对个案的法律必须经过全面的论证。

"论题学"这个词究竟应当怎样理解？根据奥特(Gerhard Otte)的见解，该词大致可以从三个方面来解释：①前提寻求之技术；②有关前提属性的理论；③将这种前提用于法律证立的理论。

---

① 现代大陆法系的法律方法，经历了从单纯的法律涵摄，到法律解释、法律续造、法律论证等多种方法综合使用的过程。在法律规定明确的前提下，仅用法律涵摄就足以处理案件——将案件事实涵摄于法律规范之中，检验案件事实是否满足法律规范中的事实要件，如果满足就由此产生规范所要求的法律后果。此时，很容易实现"同样的案件有同样的判决"这一最朴素的司法正义。在法律规定不明确时，需要从文义、体系、法意、比较等角度探究法律规范的含义，对法律规范进行解释。法律解释可以澄清法律疑义，使法律含义明确化从而达到依法裁判的目的。当案件事实属于法律调整的范围，但是法律没有进行具体规定时，需要法官造法，又称法律续造，这是法官对于法律漏洞的补充方法。这些都需要法律论证，以显现司法判决的正当性，增强其可接受性。

作为前提寻求之技术,论题学提出要寻求一切在根本上可能合适的观点。无论是谁,如果他要在论题学上论证问题,那么他既不能从被证明是所谓真理的语句(命题),也不能从绝对专断的语句(命题)出发,而应当从"盖然性的""可推论的""普遍接受的"或"有可能根据的"语句(命题)出发。在论题学看来,将前提用于证立个别判断时,理论上,尊重一切观点是一个有效规则,它并没有说明哪一种观点是决定性的,甚至也不能断定什么观点在根本上是较为合适的。因而菲韦格(Theodor Viehweg)说"论辩显然是唯一的检验法庭"。施特鲁克提出了在论辩中必须遵守的一些规则。以此坚持"在不可能存在有说服力的证立的地方,并不必然要把地盘留给非理性的决断;理性证立的概念和理性讨论的概念是密切地交织在一起的"①。

菲韦格深感"公理-推演体系"不能提供足够的证成,而必须由"形式论题学"意义上的理性讨论程序来加以补充。他指出:"论题学是由修辞学发展而来的问题思考技术。"这门思考技术运用的思维就是情景思维,它提示人们在面临"进退维谷的"困局或难以消解的问题情景时,应如何应对而不至于陷入无以拯救的地步。举个简单的例子:鞋商派两个年轻人到一个岛上考察市场,他们发现岛上的人根本不穿鞋。一个人由此得出没生意可做的结论,另一个人却得出有生意可做的结论,这也是由于所依据的命题不同。支配前者的命题是"没有穿鞋的习惯就不会买鞋",支配后者的命题是"只要帮助岛上居民改变习惯,这里就有很大的销售市场"。这两个命题都不是必然为真的,而仅仅是"盖然性的""可推论的""普遍接受的""有可能根据的"。因此,才可能有两种实践结果。没有实践证明(或可行性评估报告),我们不能断言哪一个年轻人的观点是正确的。

(二)逻辑演绎的有效性是法律理性形成的基础

虽然司法三段论的作用是有限的,形成法律事实寻找法律规范的过程中仅有逻辑演绎是不够的,但是逻辑演绎的有效性是理性形成的基础。而且,强调有效性概念,并不是说要求实践中的推理必须是有效的,因为,推理不一定有效,才说明其有多种的可能性,这样就有进一步对话讨论的空间了。如果人们的思维不能对推理有效进行判定,那就给自己留下了非理性处理问题的空间。"谨守逻辑形式并避免谬误只是追求正义的工具,但它们的的确确是论证的关键工具。谨守逻辑形式并避免谬误可以说服别人,并给予司法判决正当性,将迷惑与含糊不清的事物一扫而空。"②

---

① 罗伯特·阿列克西:《法律论证理论》,舒国滢译,中国法制出版社2002年版,第26—29页。

② 鲁格罗·亚狄瑟:《法律的逻辑——法官写给法律人的逻辑指引》,唐欣伟译,法律出版社2007年版,第19页。

逻辑演绎要求从真语句出发,但实际上并非完全如此,因为,逻辑演绎一旦应用于实践,特别是社会科学实践,能找到的前提是很可能为真的语句(相对真或相信其为真)。逻辑演绎强调的不是说服,而是求真的条件。修辞学强调的是说服,但是欺骗、诡辩也能说服。当强调说服时,如何避免诡辩与欺骗呢?答案是需要逻辑演绎的能力,需要一种逻辑理性。正如德国学者阿列克西在《法律论证理论》一书中所说:"论述的任何分析必须首先应考察其逻辑结构。只有这样做,才有可能系统地去揭示隐含着的前提,才能够搞清楚:在逻辑上不能进行有结论的过渡(推导)时如何插入有说服力的手段去跨越这个鸿沟。"①按照阿列克西的理论,对某一命题的证立,可以进行内部证成与外部证成。其中内部证成主要源自现行法律规范的支持,而外部证成则主要源自法律规范外的道德、价值等的支持。对创造性应用法律,关键是外部证成。法院的判决如果其说理部分论证得更充分的话,很有可能会形成诉讼参加人之间认识的大体一致性,起码能增大判决的可接受性。

三、法律论证方法的性质

下面我们仅对法律论证方法的性质进行考察。

(一)法律论证是解决法律"问题"的方法

论证始于疑惑,判决缘于纠纷。疑惑也好,纠纷也罢,其中总意味着有问题出现。法律论证从某种意义上说就是解决问题的方法。那么何谓"问题"。

亚里士多德认为:当对某个提问提供多于一个答案时,就存在着某个"问题"。在《现代汉语词典》中,对"问题"的解释之一是:须要研究讨论并加以解决的矛盾、疑难。当然,"问题并不直接存在于对象之中,而是存在于研究对象的主体的意识之中。即使面对同一现实矛盾,也并不意味着在主体意识中能形成同样的问题。因为只有真正理解现实的矛盾所在才构成问题,问题是对客观矛盾的理性把握"②。

根据问题的难易,在法律逻辑学中,学者们将法律推理分为形式推理和实质推理。如果与案件事实相关的法律条文也没有歧义(此时,当事人遇到了问题,但在法官那里,事情很简单),那么就可以进行形式法律推理——法律规范作为大前提,案件事实作为小前提,依照三段论规则推出判决结论。如果情况没有这么简单(现实中往往这样,这是律师、法官、检察官大显身手的地方),在司法过程中,法官

---

① 罗伯特·阿列克西:《法律论证理论》,舒国滢译,中国法制出版社2002年版,第211页。

② 陈先达:《哲学中的问题与问题中的哲学》,载《中国社会科学》2006年第2期,第4—10页。

遇到了"须要研究讨论并加以解决的矛盾、疑难","对某个提问提供多于一个答案",比如相关的法律规范找不到或有歧义或不止一个或相互矛盾,此时,就需要进行实质法律推理,又称辩证法律推理,或法律规范选择推理,各方对此提出自己的观点(论题)并论证它,同时,对别人的观点和论证"提问辩难",法官在此基础上确认案件事实、选择适用的法律,提出自己的观点——又是一个论题,需要论证,就是判决书。

(二)法律论证是创造性适用法律的方法

考夫曼(Arthur Kaufman)认为:"语言透过两种方式创造法律:透过规范订立的行动,及透过法律判决的行动。"[①]建立在论题学基础上的法律论证理论在一定程度上是以轻视立法者的权威为前提的,认为针对个案的法律是法官对法律的创造性运用。德国原联邦法院院长赫辛格在离职致词中说:"作为法官,我们并不想僭取立法权,但是我们也深切地意识到,于此界限内,仍有宽广的空间提供法官做有创意的裁判,共同参与法秩序的形式。"[②]实在法均具有"暂时性"和文化多元的特质。所以下列问题在所难免:①法律规则及法律语言大量存在着各自的意义"波段宽度",需要解释才能确定其相对明确的意义;②法律规则之间发生冲突;③实在法规则存在规定上的漏洞,即现实中发生的案件没有任何事先有效的法律规则(规范)加以调整;④在特定的案件中,所做出的裁判可能背离实在法律规则之条文的原义。

(三)法律论证是寻求一般性前提理由的方法

亚里士多德把人类的思考方式分为三种,即思辨(哲学)之思、理论(科学)之思和实践之思。其中,实践之思是针对行为选择或欲望的思考,它没有真与假而只造成善与恶,实践思考的真理要和正确的欲望一致。实践性构成了法学的学问性质,原因是:法学的研究是具有主体间性的科学活动,如哈贝马斯(Habermas)所言,法学实践活动所追求的不是把握"客观化的现实",而是维护"理解的主体间性",以"确保个人和集团的自我理解以及其他个人和集团的相互理解"。法学的命题是评价性的命题,它只有合理不合理之分,而没有真假之分。法学家所从事的主要工作是根据经验从特定的案件、情事和问题中推出有现实效果的结论。正因此,法学是"提问辩难"之学,对话论辩之学,或"辩证推理的学问"。在法学之"提问辩难"或对话论辩的过程中,参与对话的人们所讨论的问题与其说是法律推论过程本身,不如说更多地是在争论、寻找、确定推论的前提(尤其是大前提),——寻找一个一般性的知识。因而,"法院应该在既存体系中寻找某一原则或某些原则,这些原则——单个的或集体的——既可以用以解释清晰的既存规则,也可以为

---

① 考夫曼:《法律哲学》,刘幸义等译,法律出版社 2004 年版,第 186 页。
② 卡尔·拉伦兹:《法学方法论》,陈爱娥译,商务印书馆 2003 年版,第 248—249 页。

手头的案件提供一个确定的结果"①。

(四)法律论证是批判性的、全面的、辩证的思维方法

在美国,20世纪以来司法上一直存在着司法守成主义和司法能动主义的争论。司法守成主义以法律形式主义为理论基础,强调司法对法律的严格遵守。而司法能动主义,则建立在法律现实主义基础上,它强调司法必须结合社会现实,结合社会的需要进行裁决。毋庸质疑的是,司法中的法律是作为法律推理的大前提而存在的。对这一前提,尽管传统的法学理论认为是由立法机关在成文法中命名的,似乎不用经过论证就可以直接拿来为法官所用。但复杂的司法实践提示我们,即使在简单的案件中,哪怕仅仅是经法官选择的针对个案的法律,人们也可以进行追问,这就是法官为什么在这个案件中适用这几条而不是另外的几条规定。对此法官也必须以论证的姿态予以回答。另外,对经过法律解释和漏洞补充所确认的针对个案的规范,法官更得进行详细的论证,否则判决的大前提也会受到质疑,由此而推出的结论的正当性、合法性就会受到挑战。②

仅仅通过在一种观点或一个参考系中进行推理便能解决的问题,称为单一逻辑问题。比如,中华人民共和国的首都在哪里?我国目前是否废除了死刑?它们仅是在一种参考系中,通过单一的逻辑推理来解决问题的,当逻辑正确时,问题就得到解决。相应答案或所提出的解决方案,在参考系中以明确"正确"的答案或解决方案的标准来展示。然而,除了少数案件事实和法律规范都十分清楚的简单案件,多数法律案件所涉及的是多元逻辑的问题而非单一逻辑问题。疑难案件中,不可能简单地从法律规则与案件事实得出结果,而往往会碰到道德决定的难题。"从道德价值上说,并不是着眼于看得见的行为,而是着眼于那些行为的,人们所看不见的原则"③。在法律中吸纳道德原则,这些原则既是行动的理由,也是正当化的陈述。法律条文规定"允许A",但是司法者在整个法律体系内考虑问题,可能是"禁止A"。比如四川的"包二奶案",法律有明确规定"可以A",但是法官认为"合法"与"合理"相悖,需要依据"公序良俗原则"。因此个案的判决不可避免地与其他问题有关,其背后往往隐藏着重要的价值标准。法官只能从(往往是相互冲突的)多种观点或参考系分析并解决问题。

当问题是多元逻辑的时候,当一个问题无法被公式化地或机械化地解决的时候,就需要进行批判性思考:首先确定问题的性质及尺度;然后,根据问题的性质及

---

① 哈特:《法理学与哲学论文集》,支振锋译,法律出版社2005年版,第142页。
② 陈金钊:《司法过程中的法律方法论》,载《法制与社会发展》2002年第4期,第24—37页。
③ 伊曼努尔·康德:《道德形而上学原理》,苗力田译,上海世纪出版集团2005年版,正文第24页。

尺度,确定与解决方案有关的那些需要考虑的事项、观点、概念、理论、数据以及推理①。批判性思考是一种独特的认知技能,是一种反思的能力。进行批判性思考的人,不会盲从附和或盲目相信权威。他们对信息抱有怀疑、求真的态度。他们懂得发现和分析问题。他们更能作出理性的判断及选择,并能得出经住考验的结论。

批判性的、全面的、辩证的思维方法要求通过对话、商谈或论辩来达成理性共识。讨论、商谈、论辩,如果不有意识地排除一些自我中心主义和社会中心主义倾向,那么就很难达成共识。维特根斯坦(Ludwig Wittgenstein)在他的《哲学研究》一书中曾经证明:私人不可能遵守规则,或者说,任何规则都不可能被私自地遵守。遵守规则本质上是一种展开于主体间的活动:它之所以可能,是因为不同主体之间对违背规则现象的相互批评与纠正。辩证思维方法的主体间性向度就是说,辩证思维方法的实质、运用及其有效性的认可均内在地关联着主体与主体之间的关系。"思维实际上展开为一个在社会交往中发现问题到解决问题的矛盾运动过程。尽管受种种主客观条件的限制,认识和思维难免有片面性、抽象性,容易产生意见分歧和观点对立,但通过主体间不同意见与观点的争论,人们把彼此的意见和观点作比较、分析,揭露出各人思维中存在着的矛盾和相互之间的矛盾,分辨出什么是正确的成分,什么是错误的成分,分析出是原则分歧还是偶然差异,是主要的还是次要的,等等,又有可能克服片面性、抽象性,获得对问题的比较全面的认识"②。

不管是在实践领域,还是在理论的范围,法学涉及的主要是"价值导向的"思考方式。法学研究的目的主要是追求"理解",即通过解释、论证、论辩等方式合理地解决人们在法律认识上的意见分歧和观点冲突,达成具有主体间性的、可普遍接受的"共识",直至建构一套公认的、系统化的法律知识体系,并由此而形成法学的"知识共同体"③。法学的"知识共同体"代表诉讼各方从角色职责出发,代表自己应该代表的利益,彼此独立,据理力争,避免某一方独白式的论证,法律追求的公平和正义在合力中产生。

四、法律论证的规则

法律逻辑学是研究法律思维的规则、方法和规律的科学,在明白了法律论证的结构(过程)和方法之后,我们需要探讨法律论证的规则。把法律论证置于动态背景——论辩之中讨论,从认识论、逻辑学和法律的角度看,法律论证需要考虑如下

---

① 理查德·保罗,琳达·埃尔德:《思考的力量——批判性思考成就卓越人生》,丁薇译,上海人民出版社2006年版,第356页。
② 晋荣东:《逻辑何为》,上海古籍出版社2005年版,第339—340页。
③ 舒国滢:《寻访法学的问题立场——兼谈"论题学法学"的思考方式》,载《法学研究》2005年第3期,第110页。

规则。

(一)从认识论角度来看

(1)任何人都应该遵守充足理由律①——应他人请求为自己的论断提供理由,理由真实并且理由能够推出论断(除非他能举出理由证明自己有权拒绝证立);任何人都能够遵守充足理由律——知道不断追问对方论断的理由,直到自己能够辨别理由是否真实和充足。

(2)排中律要求人们在同一思维过程中,要么A,要么非A,二者必居其一;排中律并不要求人们一定要说出是A还非A,在现有证据不足以断定的时候,只有可能性;可以选择一种可能性,但是必须说出如此选择而不做其他选择的充足理由,理由能够为社会带来福利。

(3)任何一个能够讲话者,均允许参加论辩。任何人均允许对任何主张提出质疑。任何人均允许在论辩中提出任何主张。任何人均允许表达其态度、愿望和需求。如果有谁想在论辩中就其态度、愿望或需求提出与其先前的表达无关的主张或陈述,那么他就必须应他人请求证明其为何要提出这样的主张或这样的陈述。已经提出论述者,只有当出现反证时才负有责任做进一步的论述。②

(4)任何法律论证规则必须公开,且是普遍可传授的。

(二)从逻辑学角度来看

(1)任何一个言谈者均不得自相矛盾(无矛盾性)。

(2)任何一个言谈者只许主张其本人所相信的东西(真实性)。

(3)任何言谈者只许对这样的价值-义务判断做出主张,即当他处在所有相关点均与其做出主张时的情形完全相同的所有其他情形时,他也同样会做出完全相同的主张。任何提出规范性命题者,必须当假设其置身于当事人之处境时,也能够接受由其提出的命题预设为前提的规则所造成的后果(全面性、可普遍化性)。

(4)不同的言谈者不许用不同的意义来做相同的表达(一致性)。

(5)如果自己这里达不到必然(确定、清楚、真实、公平),那么就至少做到不违背逻辑(自己这里没有虚假、矛盾等)。

(三)从法律的角度来看

(1)法律判断必须至少从一个普遍性的规范连同其他命题逻辑地推导出来。

(2)当对行为的归属有疑问时,必须提出某个规则,对该问题做出决定。

(3)尽量运用法律自身的原理,通过适当的解释规则运用和阐释法律,如果有不同理解则必须加以证立;任何适用于个案的法律规范,必须能够经得起体系的

---

① 参见本书第七章第四节内容。
② 罗伯特·阿列克西:《法律论证理论》,舒国滢译,中国法制出版社2002年版。

检验。

（4）尽最大可能陈述逻辑的展开步骤，以使某些表达达到无人再争论的程度。

（5）考量一切属于解释规准而又能够尽可能被提出的论述形式，陈述所有可能的解决办法，并对不同的解决办法进行评价。①

（6）论证的优位有疑问时，最大容忍限度有其优先性。②

（7）应该追求的不是最大可能多数人的最大可能的幸福，而是避免多数人的最大不幸，因为只有后一原则，才是可普遍化的，而不是幸福（这个概念对每个人都不相同）。③

五、法律论证中的谬误

本节中，我们从狭义的角度来讨论法律论证，认为法律论证就是对法律解释、漏洞补充所确认的作为法律推理大前提的法律的正当性与可接受性所做的说明。逻辑追求必然，也认可或然。但是，逻辑至少要求没有明显的逻辑矛盾和虚假。逻辑的真实、清楚、全面尽管很难，但排除明显的虚假、模糊、矛盾和片面应该比较容易。学者们已经对法律论证中的谬误进行了论述，下面，根据他们的一些研究④，我们对法律论证中的常见谬误进行归纳和概括分析。

与法律推理大前提有关的错误论证，主要有曲解法律条款的错误、援用法律条款自相矛盾、援用法律条款不全面、非法定情节论证、裁决结论自相矛盾、"漏判"以及"推不出来"的错误等几种表现形式。

（一）无法律理由的判决

法律依据是法院依法裁决的根本所在。若一判决缺失法律依据，则其判决就成为无源之水，无根之木。因而，作为大前提的法律依据在任一判决中都不可缺省。

有这么一个案件，一患者到医院做心脏起搏器植入手术，后因心脏起博器导线断了，留了一截导线在患者心脏里。患者由此状告美国生产商，并要求按中国法律承担产品责任，一审法院审理后，经查明案件事实，判定原告（患者）使用并无不

---

① 罗伯特·阿列克西：《法律论证理论》，舒国滢译，中国法制出版社2002年版。

② 例如：一个抽烟的人说，我喜欢抽烟，而且我喜欢抽时我就抽；另一个抽烟者说，我喜欢抽烟，但一个有责任意识的人，只在不干扰他人时才抽；一个不抽烟的人则说，没有人有权因为抽烟而危害我的健康，因此我要求在公共场所禁烟；另一个一个不抽烟的人说，我接纳他人的自由，因此让抽烟的人抽烟，只要这个人考虑到不抽烟的人。明显，第四个论证有着最大的容忍限度。参阅考夫曼：《法律哲学》，刘幸义等译，法律出版社2004年版，第144页。

③ 考夫曼：《法律哲学》，刘幸义等译，法律出版社2004年版，第144页。

④ 雍琦，金承光，姚荣茂：《法律适用中的逻辑》，中国政法大学出版社2002年版。

当,被告(美国生产商)亦无过错。但被告自愿补偿原告6万元人民币。最后判决:准许被告自愿补偿原告6万元人民币。这里法院判决的理由仅仅是被告自愿拿钱给原告,没有引用任何法律依据。正如学者所言:它"不是合格的判决书。……因为它不符合判决书的形式要求,不符合裁判的逻辑公式。关键是它没有引出法律规则,没有引出裁判逻辑公式的大前提。"[①]这种谬误属于法律论证无法律依据的基本谬误。

(二)曲解法律条款的错误

即进行法律解释时,对法律条文的文义做任意解释,或者完全离开法律条文的文义,不顾立法本意或其合理意义而做随心所欲式的任意发挥。

(三)杜撰法律条款的错误

法官在构建法律推理,裁判案件时,必须尊重成文法的法律条款。诚然,当成文法有缺陷或存在有法律漏洞时,则必须求诸于立法资料、法律原则和精神,公共政策、习惯、法理和学说等因素而为实质法律推理,但绝对不能容许法官杜撰所谓的法律条款。否则,裁判结论的合法性与合理性将丧失殆尽,从而也使得裁判结论缺乏可接受性。

(四)援用法律条款自相矛盾的错误

指在同一案件的审理中,把适用于不同情况、甚至相反情况的法律条款,同时援用来作为构建法律推理的大前提,致使这些法律条款在特定个案的处理中不协调一致,互相冲突;或者所援用的用来构建法律推理大前提的法律条款与该法律推理的小前提——已确认的该待处理个案的案件事实——之间互相冲突、互相矛盾。因此,援用法律条款自相矛盾的错误,有如下两种具体表现形式:援用不同的法律条款适用于同一案件事实的自相矛盾错误;援用的法律条款与认定的案件事实互相冲突的自相矛盾错误。

(五)援用法律条款不全面的错误

对同一种情况或同一案件事实,法律规定中有许多彼此一致的、都应当适用的法律条款,论证者在援用法律条款时,只援用其中一部分法律条款,而不是全部援用所有应当适用的法律条款,遗漏应当适用的法律。

(六)非法定情节论证

司法实践中,非法定情节的错误论证有如下两种情形:一种是诉诸无关的案件事实,论证者列举并加以确认的案件事实,与得出的某种结论无关,亦即找不到联结这些案件事实而得结论的法律条款。另一种是诉诸情感:以人的情感(好恶爱憎等感情因素)作为论据去确定论证的真假情况。

---

① 罗慧民:《裁判的方法》,法律出版社2003年版,第5—6页。

(七)裁决结论自相矛盾

在确认案件事实基础上援用相关法律条款推导出具体的裁决、判处结论时,其裁决结论中显现或隐在地包含有互相冲突、互相抵触的思想,使得整个裁决结论没有保持协调一致与内部和谐。

(八)漏判

在联结大、小前提推导出法律推理结论时,如果只对其中部分诉讼请求进行裁判,而对另外一些诉讼请求却既不明确支持也不明确否认,这种情形就是"漏判"的错误。"漏判",也就是对有关的诉讼请求不置可否,这就必然导致整个裁决、判处结论不明确和模棱两可。

(九)裁判理由欠缺,推不出结论

裁判结论的得出,不仅必须有真实可靠的事实根据和相应的法律依据,而且所援用的法律条款与确认的案件事实联结之后,还应该能必然推出所得的裁判结论。如果所援用的法律条款与确认的案件事实之间缺乏必然联系,则由此不能必然地导出待处理案件的裁判结论。这种情形,就是"推不出"的错误。如确认的某一案件事实真实可靠,但是,得出裁决、判处结论时,没有相关的法律条款做依据。

(十)没有补充法律漏洞

由于语言本身追求简洁和经济,法律规则未必能够涵盖所有事实。当出现法律没有明文规定的情形的时候,也就出现了法律漏洞。法律漏洞必须被补充,才能依法对法律规则未涵盖的事实做出公正的裁判。

总之,司法裁判不仅仅是认识立法者已经做出的决定,不仅仅是找法和法律发现,在立法者的决定不清楚时,司法者更要自己做出决定。现在所谓的后果取向,也就是对法律解释的不同可能性所导致的可能后果,进行权衡和评价,来选择具有最好后果的裁判理论。后果越复杂,越需要对之公开讨论,越需要借助法律方法。①

理性主要是一种认识能力,是以认识能力为前提的行动者的实践能力和意志能力。法律论证的主要任务就是论证作为法律推理大前提的合法性和合理性,是法律推理能否得出正确判断和结论的保障。法律论证一方面能使论证者明晰法律背后的原则、政策、原理,另一方面可以解决现行法中模糊和空缺的部分。另外,法律论证也是法律人阐明自己所认定法律的理由,从而不仅说服自己也说服当事人,经过充分的法律论证,也能在公众中树立起法治的信心。可以说,法律论证为法律

---

① 后果权衡的合理性取决于三个因素:①设身处地地考虑承担裁判后果的人们的处境,不仅是当事人,还有与裁判所创设规则有关的众多人等;②根据生活经验来估计结果的可能性;③中立地权衡所涉利益中何种是更为根本的。参阅张青波:《马丁·克里勒的法律获取理论》。

奠定了坚实的理性基础。诉讼中,如果当事人掌握的法律知识、案件事实等信息对等,那么,公平会比较容易产生。很难对诉讼活动进行一个不带任何偏见的、全面的分析。经验的、逻辑的不同,信仰的、知识的差异,即便分析全面了、具体了,但是矛盾似乎永远存在。我们转而求其次,恪守价值和逻辑,平衡即可,合理的、可接受的就可以。如此看来,只能要求法官在理性论辩的基础上全面看问题,积极主动地选择法律规范,进行法律论证,并且勇于承担社会的责难。

案例分析

案情:原告宋某乘坐公交汽车时被人用刀刺伤,因伤害者至今未被抓获。便将公交公司公司被告诉至法院。原告诉称,其乘公交车并缴纳所规定的票款,已与公交公司达成客运合同,按我国《合同法》第三百零二条的规定,承运人应当对运输过程中旅客的伤亡承担损害赔偿责任,要求公交公司支付医疗费、误工费、护理费。被告认为,虽然原、被告之间已形成合同关系,但双方的这一客运合同有一定的特殊性,不属于一般的承运合同,而是城市公交运输合同。承运人只应承担与"运输业务有关的"伤害责任,否则就会使城市公交合同双方的权利义务不对等,并可能因承运人负担过重而影响公交业务的开展。所以,应将我国《合同法》第三百零二条"运输过程中旅客的伤亡"理解为与运输业务有关的伤亡,而不应包括明显由违法、犯罪行为所造成的伤害。判决书称:"原告于2000年9月18日乘被告所属12路公交车,双方形成客运合同关系。在这一合同关系中,旅客负有支付运输费用的义务,承运人负有安全运送和尽力救助遇险旅客的义务。这里的'安全义务'应仅指承运人不得因其自身的运送行为而使旅客的人身财产处于危险的境地或者受到实际的危害。本案原告在乘坐被告的公交车时,被车上其他乘客用刀刺伤,该伤害的发生与被告的承运业务无关,被告在双方客运合同履行过程中,如约履行了运输设备安全、行驶安全和救助义务;城市公交属社会公益事业,我国现行法律对公路运输没有最高赔偿额的规定,因此在公路运输中发生的与业务无关的伤害不应比照航空运输和铁路运输的规定由承运人负责;原告在与他人发生争执的过程中,并未告知司乘人员对方为不法分子,被告在正常行驶中到站停车开门,加害人趁机刺伤原告并夺门逃跑的责任也不在被告,而且在原告受伤后,被告与司乘人员立即将其送至医院救治,履行了救助义务。综上所述,被告对第三人给原告造成的伤害不负损害赔偿责任,原告的请求,理由不当,依法不予支持。依照我国《合同法》第二百八十八条、第二百九十条、第三百零二条①之规定,判决驳回原告要求被告的各项赔偿请求"。二审调解结案。

问题:法官对法律的解释遵循的是体系解释与目的解释相结合的方法,而原告及其律师所主张的是字面解释的方法。这些都属于法律解释方法,但运用不同的方法,就有不同的解释结果。究竟谁的解释结果是正确的呢?

解析:对法律人来说,谁论证得充分而有说服力,谁的观点当属正确结论。法院的判决明显地属于创造性运用法律,法官创造性地运用法律,必须经过充分而系统的法律论证。如果没有有说服力的法律论证,创造性地运用或解释法律就可能为司法专横留下缺口。

■ 基本概念

论证　论证的逻辑结构　归纳论证　演绎论证　直接论证　间接论证
选言证法　反证法　论证的规则　谬误　形式谬误　非形式谬误　科学假设
科学假设的类型　建立科学假设的逻辑步骤　证实　证伪逻辑谬误
形式的谬误　非形式的谬误

■ 练习题

一、问答题

1. 建立科学假设的步骤有哪些?
2. 什么是论证?论证包含哪些组成要素?
3. 论证的种类与方法有哪些?
4. 法律论证的性质及规则有哪些?
5. 法律论证有何作用?

二、分析题

1. 分析下列论证的结构,指出它们的论题、论据和论证方式。

---

① 我国《合同法》第三百零二条规定:"承运人应当对运输过程中旅客的伤亡承担损害赔偿责任,但伤亡是旅客自身健康原因造成的或者承运人证明伤亡是旅客故意、重大过失造成的除外。"

> **例题:**"马克思主义是一种科学真理,它是不怕批评的。如果马克思主义害怕批评,如果可以批评倒,那么马克思主义就没有用了。"(《毛泽东选集》第5卷,人民出版社1977年版,第391页)
>
> **解答:**
>
> 论题:马克思主义是不怕批评的
>
> 论据:
>
> 1)马克思主义是科学真理。
>
> 2)科学真理是不怕批评的。(省略)
>
> 3)如果马克思主义害怕批评,如果可以批评倒,那么马克思主义就没有用了。
>
> 4)马克思主义不是没有用的。(省略)
>
> 论证方式:
>
> 1)三段论 AAA-I
>
> 科学真理都是不怕批评的,
>
> 马克思主义是科学真理
>
> 所以,马克思主义是不怕批评的。
>
> 2)充分条件否定后件式
>
> 如果马克思主义害怕批评,如果可以批评倒,那么马克思主义就没有用了;
>
> 马克思主义不是没有用了,
>
> 所以,马克思主义是不怕批评的。

(1)为了保证人民生活水平逐步得到改善,必须继续坚定不移地控制人口的增长。在这个问题上,有两种可能:或者严格地有效地控制人口增长,使全体人民的生活水平逐步提高,国家建设逐年扩大;或者是控制不严,措施不力,听任人口继续大量增长,从而既不能改善人民生活,也不能很好地进行经济、文化、国防的建设。而广大人民则要求改善生活,要求很好地进行经济、文化和国防的建设。

(2)我们必须实现安定团结。历史事实早已证明:每当社会安定时,生产就发展,社会就繁荣。汉武帝平定吴楚七国叛乱,打击了入侵的外部势力,巩固了国防,稳定了社会,因而使汉朝的经济文化很快就发展起来。唐太宗消灭了隋末割据势力,统一了中国,在政治经济等方面采取了一系列比较开明的政策,从而很快地促进了生产的发展,使封建经济出现了空前繁荣的局面。朱元璋在瓦解元朝政权的农民起义中统一了中国,使社会趋向稳定,生活水平迅速提高。在今天,发展生产,实现"四化"是全国人民的共同心愿,只有实现安定团结才能发展经济,实现"四化"。因此,我们必须实现安定团结。

2. 指出下列论证有何逻辑错误。

> **例题：** 昆剧《十五贯》中载，无锡知县断定苏戌娟是杀父凶手，他的理由是："看她艳如桃李，岂能无人勾引？年正青春，怎会冷若冰霜？她与奸夫情投意合，自然要生比翼双飞之意。父亲拦阻，因之杀其父而盗其财，此乃人之常情。这案情就是不问，也已经明白十之八九了。"
>
> **解答：** 这一论证违反了"论据必须真实"的规则，犯有"理由待证"和"想当然"断案谬误。

(1) 有一个被告，在刑讯逼供的情况下，供认自己杀了人，并称是用他家的那把菜刀杀的。于是，审判员就做了杀人罪的判决。这个审判员首先用被告的口供，证明被告家中的那把菜刀是杀人凶器，然后又用这把菜刀是被告杀人的凶器，证明被告是杀人凶手。

(2) 电影《红蝙蝠公寓》中有这样一个情节：梁丽琴急急忙忙找到王探长，报告说找到了杀害贾经理的凶手——邓培辅。她亲眼看见邓培辅慌张地烧毁白围巾和搓洗雨衣上的血污。"证据呢？"探长问。"被他销毁了"，梁小姐停了一会儿，又补充说："凶手是吸鼻通的，邓培辅也是吸鼻通的。""这能说明什么呢？"

(3) 2008年08月5日，新浪财经新闻中报道：由《华夏时报》主办，品牌中国产业联盟与新浪网、CCTV、中央人民广播电台等几十家媒体鼎力支持的"30年，谁在改变我们的生活"大型品牌发布会上，奥康皮鞋等荣获"30年改变中国人生活的品牌"。这项评选活动选出了在中国改革开放30年中改变人们生活的品牌。评选历时四个月，最后由数十万名办公室白领及由政府官员、金融专家、品牌专家、时尚前沿意见领袖、电影明星和媒体组成的权威评审委员会评选出获奖品牌。

参考文献

[1] 金岳霖. 形式逻辑[M]. 北京:人民出版社,1979.
[2] 王宪钧. 数理逻辑引论[M]. 北京:北京大学出版社,1982.
[3] 何向东. 逻辑学教程[M]. 北京:高等教育出版社,1999.
[4] 雍琦,金承光,姚荣茂. 法律适用中的逻辑[M]. 北京:中国政法大学出版社,2002.
[5] 王泽鉴. 法律思维与民法实例——请求权基础理论体系[M]. 北京:中国政法大学出版社,2001.
[6] 黄茂荣. 法学方法与现代民法[M]. 北京:中国政法大学出版社,2001.
[7] 欧文·M.柯匹,卡尔·科恩. 逻辑学导论[M]. 11版. 张建军,潘天群,译. 北京:人民大学出版社,2007.
[8] 卡尔·恩吉施. 法律思维导论[M]. 郑永流,译. 北京:法律出版社,2004.
[9] 史蒂文·J.伯顿. 法律和法律推理导论[M]. 张志铭,解兴权,译. 北京:中国政法大学出版社,1999.
[10] 艾德华·H.列维. 法理推理引论[M]. 庄重,译. 北京:中国政法大学出版社,2002.
[11] 罗柏特·阿克列西. 法律论证理论[M]. 舒国滢,译. 北京:中国法制出版社,2002.
[12] 伊芙琳,T.菲特丽丝. 法律论证原理——司法裁决之证立理论概览[M]. 张其山,译. 北京:商务印书馆,2005.
[13] 卡尔·拉伦兹. 法学方法论[M]. 陈爱娥,译. 北京:商务印书馆,2004.
[14] 鲁格罗·亚狄瑟. 法律的逻辑——法官写给法律人的逻辑指引[M]. 唐欣伟,译. 北京:法律出版社,2007.